EL COLAPSO DE LOS PROYECTOS DE VIDA COLECTIVOS

PRINCIPIOS DE EPISTEMOLOGÍA AXIOLÓGICA 10

© Marià Corbí
© El colapso de los proyectos de vida colectivos.
  Principios de epistemología axiológica 10

Portada: Ilustración cedida por Rubén Caruso.
Instagram: @rubencarusoart

ISBN Libro en papel: 978-84-685-8474-4
ISBN eBook en PDF: 978-84-685-8475-1
Depósito Legal: B 18339-2024

Impreso en España
Editado por Bubok Publishing S.L

EL COLAPSO DE LOS PROYECTOS DE VIDA COLECTIVOS

PRINCIPIOS DE EPISTEMOLOGÍA AXIOLÓGICA 10

Marià Corbí

www.bubok.es

ÍNDICE

PRÓLOGO

Lo que hemos pretendido con todos nuestros escritos sobre la epistemología axiológica

Estamos ante la mayor transformación del modo de vida y cultura de la historia humana. Todas las naciones están en transformación rápida. Transformación de sociedades preindustriales a industriales, y de industriales a sociedades de conocimiento. Esta transformación afecta, de una forma u otra, a todos los países de la tierra.

Para el tipo de sociedades que se nos vienen encima, con cambios en todos los niveles, a ritmo acelerado, necesitamos toda la sabiduría que podamos conseguir. Y no se está buscando.

Es una sociedad fuertemente globalizada. Las religiones y las ideologías no pueden pretender describir la realidad, con valor exclusivo, como sistemas de creencias. Sólo pueden tomarse como modelaciones humanas, sistemas simbólicos diversos, que apuntan a lo mismo y enseñan diversas riquezas de eso mismo.

Con el crecimiento exponencialmente acelerado de las tecnociencias y sus nuevos productos y servicios, si nos falta la cualidad humana y la cualidad humana profunda vamos a dañar, ya lo estamos haciendo, la habitabilidad del planeta, estamos provocando la mayor extinción especies vivientes de la historia de la vida, y estamos poniendo en riesgo de sobrevivencia a nuestra propia especie. Resistirse a las transformaciones que estamos sufriendo es provocar que la sabiduría que hemos heredado se pierda, fijada en unas formas incomibles, inaceptables.

Querer imponer las formas con las que recibimos la sabiduría, como exclusivas, es impedir su transmisión a las nuevas generaciones. Eso es matarlas para el futuro.

SOCIEDAD DE CONOCIMIENTO

La construcción de las modelaciones de las sociedades preindustriales

La mente compartimenta y modela la realidad según las necesidades concretadas en una cultura de sobrevivencia. Lo hace según los instintos de la vida y los organiza en dos grupos, la sobrevivencia del organismo y la procreación.

El sentir interviene en esas modelaciones, pero su principal función es reconocer y reaccionar frente a ellas, aceptando, rechazando o con indiferencia a las modelaciones construidas según la cultura de sobrevivencia

A partir de esa modelación, se forma una dualidad: un sujeto en un mundo de objetos. Ese es el trabajo de la modelación adecuada a un animal necesitado.

El humano es un animal constituido por el habla, el efecto del habla es la percepción y el sentir de la realidad en doble dimensión: la modelación relativa a seres necesitados y la absoluta.

Los humanos no tenemos una naturaleza propia fijada. Por ello, hemos de construir un proyecto axiológico colectivo de acuerdo con la cultura de sobrevivencia. Para posibilitar la vida del colectivo y para dar cuenta de la doble dimensión, construimos un proyecto axiológico colectivo-religión.

Las sociedades preindustriales, que viven haciendo siempre fundamentalmente lo mismo, que son estáticas, actualizan el proyecto axiológico colectivo-religión de sus antepasados.

Para no alterar ese proyecto axiológico colectivo-religión, que ha asegurado la vida de los antepasados, tienen que fijarlo incondicionalmente proclamando, sintiendo y viviendo que es un proyecto axiológico colectivo-religión intocable porque ha sido revelado por los dioses o por los antepasados sagrados.

Así queda constituido el mundo del sentir con epistemología mítica, que quiere decir que las narraciones y mitos con los que se constituye el mundo del viviente son una descripción fidedigna y garantizada por los dioses de la realidad.

Quienes la alteren, pecan contra los dioses o los antepasados sagrados y contra la supervivencia del colectivo de que se trate.

Ese es el mundo de realidad que nos encontramos con la aparición de las sociedades industriales y de conocimiento. Un mundo en el que el sentir está fijado y claveteado por los dioses. Es un mundo absolutamente intocable.

Para construir un mundo adecuado a las sociedades de conocimiento habrá que dar los siguientes pasos:

Abandonar las antropologías fijadas, que sostienen que los humanos somos un compuesto de cuerpo y espíritu, y su versión más laica, que somos un compuesto de cuerpo y racionalidad. Ya que estas antropologías nacen para fijar la interpretación de la realidad y, especialmente, el sentir la realidad.

Tenemos que aceptar y vivir que, por nuestra condición de hablantes, no tenemos una naturaleza humana fijada. Esa era la pretensión de la invención biológica de la lengua: poder cambiar la naturaleza humana cuando las circunstancias exteriores o interiores lo exigieran o aconsejaran.

Ser conscientes de que la doble dimensión nos permite hacer esos cambios en la constitución de la naturaleza humana. La experiencia humana de la doble dimensión tiene la misma pretensión que la lengua: posibilitar los cambios sin grandes traumas.

Gracias a la industrialización y a la sociedad de conocimiento, el proyecto axiológico colectivo-religión, que fija el pensar y el sentir, ya no es viable y hay que dejarlo entrar en una crisis mortal. Debe ser sustituido por un proyecto axiológico colectivo que motive y posibilite el cambio de la naturaleza humana al ritmo de los desarrollos exponenciales de las tecnociencias y sus consecuencias.

Ese nuevo tipo de sociedades de creación e innovación acelerada de las tecnociencias y de sus consecuencias, no puede ser interpretado desde la epistemología mítica. El proyecto axiológico colectivo-religión debe ser eliminado como no apto para las sociedades de conocimiento.

Por consiguiente, la figura de un Dios, Señor, Creador no cabe en las sociedades de conocimiento, porque es el fundamento estático y fijador de los proyecto axiológico colectivo-religión. Mientras esa figura se le proclame existente, el proyecto axiológico colectivo-religión tiene tendencia a persistir. La idea de Dios mantiene la jerarquía, y la idea de Dios-Creador entorpece la noción de modelación animal y fija la noción de naturaleza humana.

Si la figura de Dios se utiliza como una convención y no según la mitología agrario-autoritaria, como lo hace el proyecto axiológico colectivo-religión, no genera inconvenientes en las sociedades de conocimiento.

La gran inquietud

Se han encendido todas las alarmas respecto a la sobrevivencia en las nuevas sociedades, pero los pueblos no han tomado conciencia de ello. Me inquieta profundamente la dirección que estamos llevando en la cultura humana.

La ciencia y la tecnología están creciendo, exponencial y aceleradamente, guiadas y gestionadas por el egoísmo individual y colectivo. No hay conciencia colectiva del riesgo que estamos corriendo. No hay idea de que, si no hay cultivo explícito y colectivo de la cualidad humana y de la cualidad humana profunda, quienes gestionarán esa marcha rapidísima y enormemente peligrosa, serán los sentimientos, que son imprescindibles para la vida de los individuos y para la formación de la simbiosis necesaria para nuestra especie.

Pero los sentimientos están en función del egoísmo individual y de grupo. Que los sentimientos humanos, propios de individuos y colectivos gestionen la marcha acelerada de todas nuestras ciencias y tecnologías, de sus consecuencias en la creación también acelerada de nuevos productos y nuevos servicios, que cambian de forma continuada nuestras maneras de vivir y, con ellas, nuestras formas de pensar, sentir y actuar, es equivalente a afirmar que quien gestiona nuestra civilización supertecnológica es el egoísmo individual, de grupos y de países.

¿No es esta situación profundamente inquietante? Lo que aterra es que no se huele esta situación ni a nivel individual ni de grupo o de países. Ni las universidades están reconociendo y proclamando suficientemente el riesgo grave que estamos viviendo, que no hará más que crecer ni la prensa lo advierte ni los políticos ni la opinión general de las gentes.

Como no se es consciente, no se adoptan medidas. ¿Medidas contra qué? Contra nuestro desmantelamiento axiológico, contra el hecho de que sea el egoísmo, a corto plazo, de individuos y colectivos, el que esté gestionando la marcha de nuestra civilización.

Unos pocos se lamentan de la falta de cualidad humana en el desarrollo de las nuevas sociedades, pero no hacen nada.

Las religiones, las iglesias, predican la necesidad de esa cualidad humana, pero intentan imponerla o difundirla bajo patrones inasimilables para sociedades de innovación y cambio continuo. Presentan la cualidad humana como sumisión a creencias fijas e intocables.

El efecto de este planteo es el contrario al pretendido por iglesias y religiones, porque genera un rechazo de las formas en las que pretenden que se cultive la cualidad humana, un rechazo general, porque se les habla de esas cualidades humanas con olor y sabor a creencias fijas y sumisión.

Las nuevas generaciones, si quieren sobrevivir convenientemente en las sociedades de innovación y cambio continuo y acelerado exponencialmente, no pueden quedar fijados ni por creencias intocables ni por la sumisión a lo que son patrones y paradigmas propios de sociedades estáticas, que precisan excluir todo cambio de importancia.

Si no proporcionamos a las nuevas sociedades, sistemas axiológicos colectivos adecuados al cambio continuo acelerado, y unas maneras de cultivo de la cualidad humana convenientes a ese a esa situación, vamos a un gran desastre inevitablemente.

Pretender que se cultive la equidad, la justicia, el ecologismo, contando solo con los sentimientos humanos ordenados a un egoísmo moderado y simbiótico, pero sin un cultivo explícito de la cualidad humana, es una tarea imposible.

El egoísmo es el principio de organización y de comportamiento de los humanos entre sí y con el planeta y todo lo que lo habita. Mientras se sostenga que la individualidad de personas o grupos y sus intereses particulares sea el paradigma de todo tipo de organización y comportamiento, estamos sosteniendo que el egoísmo es la clave de nuestra civilización. El egoísmo no es buen gestor. Si no cambiamos de actitud, el egoísmo será el que gestionará y dirigirá la marcha acelerada de nuestras tecnociencias y todas sus consecuencias.

Si las religiones, e incluso la espiritualidad, no cambian sus patrones y paradigmas de interpretación y acción, y por consiguiente, no cambian la concepción de lo que es la cualidad humana, serán adversarias de la salvación de la vida en el planeta y de nuestra propia especie.

La humanidad tiene una conciencia vaga, pero aguda, de que estamos sufriendo una crisis grave que pone en riesgo todas las instituciones humanas, pero no sabe cómo abordarla. Pretende afrontar todos esos problemas sin abandonar el principio intocable del egoísmo como eje de todo.

Los políticos son ignorantes de este problema, o son cínicos. No quieren tocar nada que cambie la dirección de las cosas, por temor a que sus electores les abandonen. Con este comportamiento de egoísmo, a corto plazo, están reafirmando ese criterio egoísta de la organización de la cultura. Parece que ni se enteran de la gravedad de lo que está ocurriendo.

La cualidad humana y, sobre todo, la cualidad humana profunda han quedado condicionadas y rechazadas por el sabor que tienen a moralidad y a religión. Ni la cualidad humana ni la cualidad humana profunda tienen nada que ver con una moralidad racional e impositiva ni con la religión; son cualidades humanas, puramente humanas, del sentir, de la percepción, de la relación de la condición humana consigo misma y con su medio.

La cualidad humana es el dato perceptivo de que toda la realidad tiene, por sí misma, directamente, una dimensión que está ahí, sin funcionalidad ninguna, gratuitamente, porque sí a la que llamaremos dimensión absoluta; y tiene otra dimensión en función de nuestras necesidades de vivientes, modelada por nosotros según los modos que tengamos de sobrevivir, a la que llamaremos dimensión relativa.

Captar la realidad así es una pura cualidad humana, no una creencia ni un supuesto de nuestro pensar y sentir, es un dato cualitativo. En el pasado, el cultivo de esa doble cara de la cualidad de la percepción y sentir humano fue tarea de la religión, a lo largo de toda la historia humana, hasta que las religiones entraron en crisis mortal.

Desde entonces, nada se ha ocupado de mantener y fomentar esas cualidades de nuestro vivir. Se cree, erróneamente, que basta con los sentimientos de humanidad con nuestros congéneres y con todo lo que existe en la tierra, sin advertir que todo sentimiento humano está en función de nuestra sobrevivencia y, por consiguiente, tiene un fundamento egoísta y mantiene el egoísmo de individuos y colectivos. Si nos fundamentamos en los sentimientos humanos para gestionar la marcha de las tecnociencias y sus consecuencias, equivale a que el egoísmo sea el gestor y evaluador de la marcha de nuestra civilización. Y que el egoísmo vaya a lomos de unas tecnociencias y sus consecuencias nos llevará a medio o corto plazo a la destrucción.

Si nos fundamentamos en la ética, la ética es abstracta y, por tanto, incapaz de gestionar lo cualitativo de nuestras vidas. Por su manera de ser, la ética no puede conducir las cualidades humanas que hemos mentado, porque son cualidades del sentir y la percepción.

No hay otra solución para que las tecnociencias y sus consecuencias no nos lleven al desastre, que reconocer individual y colectivamente, que la cualidad humana y la cualidad humana profunda son puras cualidades humanas, que tendrán que cultivarse explícitamente y de forma colectiva para poder manejar la civilización supertecnologizada que crece exponencialmente.

La cualidad humana conlleva sentimientos humanos adecuados, porque posee una experiencia clara de la doble dimensión de nuestro acceso a la realidad, que equivale a, por una parte, tener una egocentración propia de todo viviente y, simultáneamente, un no-egoísmo fruto de la noticia vivida de que eso que es capaz de satisfacer nuestras necesidades es gratuito y absoluto con respecto a las modelaciones que construimos de todo lo que nos rodea para poder sobrevivir. Cuando la experiencia de la dimensión absoluta es suficientemente clara y fuerte, las modelaciones se transforman en manifestaciones de la dimensión absoluta, entonces, el ego hace su función modeladora con egocentración, pero sin egoísmo.

La cualidad humana y la cualidad humana profunda, así vividas y enlazadas, son capaces de gestionar la marcha acelerada de las tecnociencias, con el egoísmo silenciado y un sentir y pensar que tiene siempre en cuenta el bien de la vida en el planeta y el bien de nuestra propia especie.

La individuación

Los animales sienten su individuación, pero no pueden tener sentimiento de ego. Los humanos, porque son hablantes, ponen una palabra para nombrar es sentimiento de individualidad y le llaman «yo».

Tanto el sentir animal, como la conciencia de «yo» son modelaciones, no descripciones de la realidad. Ambos sentires de individualidad son existentes en el sentir animal, pero ahí, más allá del sentir animal, no existen, están vacíos de existencia propia.

Son operativos en el sentir y en la vida del animal, pero no son reales. Mi yo es operativo en mi vida como un supuesto imprescindible, pero no real. Luego mi yo, que es el fundamento de mi individualidad, no es real; por tanto, mi individualidad opera en mi sentir y en mi mente, pero está vacía de entidad propia. Cuando muera desaparecerá con todos sus rasgos constituidos por DTRE (deseos, temores, recuerdos y expectativas). Mi identidad y lo mío desaparecerán.

¿Qué quedará de mi yo y de lo mío? Unas cenizas que se llevará el viento y el haber sido una forma de la dimensión absoluta, que carece del tiempo-espacio que nosotros proyectamos.

¿Todos los seres existentes y los que alguna vez existieron, desaparecerán?

Los sabios no dicen que existirán, sino que no serán aniquilados, porque son «formas de manifestación» de la dimensión absoluta y en la dimensión absoluta no existe ni el espacio, ni el tiempo.

Mi realidad, pues, no es mi yo y lo mío, sino ser una forma de manifestación de la dimensión absoluta en el no espacio y el no tiempo.

La dimensión absoluta, por su parte, no es una entidad existente en un tiempo eterno y en un espacio infinito. No cabe en las categorías de ser y no ser, ni en las de espacio y tiempo. La dimensión absoluta es un vacío absoluto de toda categorización humana. Toda individualización es un supuesto de un animal para poder vivir en un medio del que se nutre, y es, además, una forma de manifestación de la dimensión absoluta. Una manifestación que es a nadie, porque nadie se manifiesta a nadie, porque la dimensión absoluta es incategorizable.

La individuación colectiva

Los humanos somos animales simbióticos. Hemos de vivir en grupos. ¿Cómo se individualizan esos grupos? Para sobrevivir en el medio, cada animal humano tiene que comprenderse y vivirse como un individuo frente a un medio, modelado por su necesidad, del que vive. Como que somos animales simbióticos, tenemos que vivir en grupo, será necesario que haya una individuación de grupo para modelar el entorno a la medida de esos grupos.

Según el modo de sobrevivencia de los grupos, la individuación se realizará de una forma u otra, de acuerdo con una modelación del medio que corresponda a las necesidades del grupo.

Si se vive de la caza y recolección, la individuación será de familias amplias, que podrá ser de familias de familias o clanes, y más tarde de tribus que son reuniones de clanes; la sobrevivencia no pide más. Cuando entre la agricultura, la sobrevivencia exigirá grupos mayores, para controlar los ríos y los riegos, la defensa, etc. Esas exigencias delimitarán espacios que cultivar y defender que serán países. La industrialización precisa de espacios más amplios para que la industria resulte rentable. Por exigencias de la sobrevivencia, las individuaciones formarán naciones.

Las diferentes maneras de formar grupos y poderlos vivir y comprender como individuaciones vienen determinadas por las formas de sobrevivir. Nada viene dado por la naturaleza de la condición simbiótica humana. Todas esas maneras de interpretarse y vivirse como grupos claramente individualizados, son construcciones humanas.

Cuando las formas de interpretar los términos que designan esos diferentes grupos se interpretan desde una epistemología mítica, se suponen entidades. La familia se considera una estirpe, lo mismo el clan o la tribu. Se interpretan como algo cósico, no como una construcción humana. Esa interpretación se endurece con las tribus y, especialmente, con las naciones. Las diferentes tribus, las diferentes naciones, Francia, España, Inglaterra, la Madre Rusia, se comprenden y se siente como algo real, no como una construcción humana correspondiente a un modo de sobrevivencia.

¡Cuanta violencia, cuantas muertes ha costado la cosificación de esa construcción humana de la época industrial que es la nación, la patria! ¡Cuánta ficción, cuánto sacrificio, cuánta muerte y cuántas guerras!

La familia, la tribu, la nación son solo supuestos necesarios, no entidades de ningún tipo ni físico ni ideal.

A este punto hemos de llegar cuando aparecen las sociedades de innovación y cambio continuo, globalizadas. Y hemos de llegar a esta conclusión, como nuestros antepasados, por necesidades de sobrevivencia. Las simbiosis tendrán que individualizarse como equipos y equipo de equipos.

Debemos responder a la necesidad, como nuestros mayores, pero ya no podremos considerarlas entidades, sino puros constructos humanos. Eso hará que podamos cambiar ese tipo de individuaciones cómo y cuando convenga. Se han terminado el tipo de individuaciones que exigen el «todo por la patria» y semejantes.

Los humanos vivimos un mundo de modelaciones según las formas de sobrevivir, ahí hay que situar las grandes ideas como nación, patria. Son solo modelaciones, vacías de entidad propia, como todas las modelaciones humanas.

Esta es la concepción adecuada a sociedades globales de innovación y cambio continuo. Esta concepción de las individualidades colectivas no da fundamento a conflictos entre países ni intentos de dominios de unas naciones sobre otras. El único fundamento es una epistemología mítica insostenible y el egoísmo desnudo y sin posible fundamentación racional.

La identidad de las criaturas

Todas las criaturas, todos los seres no tienen su ser en propiedad. Lo disfrutan por un tiempo y lo pierden. Lo reciben, lo viven y lo pierden. Eran nada, parecen algo y vuelven a la nada.

Todos los vivientes tienen una identidad que está formada por el paquete de DTRE (deseos, temores, recuerdos, expectativas) que les es propio.

Las necesidades individualizan y son la base de la identidad. Esto vale también para los humanos.

Esas identidades no tienen ser propio y son hijas de nuestras modelaciones de vivientes.

¿Cuál es el núcleo de la identidad de todas las criaturas? Nada propio. La dimensión absoluta.

La identidad de mi organismo ya anciano, de realidad insignificante y frágil, mi condición de individualidad es la dimensión absoluta, el gran misterio de los mundos.

La dimensión absoluta no tiene identidad ni individualidad, no la precisa porque no tiene necesidades. Es general y sin fronteras.

Pero esa no-individualidad se muestra siempre en las individuaciones de los organismos animales y en sus modelaciones. Todo lo que damos por real son modelaciones de un organismo animal.

Nosotros los humanos somos individuaciones, porque somos seres necesitados.

¿Cuál es la entidad, la realidad propia de nuestras individualidades animales? Es la dimensión absoluta, el misterio de los mundos.

¿Cómo vivir esa nuestra condición?

Tenemos que vivir nuestra individualidad, porque si no lo hiciéramos no podríamos sobrevivir. Pero tenemos que vivir nuestro organismo animal, sabiendo que nuestra realidad, nuestra identidad propia es la dimensión absoluta.

Vivimos la dimensión absoluta, el misterio de los mundos, sin individuaciones ni fronteras pero en nuestro organismo de animal necesitado, por tanto, con individualidad y fronteras, sabiendo que la dimensión absoluta es la identidad de ese débil e insignificante organismo.

La dimensión absoluta, el misterio de los mundos, que es la individualidad de todas las criaturas, es lo que hemos llamado «cualidad de manifestación».

Todas las criaturas, todos los seres son la dimensión absoluta y solo la dimensión absoluta.

Los vivientes viven su individualidad, su identidad, pero no la pueden decir, por consiguiente, no pueden reconocer que su ser, su identidad es la dimensión absoluta.

Los humanos, porque somos hablantes, vivimos nuestra identidad, nuestra individualidad, reconociéndola, por esta razón podemos vivir nuestra individualidad e identidad animal como la dimensión absoluta y solo la dimensión absoluta.

Vivimos nuestra condición de ser forma de la dimensión absoluta en nuestra individualidad y peculiaridad animal. Así vivimos la dimensión absoluta, el misterio de los mundos desde esa individuación y peculiaridad de nuestro organismo animal. Así la dimensión absoluta general, se particulariza.

Así se genera la experiencia de que mi individualidad propia es la dimensión absoluta y solo la dimensión absoluta manifestada como un organismo individual animal.

La interpretación que se hace de Jesús, tradicionalmente, es totalmente diferente. En Jesús, un Dios trascendente se encarna en una naturaleza humana. Hay, pues, una naturaleza divina, que es una individuación, un Dios celeste, y una naturaleza humana. Dios se encarna en una naturaleza humana, que es también individuación.

Se trata de una interpretación de Jesús según el patrón, el proyecto axiológico colectivo agrario-autoritario.

Desde la epistemología axiológica no hay una naturaleza individual divina y trascendente, y tampoco hay una naturaleza humana fijada. Desde la epistemología axiológica eso no es posible.

La dimensión absoluta y la dimensión relativa son una única realidad, dos caras de la misma realidad, no dos realidades. Ahí solo hay una sola realidad, la dimensión absoluta.

Según la epistemología axiológica no serían dos naturalezas, sino dos dimensiones de la realidad y una única individualidad, la dimensión absoluta.

Esta sería la interpretación de Jesús en las sociedades de conocimiento.

¿Cómo fomentar la interdependencia entre las personas y entre los equipos?

Hay que hacer comprender que las sociedades de conocimiento nos han traído un desarrollo de ciencias y técnicas tan enorme que ha sido necesario parcializar el saber dentro de cada disciplina. Nadie puede saber toda una disciplina, toda la física, toda la química, etc., solo se puede ser especialista en un rincón de una determinada disciplina.

Este hecho indiscutible comporta que, para conseguir crear una innovación en una disciplina, en una tecnología, en la creación de un nuevo producto o un nuevo servicio, se tendrá que contar con la colaboración de varios individuos.

Esa colaboración no puede ser una colaboración colateral: todos tienen un mismo propósito, por ejemplo, construir un producto nuevo, cada uno trabaja por su cuenta y se espera llegar al resultado buscado por todos.

En las sociedades de conocimiento se necesita una colaboración más intrínseca que exija la interdependencia entre los saberes diferentes. Se parte del mismo propósito, construir el nuevo producto, pero se desempeña el trabajo de cada uno contando con el saber de los otros. Esa comunicación se consigue por un continuo intercambio de informaciones durante todo el proceso del trabajo de los diferentes individuos, de forma que el resultado conseguido se deba a la fecundación mutua desde los diversos saberes. Cada individuo de equipo tiene en cuenta temáticamente los saberes de los restantes componentes del equipo, porque recibe información constante del saber de los otros componentes del equipo.

Podríamos caracterizar esto dos tipos de equipos de forma resumida:

-Hay equipos que funcionan pretendiendo lo mismo, pero trabajando colateralmente hasta llegar al resultado perseguido.

-Hay equipos, esto son los que exigen las sociedades de conocimiento, que pretenden el mismo fin, pero, para conseguirlo, trabajan interactuando con informaciones constantes de primera mano a lo largo de todo el proceso necesario para llegar al resultado. Lo conseguido por el equipo que trabaje de esta segunda manera será más complejo, más rico, más abarcante y más preciso.

La sociedad de conocimiento exigirá que el espíritu de los miembros de los equipos no sea el de vender sus saberes, sino el de compartirlos.

Este tipo de quipos tienen que excluir el individualismo, el personalismo, el egoísmo. El egoísmo es el enemigo mortal de los equipos de interdependencia.

Para poder excluir el personalismo y el egoísmo será necesario cultivar individual y colectivamente la cualidad humana

-para posibilitar la existencia de ese tipo de equipos,
-para no destruir lo que se pueda haber conseguido,
-para posibilitar y fomentar las relaciones personales de calidad en el seno del equipo,
-para favorecer alejar las actitudes de ser vendedores de saberes, para convertirse en comunicadores de saberes.

Para que el equipo de interdependencia funcione correctamente, será preciso asegurar que todos sus miembros sean cultivadores, individual y colectivamente, de la cualidad humana. Y ese cultivo deberá hacerse de forma periódica.

Para que con el tiempo la cualidad humana no decaiga, habrá que cultivar también la cualidad humana profunda, igualmente de forma personal y de forma colectiva.

Para inducir y convencer a la creación de equipos de interdependencia podrá construirse un proyecto axiológico colectivo. Damos el esquema de ese proyecto axiológico colectivo.

-*Remitente* la sociedad de conocimiento exige organización en equipos a poder ser de interdependencia.
-*Destinatario* los individuos de las sociedades de conocimiento.
-*Sujeto* se pretende aptar a los individuos para las sociedades de conocimiento.
-*Objeto* posibilitar la creatividad continuada de los equipos.
-*Ayudante* todo lo que fomente el espíritu de equipo.
-*Adversario* el individualismo, el egoísmo.

Para implantar este proyecto axiológico colectivo, habría de construir una narración. Estos sería sus puntos centrales:

-Han llegado las sociedades de conocimiento para quedarse.
-Las sociedades de conocimiento solo son posibles si se organizan en equipos y equipos de equipos.
-Los individuos que van a la suya y son egoístas, no son aptos para los equipos de las sociedades de conocimiento.
-Las sociedades de conocimiento exigen y posibilitan que los individuos de los equipos adquieran espíritu de equipo.
-Solo organizada en equipos es posible una sociedad de creatividad continuada.
-Toda la cultura, en todos sus niveles, debe fomentar el espíritu de equipo y oponerse al individualismo egoísta.

En las sociedades de conocimiento el egoísmo es el enemigo público

En una sociedad que se ve forzada a vivir en equipos de equipos en interdependencia, la erradicación del egoísmo de personas y grupos es un asunto central de supervivencia.

Lo que complica el tema es que no se puede conseguir ese no-egoísmo por imposición, por vía coercitiva. El no-egoísmo es algo cualitativo que ha de ser voluntario.

Habrá que educar desde niños y todo lo largo del proceso educativo para crear el convencimiento de que, si se quiere que las cosas funcionen bien y con éxito, habrá que alejarse, lo más posible, del egoísmo para poder conseguir la cualidad humana.

Quienes practiquen el no-egoísmo podrán integrarse en los equipos y tener éxito. Quienes no lo practiquen, serán expulsados de los equipos y se convertirán en marginados sociales.

Hay que hacer entender a los colectivos que la cualidad humana es imprescindible en las nuevas sociedades, una cualidad humana que lo es, si es voluntaria.

Este es el problema central de las sociedades de conocimiento, viniendo como venimos de una cultura fundamentada en el individualismo y en el egoísmo individual, en el egoísmo de grupos y de países, como es el capitalismo.

¿Cuál es la clave para solventar colectivamente este problema? ¿Qué habrá que hacer para que individuos y colectivos opten seriamente por la cualidad humana?

Somos, como todos los vivientes, egocentrados por naturaleza, pero eso no significa que seamos egoístas por naturaleza.

Nuestra naturaleza de vivientes, constituidos como tales por nuestra competencia lingüística, y por nuestra condición de animales simbióticos, no comporta que seamos estructuralmente egoístas.

Hay que remarcar, con fuerza, que los humanos, en contra de la opinión generalizada, no somos estructuralmente egoístas.

Sin un proyecto axiológico colectivo, un proyecto axiológico colectivo, que conduzca al egoísmo, los humanos no somos egoístas.

Nuestro egoísmo no depende de nuestra egocentración de animales, sino de nuestro proyecto axiológico colectivo, construido por nosotros mismos.

Una sociedad jerarquiza, sea del tipo que sea, requiere inevitablemente remarcar el individualismo y la sumisión por coerción. Esa estructura social no excluye el egoísmo, lo permite en los márgenes de la sumisión. Una sociedad como la capitalista, se fundamenta en el egoísmo, para eso educa y se organiza.

Por primera vez en la historia de la humanidad, el egoísmo debe ser excluido par hacer posible las sociedades creativas en equipos de interdependencia, y el egoísmo tendrá que ser excluido por opción voluntaria.

En esta situación cultural, el no egoísmo resulta provechoso para individuos y equipos, también para equipos de equipos.

Necesitamos la cualidad humana, que en una sociedad de conocimiento equivale, imprescindiblemente, a no egoísmo voluntario y no coaccionado.

Si no somos estructuralmente egoístas, un proyecto axiológico colectivo, adecuado puede corregir ese defecto. ¿Cuál será la propuesta de un proyecto axiológico colectivo, no egoísta?

La sociedad de conocimiento formada por equipos en interdependencia y equipos de equipos, puede ser la solución.

Situación axiológicamente complicada de los jóvenes en las sociedades de conocimiento

-Viven la crisis religiosa,
-viven la crisis de las ideologías,
-pero mantienen mini narraciones propias del liberalismo-capitalista
-los puntos centrales de esas mini narraciones son:
  -en economía sostienen la centralidad del individuo, aunque intuyen los equipos,
  -su antropología es la idea de un humano racional, pero intuyen que no es suficiente,
  -sostienen que la ciencia describe la realidad (mantienen epistemología mítica)
  -se rigen por la ética liberal, menos en la cuestión sexual.

Están impedidos para aceptar lo que sería coherente con la sociedad de conocimiento, según nuestros análisis, debido a

- sostener una antropología en la que el ser humano es un ser racional,
-por mantener la epistemología mítica,
-por concebir la economía como centrada en el individuo y sus intereses;
- aceptan con dificultad las empresas jerárquicas
-por aceptar la ética liberal, menos en la cuestión sexual y en la protesta contra la jerarquía,
-por estar atrapados por el espíritu religioso negativo, niegan la espiritualidad o cualidad humana.

No pueden aceptar:

-la antropología que sostiene que somos animales lingüísticos,
-La epistemología que afirma que todo son modelaciones, es decir la epistemología no mítica,

-una economía fundamentada en equipos en interdependencia: todo debe ser en equipos en interdependencia, no pueden hacer la revolución de la interdependencia generalizada,

-la cualidad humana dependiendo de la experiencia de la doble dimensión,

-necesidad ineludible en las sociedades de conocimiento de la doble dimensión y la dimensión absoluta,

-no pueden comprender una doble dimensión, una cualidad humana, cualidad humana profunda, y una dimensión absoluta laica.

Qué hacer

Si estos son los puntos nucleares de su concepción:

-la antropología (animal racional),

-la epistemología (epistemología mítica),

-espíritu religioso negativo (negacionistas del dato de la doble dimensión),

-mantienen mini narraciones liberales-capitalistas,

-rechazan las enseñanzas de los mayores,

Podemos afirmar que están impedidos para las nuevas sociedades.

Cómo atacar esos puntos

1º atacar su antropología,
como consecuencia su epistemología.
de ahí su espíritu religioso negativo

2º atacar sus mini narraciones

3º intentar llevarles a la interdependencia generalizada

Confesamos que este planteo es teórico, la práctica deberá ir por otro lado.

Sería cuestión de intentar abordar a las personas entre 30 y 40 años, exponiéndoles que necesitarán profesionalmente

-la cualidad humana
-los equipos, sean en paralelo o interdependencia.
Desde estas necesidades se podría mediar con los jóvenes.

Hay un gran hiato entre las sociedades agrario-industriales y las sociedades de conocimiento. Hay que lanzar puentes para salvar ese hiato.

-De las sociedades anteriores debe pasar la sabiduría a las sociedades de conocimiento.
-De las sociedades de conocimiento a las agrario-industriales debe pasar la necesidad de equipos.
-La exigencia de equipos llevaría a los cambios que conducirían a la necesidad de sabiduría.

Pero pensamos que los jóvenes no se acercan a los adultos. Los rechazan, porque enseñan cosas que no les sirve.

Si comprenden que la sabiduría es imprescindible para los equipos, se les podrá convencer a que experimente la doble dimensión.

Si experimentan la doble dimensión, podrán interesarse por los textos de sabiduría del pasado.

Por su parte, las sociedades agrario-industriales, con la convivencia con las sociedades de conocimiento comprenden que tendrán que introducir los equipos, de lo contrario, jugarían con una desventaja perenne con las sociedades de conocimiento.

Las sociedades de conocimiento comprenden que tienen que cultivar la cualidad humana y la cualidad humana profunda, que, a su manera, poseen las sociedades agrario-industriales, y las sociedades agrario-industriales se ven forzadas a introducir los equipos.

Poner en juego los equipos, como base de la sobrevivencia colectiva, supondrá, con el tiempo, tener que introducir todo lo que los equipos exigen para poder funcionar. Ese hecho puede funcionar como puente entre los dos tipos de sociedades separadas por un gran hiato.

Tener que cultivar la cualidad humana y la cualidad humana profunda en las sociedades de conocimiento supondrá tener que estudiar cómo las sociedades del pasado cultivaban la dimensión absoluta, separando esas cualidades de las formas en que tenían que vivirlas las sociedades anteriores. Esto funcionaría como puente con las sociedades agrario-industriales.

La necesidad inevitable de equipos de las sociedades agrario-industriales, y la necesidad, también ineludible, de la cualidad humana y la dimensión absoluta por parte de las sociedades de conocimiento, nos permitiría salvar el hiato entre las dos sociedades, aproximándolas.

Desbloqueo de mayores y jóvenes para entrar en las sociedades de conocimiento

Hemos dicho que tanto las personas mayores como los jóvenes están bloqueados por sus concepciones para entrar en las sociedades de conocimiento. La consecuencia de este hecho es que el desarrollo acelerado de las tecnociencias y sus consecuencias, continuarán gestionadas por el egoísmo.

La situación general es de crecimiento exponencial de las tecnociencias, que es el causante del impedimento generalizado para dar una respuesta adecuada al nuevo contexto.

Los principales puntos que causan impedimento para entrar en las sociedades de conocimiento, recordémoslo, son mantener:

-Una antropología que sostiene que los humanos son seres racionales, aunque los hechos y la historia prueben lo contrario.

-El eje de las economías, y de la cultura en general, lo forma el convencimiento de que el individuo y su avidez es el fundamento de todo el hacer colectivo e individual. El interés de los individuos y colectivos, sus deseos y aspiraciones, que es equivalente a su egoísmo, es el motor y el principio fundamental de la cultura de la sociedad industrial. El egoísmo de individuos y colectivos es la perspectiva sobre la que se organiza toda la vida de los colectivos y de los individuos y la cultura toda.

-Las organizaciones, sean del tipo que sean, han de organizarse de forma jerárquica. Es la única forma de salvar los intereses egoístas de individuos y colectivos individuales.

-La marcha acelerada de las tecnociencias se interpreta desde la epistemología mítica, es decir, como una descripción de la realidad, aunque todavía incompleta, porque está en proceso.

-Se ha perdido el prestigio y la validez de religiones e ideologías; solo están vigentes trozos sueltos de narraciones propias del liberalismo-capitalista, mini narraciones que se mantienen vigentes acríticamente, sin llegar a formar una unidad consistente que merezca el nombre de ideología.

-Esto supone que, si se llegan a organizar equipos, estos tendrán una estructura jerárquica y estarán al servicio del interés, del egoísmo, de individuos o de colectividades individuales.

-Se mide la cualidad de las personas y de los colectivos desde el servicio de sus egoísmos.

La ética, sin el apoyo de las religiones o de las ideologías, está falta de fundamentación sólida, y sus formulaciones abstractas carecen de poder para motivar a individuos y colectivos La consecuencia es que el crecimiento exponencial de las tecnociencias, y de sus consecuencias en nuevos productos y servicios, está siendo gestionado por el egoísmo. Un mal futuro para la vida y la cultura.

Estos principios bloquean, de hecho, lo que es preciso aceptar para hacer viables las sociedades de conocimiento.

Estos mismos principios bloquean a los jóvenes para aceptar lo que exigen las sociedades de conocimiento. Tienen una apertura, porque intuyen la necesidad de equipos y porque intuyen la necesidad de cualidad humana, pero, a pesar de estas aperturas, están tan bloqueados como sus mayores.

Cómo romper estos bloqueos

No hay que perder muchas energías con las personas de más edad. Con gran probabilidad se mantendrán firmes en sus convicciones.

Habrá que argumentar a los jóvenes que la epistemología mítica es insostenible en sociedades que cambian aceleradamente sus maneras de interpretar la realidad y actuar sobre ella.

Habrá que hacerles caer en la cuenta que lo que verifican las ciencias no es la descripción de la realidad, como pretenden, sino que las verificaciones son de las modelaciones que hace la ciencia.

Es difícil librarse de la epistemología mítica en las ciencias porque sus éxitos operativos parecen avalar la perspectiva que sostiene que ellas describen la realidad, aunque en diversos pasos de aproximación.

Hay que hacerles comprender que los vivientes como nosotros no podemos tener acceso a la realidad más que a través de nuestras modelaciones. Este es un principio muy intuitivo y fácil de entender.

Si se mantiene la interpretación de la tarea de las ciencias desde epistemología mítica, surgen una serie de inconvenientes que no ayudan a romper el bloqueo.

Aunque la ciencia sabe que el mundo de cada especie animal es una modelación de la realidad a la medida de sus necesidades, la idea no se ha aplicado a la especie humana, seguramente por el convencimiento de que somos un compuesto de cuerpo y espíritu, o porque somos un compuesto de animal y racionalidad. La lógica nos lleva a extender ese principio a la especie humana, las consecuencias son muchas e importantes.

Si tomamos las afirmaciones de las ciencias como descripciones de la realidad y no como modelaciones propias de nuestra condición animal, se siguen algunas consecuencias:

-Se justifica la confianza incondicional en las ciencias. Si las ciencias describen la realidad, no nos conducirán por mal camino porque la realidad misma nos conducirá.

-Se justifica la explotación inconsiderada, porque se hace desde la ciencia y, por consiguiente, se hace según la naturaleza de la realidad.

-No se presenta el problema de qué tipo de modelaciones se usan, porque el concepto es ignorado porque prevalece la idea que las ciencias son descripción indiscutible de la realidad.

-No es necesaria la cualidad humana ni la cualidad humana profunda para practicar el trabajo con las tecnociencias, la ciencia misma se conduce correctamente. No se plantea el problema de que la ciencia requiere conducción cualitativa.

El problema se presentará en el uso de las tecnologías, no en la ciencia misma.

-Hay tendencia a justificar las tecnologías posibles, porque siguen a las ciencias que se desarrollan como descripciones de la realidad.

-No se tiene en cuenta que todo el trabajo con las tecnociencias debe ser dirigido por un proyecto axiológico colectivo, y no por supuestos filosóficos discutibles.

Las tecnociencias manejadas sin religión, sin ideología conveniente, sin una ética bien fundamentada, se rigen guiadas el egoísmo y por la epistemología mítica y sus errores.

-No será posible romper el bloqueo de las personas mayores, que continuarán fieles a la epistemología mítica y sus consecuencias.

Si las afirmaciones de la tecnociencia no son descripciones de la realidad, será posible deshacer con argumentos las mini narraciones que los mantienen en las propuestas del liberalismo-capitalista.

Será posible mostrar que las sociedades de conocimiento son incompatibles con un planteo económico y cultural que pivote sobre el individuo y su egoísmo, sino que requiere fundamentarse sobre el trabajo en equipos.

Será posible mostrar que la jerarquía perjudica seriamente la flexibilidad y creatividad de los equipos y de los equipos de equipos.

¿Cómo sería posible desbloquear, más en concreto, el acceso a las sociedades de conocimiento y sus consecuencias a los jóvenes y a los mayores bien dispuestos?

Los jóvenes se enfrentan a duras contraposiciones:

-desde la antropología,
    antropología de cuerpo y racionalidad
        frente a
    antropología de animal constituido por el habla,

-desde la epistemología,
    epistemología mítica
     frente a
    epistemología no mítica,

-desde el eje de la economía y la cultura,
    individuo y su avidez como el eje de la cultura
         frente a
    a la interdependencia generalizada como eje de la
    cultura,

-desde el acceso a la cualidad humana y la dimensión
absoluta,
    negacionismo de toda dimensión espiritual,
         frente a
    necesidad ineludible de acceso a la doble
    dimensión de la realidad,

-desde el acceso a la cualidad humana, cualidad humana
profunda y la dimensión absoluta,
    no es imprescindible la cualidad humana ni la
    cualidad humana profunda ni la experiencia de la
    dimensión absoluta
         frente a
    es imprescindible para la sociedad de conocimiento
    el cultivo de la cualidad humana, la cualidad
    humana profunda y la dimensión absoluta.

-desde la representación de la dimensión absoluta,
    como un Dios supremo, o negacionismo completo
         frente a
    como una dimensión humana, hija de la indagación
    y creación libre.

Para romper la dureza de estas contraposiciones y desbloquear el acceso a la sociedad de conocimiento parece que lo más conveniente es:

-fomentar el cultivo de la doble dimensión,
-fomentar alejarse de la epistemología mítica y optar por una epistemología no mítica,
-sustituir el eje de la economía y de la cultura fundamentado en el egoísmo, por la interdependencia generalizada.

A las personas de 50 años para arriba les resultará muy difícil, para los jóvenes confiamos que no.

Crisis de las generaciones

Las generaciones más jóvenes no tienen creencias religiosas ni ideológicas, carecen de procedimientos estandarizados para orientar sus vidas. Axiológicamente están completamente desmantelados. No tienen dónde agarrarse.

Nadie les ha enseñado, de forma asimilable para su situación cultural ni a plantearse las grandes preguntas de la vida ni a darles una contestación razonable. Tienen la fuerza de la juventud para plantear sus rebeliones. Sus rebeliones, desde el punto de vista de la epistemología axiológica, van bien orientadas, pero están planteadas en cuestiones particulares, con poca conexión entre las diversas rebeliones. No son capaces de ver la coincidencia de fondo de las diferentes protestas y, como consecuencia, no pueden presentar una alternativa a la forma de plantearse las sociedades de conocimiento de sus mayores.

Es una situación lamentable, falta de eficacia, que les hace sufrir. Como no pueden presentar una alternativa, terminan por claudicar e incorporarse, con grandes dificultades laborales y económicas, al mundo de sus mayores que detestan.

Esta es la situación de nuestros jóvenes. Pero la situación de las generaciones mayores no es muy diferente, sobre todo de las que, por la jubilación, se han descargado de sus ocupaciones laborales habituales.

Voy a exponer un ejemplo concreto, que después consideraremos si es generalizable.

He estado conviviendo con una persona, muy próxima y muy querida. Es una mujer ya mayor y enferma, con dificultades para andar y para dormir.

El tiempo que ha estado con nuestro pequeño grupo ha estado sentada o acostada en un sofá, teniendo la televisión o la radio encendida día y noche. Es su costumbre, porque es viuda y vive sola; según afirma, es una manera de no sentirse tan sola. Vive de esta manera hace más de una década.

Observándola he podido advertir que esa forma de comportarse es una manera de no pensar. No le interesan mucho los documentales o las discusiones políticas. Lo que le interesa es que le cuenten historias, las películas. Se pasa el día viéndolas y dormitando.

No piensa, y cuando expresa sus sentimientos es para lamentarse. No acepta la situación que le ha tocado vivir, su vejez, su enfermedad; pero tampoco acepta su vida pasada. Fue buena esposa y cuidadora de sus hijos. Fue una mujer llena de misericordia, cuidó a sus suegros ancianos y a sus padres ancianos. Y lo hizo con atención y cariño. Pero ahora se lamenta de la vida que le tocó vivir y no la acepta.

Como la mayoría de su generación, fue una persona creyente y practicante. Poco a poco, en palabras de ella, se fue desengañando de sus creencias y sus prácticas. Ya hace tiempo que ni cree ni práctica. Ese proceso de alejamiento de la religión lo sufrió toda su familia, marido e hijos. Hoy, el marido murió y los hijos, y los hijos de sus hijos, no saben ni quieren saber nada de la religión.

La resultancia de este proceso es que no se plantean ninguna de las grandes preguntas de la vida: por qué estamos aquí, qué es todo esto, qué significa que estemos en este mundo, de qué nos hablan el cielo, la tierra y todos los seres que los habitan. Las cuestiones políticas le interesan poco o ni se las plantea por desengaño de los partidos políticos y sus propuestas.

La persona que ha convivido con nosotros no piensa y no siente de verdad la naturaleza. Su situación es trágica, porque vive una vida sin profundidad, plana, de sucesos insignificantes, aburrida, sin sentido ni hondura.

Ya es una persona irrescatable, no le interesa lo que le puedas decir ni sería capaz de comprenderlo. En la misma situación estaba su marido antes de morir, y en la misma situación están sus hijos. Lamentable, pero este es el resultado de la crisis de muerte de la religión y de la crisis de las ideologías.

¿Esta situación de la persona que ha estado con nosotros es extensible a casi todas las personas de sesenta años para arriba? Por lo que hemos podido observar, es así. Todas están ya sin religión, que no sea puros rituales rutinarios. La gran mayoría ni cree ni práctica. Tampoco las ideologías orientan sus vidas.

Viven pasando el tiempo, leyendo principalmente novelas, yendo al cine o al teatro, viajando cuando pueden, pero sin pensar en lo que significa estar en este inmenso y maravilloso mundo. La gran mayoría no se plantea las grandes cuestiones de la existencia, porque no saben cómo hacerlo.

El resultado es que sus vidas son vacías, sin hondura, sin la maravilla y las cuestiones que plantea la naturaleza. Procuran ignorar lo más posible la muerte, porque no saben qué hacer con ella.

También todas esas generaciones, que están al final de sus vidas, son irrescatables.

No quieren ni pueden entender las alternativas que se les podría presentar que no supusieran ni creencias ni religiones ni ideologías. Viven una tragedia de sentido de la que se procuran distraer lo más posible.

Solo las generaciones que todavía están activas en el trabajo viven una situación diferente porque están ocupadas. Si piensan, se tratará de cuestiones laborales y de política práctica. Tampoco ellos se plantean las grandes preguntas de la vida. No tienen tiempo. También su vida es sin profundidad, aunque sin sentir esa carencia porque tienen muchas preocupaciones urgentes.

¿Cómo ayudar a esta humanidad que está vacía de lo que vivieron sus padres, que está abocada a la mayor transformación de modos de vida y de cultura de la historia humana: la aparición y asentamiento de las sociedades de conocimiento?

¿Qué se puede hacer por quienes ni escuchan ni quieren escuchar?

Solo se me ocurre una contribución: pensar por todo lo que ellos no pueden pensar, sentir por todo lo que ellos no tienen ni tiempo ni interés ni posibilidad de sentir.

Es una situación angustiosa, que hay que vivir con serenidad, paz y confianza inquebrantable.

Hay que pensar y sentir intensamente, y escribir si se puede. Luego, esperar y confiar.

La convivencia desde la interdependencia y la experiencia de la dimensión absoluta

Lo que vamos a tratar es una utopía, en el sentido de algo no realizado todavía, no es, en cambio, una utopía en el sentido de irrealizable.

Nuestras reflexiones partirán de dos datos principales:

-la llegada inevitable de la sociedad de conocimiento
-la experiencia de la doble dimensión.

Y de dos datos más derivados:

-la ineludible necesidad de las sociedades de conocimiento de trabajar en equipo,
-la experiencia de la dimensión absoluta derivada de la doble dimensión.

Estamos convencidos de que estamos frente a una grave alternativa: o esto que proponemos, o una forma u otra de capitalismo, es decir de explotación de las gentes y del medio desde el egoísmo de individuos y organizaciones; y una explotación mediante unas ciencias y tecnologías en exponencial crecimiento.

La interdependencia de los individuos en el seno de los equipos exige una unidad en el sentir de todos los que forman parte del equipo. Lo mismo cabe decir de la interdependencia de equipos y de equipos de equipos.

Por otra parte, la experiencia de la dimensión absoluta individual y colectiva genera un sentir hondo de unidad. No hay experiencia verdadera de la doble dimensión y de la dimensión absoluta sin un sentimiento hondo de unidad.

La experiencia de la doble dimensión supondría que

- una dimensión sería la necesidad ineludible de vivir en una interdependencia generalizada,
- y la otra dimensión sería la experiencia individual y colectiva de la dimensión absoluta.

El proyecto axiológico colectivo, de este tipo de sociedad supondría asentar esa doble dimensión en la colectividad de que se trate.

Para estas afirmaciones nos apoyamos exclusivamente en datos y en la lógica. No hacemos intervenir ningún supuesto ni ninguna creencia ni ningún principio ideológico o filosófico que no sean esos datos tratados lógicamente.

El proyecto axiológico colectivo, de este tipo de sociedad de conocimiento afirmaría:

El *Remitente* es la ineludible implantación de la sociedad de conocimiento.

El *Destinatario* serían todas las sociedades de la tierra que tendrán que organizarse en equipo y equipos de equipos.

Esta es la oferta-imposición que para toda la humanidad: la aparición y el acelerado desarrollo de las sociedades de conocimiento, es decir, tener que vivir a través de la creación y continuo crecimiento de las tecnociencias y sus consecuencias con sus nuevos productos y servicios.

La oferta de este tipo de sociedades, es decir el *Objeto*, sería la posibilidad de vivir los individuos y los colectivos de la creación en equipos. Una forma de vida muy interesante tanto desde el punto de vista de vivir de la creación de conocimiento, como desde el punto de vista de vivir en equipos fuertemente cohesionados.

Esta oferta es a todos los Sujetos a quienes se les ofrece-impone una continuada actividad creativa, cada cual a su nivel, siempre en equipos de interdependencia. Se terminan los trabajos rutinarios o de fuerza.

Los claros *Adversarios* de esta oferta-imposición son todos los que continúan reclamando y apoyando sociedades organizadas desde los individuos y sus egoísmos individuales o de grupo, cohesionadas por la jerarquía y la coerción.

Serán *Ayudadores* de la nueva propuesta todos los colectivos e individuos conscientes de los desastres de todo tipo a los que nos están conduciendo el uso del acelerado crecimiento de las tecnociencias y de sus consecuencias en nuevos productos y servicios para servir al egoísmo de los individuos, de las organizaciones y de los países.

La oferta-imposición de la llegada y crecimiento imparable de las sociedades de conocimiento, desarrollada lógicamente, parece muy complicada en las actuales circunstancias. Pero la alternativa a esa dificultad es la vigencia continuada de las sociedades capitalistas que explotan a personas, animales y medio, desconsideradamente y al servicio de unos pocos.

Estamos yendo aceleradamente a un desastre de la humanidad, de la vida y de la habitabilidad del planeta, que en algunos campos ya no tiene vuelta atrás.

Hay que hacer, con decisión, una apuesta por una sociedad de conocimiento desarrollada coherentemente, por más complicada que sea su realización práctica.

Los grandes ejes de la nueva sociedad serían:

-la interdependencia generalizada,
-y la experiencia, también generalizada, de la dimensión absoluta.

Coordinar la dimensión absoluta y el equipo de interdependencia

¿Por dónde empezar esa coordinación?

Se trata del supuesto de que se vive en una sociedad de conocimiento.

Se puede empezar por intentar crear un equipo de interdependencia para trabajar en crear innovación científica, tecnológica, nuevos productos o nuevos servicios.

La interdependencia de varios especialistas, sea en paralelo o sea en el interés mismo del proceso, lo primero que advertirá es que se precisa excluir todo tipo de egoísmo en los miembros del equipo. Nadie puede entrar en una auténtica interdependencia yendo a la suya, barriendo para sí, reservándose conocimientos por lo que pudiera pasar. El egoísmo de las personas tiene que estar excluido al máximo.

Esta necesidad la experimentará el equipo y cada uno de los miembros del equipo.

¿Cómo conseguir barrer en el seno del equipo ese egoísmo?

Solo un cultivo serio de la cualidad humana será capaz de alejar ese egoísmo.

¿Cómo tendrán que cultivar la cualidad humana los miembros del equipo y el equipo mismo como tal? Meditando explícitamente los temas que hemos expuesto en el apartado anterior. Solo cuando, partiendo de la experiencia de la doble dimensión, se es capaz de discriminar con claridad lo que son nuestras modelaciones relativas a nuestras necesidades, de eso que está ahí, porque sí, absoluto, solo entonces se puede alcanzar la cualidad humana. La profundización de esa discriminación lleva a la experiencia explícita de la dimensión absoluta. Esa experiencia de la dimensión absoluta proporciona la cualidad humana profunda.

Cuando se han adquirido estas cualidades, supuesto que estamos en sociedad de conocimiento, se comprende, sin duda alguna, que para afrontar con eficacia la complejidad creciente tecnocientífica y poder llevar a cabo innovaciones del tipo que sean, se precisa inevitablemente, proceder a la formación de equipos. Desde la cualidad humana y la cualidad humana profunda se hará completamente evidente que para tener éxito habrá que excluir radicalmente todo egoísmo en las personas del equipo, en el funcionamiento del equipo y en la relación con otros equipos.

Hay otra manera posible de iniciar la creación de un equipo de interdependencia: se puede empezar por cultivar la cualidad humana y la cualidad humana profunda hasta llegar a la experiencia de la dimensión absoluta.

Esas personas, a quienes les preocupa principalmente la discriminación de la doble dimensión del nuestro acceso a la realidad, entenderán que tienen que trabajar en la situación de las sociedades de conocimiento. Primero, porque quien no trabaja no come, y segundo, porque la experiencia de la cualidad humana profunda y de la dimensión absoluta los llevará espontáneamente a formar equipos de interdependencia. Será totalmente evidente para ellos que los equipos que formen excluirán el egoísmo.

Resulta difícil pensar este tipo de funcionamiento de nuestra sociedad, desde la estructura cultural en que vivimos, que parece no tener intención de ceder el paso. Vivimos en una sociedad en la que el eje de toda la organización, económica y política, y el eje de la cultura toda, incluida lo que queda de ideología y de religión, pivota sobre el individuo y sus intereses, es decir sobre su egoísmo. El egoísmo de personas, organizaciones y países es la perspectiva de toda nuestra cultura.

Pensar una cultura que pone todo su empeño en evitar el egoísmo de individuos y colectividades es poco menos que una locura. Puede ser para nuestros contemporáneos una locura, pero es una locura necesaria e imprescindible.

La alternativa a esa locura, supuesto el poder de las nuevas ciencias y tecnologías, y supuestas las perspectivas que abren, es un suicidio colectivo.

Hay que liberar a los equipos de innovación continuamente acelerada de la sumisión a una organización jerárquica. Mientras los equipos estén regidos por la jerarquía, que será siempre la jerarquía del capital, no podrán descubrir la necesidad indiscutible de la horizontalidad de su organización y desde ahí la necesidad inevitable de la cualidad humana y de la cualidad humana profunda.

Insistimos, nuestra propuesta parece ser soñadora, pero no lo es, es tan realista que resulta inevitable, si queremos librarnos de una degradación rápida y una muerte de nuestra especie, de todas las especies y de la inhabitabilidad del planeta.

Es urgente advertir que ya vamos de camino a ese desastre.

Equipos en interdependencia y unidad de experiencia de la doble dimensión y la dimensión absoluta

Los equipos en interdependencia no son viables, si no se excluye lo más posible el egoísmo. Para que sean posibles se requiere que todos los miembros del equipo tengan la cualidad humana suficiente como para que, en la tarea común, no barran para sí mismos, sino que, para que la interdependencia pueda funcionar, eviten lo más posible el egoísmo.

En un equipo en interdependencia se ha de dar un intercambio total y sin reservas de los conocimientos de cada especialista, para hacer posible la mejor creatividad e innovación. Si se reservaran conocimientos, para conservar sus propios intereses actuales o futuros, perjudicarían la posibilidad de innovación y creación, dañando al resto del equipo. Si todos reservaran conocimientos de su especialización, para cubrirse las espaldas frente a los posibles avatares del equipo, ese equipo tendría disminuidas seriamente sus posibilidades creativas e innovadoras.

Lo característico de un equipo en interdependencia es que cada uno de sus miembros tenga una especialización fuerte que los otros no tienen. Podríamos decir que en este tipo de equipos las individualidades y sus saberes respectivos son centrales y la base operativa del equipo. Se remarca el individuo, pero de tal forma que el saber exclusivo de cada miembro solo es operativo y valioso en el seno de la interdependencia con otros individuos dotados de saberes exclusivos y valiosos. Esa es la sutileza de la interdependencia. Si cada individualidad pretendiera poner a su servicio a las otras individualidades, el equipo sería imposible. El egoísmo, se dé en la medida en que se dé, imposibilita la fecundidad el equipo.

Se remarca al individuo, pero cada uno de los individuos solo tiene valor y operatividad en el seno del equipo, fuera del equipo su saber no es operativo y pierde su valor.

El equipo en interdependencia solo es equipo en la unidad de un propósito común creativo, que solo puede ser llevado a cabo en un sentimiento de unidad en torno al propósito con exclusión de egoísmos.

Conseguir esa unidad exige una cualidad humana, hija de la experiencia de la doble dimensión y de algún grado de experiencia de la dimensión absoluta. ¿Cómo conseguir, en el seno del equipo, ese grado tan notable de exclusión del egoísmo?

La solución más eficaz es un cultivo explícito del equipo de la doble dimensión y de la dimensión absoluta.

Los equipos de creación continuada de ciencias, tecnologías y desde ahí de nuevos productos y servicios en interdependencia con fuertes especialistas en diversas materias, para hacerse posibles y máximamente creativos e innovadores, requerirá un cultivo explícito de la doble dimensión y de la dimensión absoluta en seno mismo del equipo.

Los miembros activos de este tipo de equipos se verán necesitados de un estudio continuado de su propia especialidad, y de un cultivo adecuado de la doble dimensión, de la cualidad humana, la cualidad humana profunda y la dimensión absoluta en privado y en el seno del equipo de por vida.

Los jóvenes que quieran prepararse para integrarse en este tipo de equipos, necesitarán adquirir una fuerte especialización, aprender a trabajar con otros, y cultivar la cualidad humana, la cualidad humana profunda y la dimensión absoluta.

La interdependencia de los grupos y la experiencia de la dimensión absoluta

Un equipo en el que sus miembros no excluyan el egoísmo tiene que ser necesariamente jerárquico y la coerción será necesaria.

Un equipo sin jerarquía ni coerción exige fundamentarse en la confianza, en la fiabilidad, en la comunión, en un proyecto común construido por todos los miembros del equipo y en una experiencia común de la doble dimensión. Sin experiencia común de la doble dimensión no se elimina el egoísmo.

Los equipos de creación e innovación continuada han de ser forzosamente equipos en interdependencia del saber de sus miembros.

La única forma de evitar el egoísmo en los equipos en interdependencia es la experiencia común de la doble dimensión. Así se practicó en la larga etapa de la cultura cazadora-recolectora.

La experiencia de doble dimensión genera respeto mutuo, comunión, hermandad, unidad de unos con otros y diluye el egoísmo.

La esencia de la creatividad en equipo es la voluntariedad en la tarea de todos los miembros del equipo. Si en el equipo que pretende ser creativo e innovador se da algún grado de sumisión y coerción, se daña la voluntariedad y se daña la capacidad creativa.

Los equipos de creación continuada, dependen de la interdependencia de varias disciplinas. En ese caso se han de cumplir varias condiciones:

-el interés de un miembro del equipo, ha de ser mi interés;

-mi interés ha de ser el interés de todos los miembros del equipo;

-no hay intereses particulares, y si los hay se subordinan al interés del equipo;

-un interés exclusivamente individual es enemigo del interés general;

-todos los intereses particulares, han de ser intereses de todo el equipo;

-para que el interés de uno sea el interés de todos

-la creación del proyecto ha de ser muy importante para todos,

-el interés del proyecto se ha de identificar con mi proyecto personal,

-mi proyecto personal no puede estar por encima del proyecto colectivo.

-La confianza en cada miembro del equipo ha de ser sin fisuras.

-La confianza sin fisuras no es posible si se acentúa el individualismo.

-La modelación de la realidad no debe hacerse desde el individualismo, sino desde el equipo.

Habrá que convencer a todos los miembros del equipo de que el individualismo es muy perjudicial para la sociedad de conocimiento y su creatividad.

Se deberá estructurar todos los aspectos de la vida colectiva desde el equipo.

Podríamos decir que habría que construir un proyecto axiológico colectivo para el equipo.

Como resumen:

La sociedad de conocimiento exige una organización en equipos.

Los equipos de interdependencia exigen un cultivo colectivo explícito de la doble dimensión y de la dimensión absoluta.

Y la doble dimensión y la dimensión absoluta son la condición imprescindible y necesaria para la posibilidad de los equipos de creación e innovación continuada en interdependencia.

Cómo conjuntar la meditación con el estudio, la investigación y el trabajo en la sociedad de conocimiento

Para conseguir que todos los miembros de la sociedad de conocimiento practiquen diariamente la meditación, hay que separar primero, con toda la claridad, la meditación de la religión. De lo contrario, las gentes rechazarán la religión, rechazarán la meditación. Ese es un error que no podemos permitirnos en las sociedades de conocimiento.

Por consiguiente, cuando hablamos de meditación, no hablamos de nada religioso. La meditación no tiene nada que ver con creencias, figuras religiosas ni deberes religiosos.

La meditación de la que hablamos es reflexionar pausadamente y en silencio sobre nuestra situación como humanos en esta tierra y en la inmensidad de los mundos. Es pararse para cobrar conciencia de nuestra breve vida en la inmensa complejidad de la tierra y los cielos.

Es cobrar conciencia de la capacidad de nuestra mente, de la profundidad de nuestro sentir, de la complejidad, diversidad y belleza de los seres que nos rodean.

Es tomar conciencia de que, como animales necesitados, como todo el resto de vivientes, modelamos la inmensidad que nos rodea a la medida de nuestras necesidades y de la modalidad de nuestra cultura y sistema de sobrevivencia. La cultura es la forma humana de modelar lo que nos rodea según las formas de vivir de las diferentes épocas.

Esa conciencia de nuestra situación como humanos, en esta hermosa y frágil tierra y en la inmensidad de los mundos, es lo que llamamos cualidad humana.

Si tomamos conciencia de nuestra condición de vivientes perecederos en la tierra y en el cosmos entero, tomamos conciencia, también, de que toda esta inmensidad que habitamos y que modelamos está ahí, completamente independiente de toda posible relación con nosotros, que está ahí gratuitamente, porque sí, sin ninguna relación con nuestras necesidades; que está ahí, de forma absoluta. Esa conciencia es la cualidad humana profunda.

Esa es la meditación que postulamos para todos los humanos de las sociedades de conocimiento.

Meditación es el ejercicio de experimentar la doble dimensión de nuestra condición. Esta meditación proporciona la cualidad imprescindible para trabajar en equipos de interdependencia. La meditación, que genera el respeto y el aprecio por las demás personas del equipo, tiende a ser sin condiciones.

Se cobrará conciencia de la unidad de todos en la experiencia y vivencia cotidiana de la dimensión absoluta de cada persona del equipo y del equipo entero.

Veamos las posibles formas de meditación.

Meditar que nadie ha venido a este mundo.

Todas las criaturas, y nosotros entre ellas, somos fruto de los procesos de los mundos, arrancando del inicio de todo en el Big Bang.

No somos este mundo que vivimos, porque el mundo que vivimos no es lo que hay y lo que somos. Todo eso no es lo que realmente hay, sino lo que, por nuestra condición de vivientes, hemos modelado. Somos el misterio no modelado de los mundos.

Si nadie ha venido a este mundo, y no somos el mundo que modelamos, somos el misterio no modelado de este mundo. *Somos el misterio de los mundos.*

En nosotros no hay nada que no sea ese misterio.

Si no hemos venido a este mundo, sino que somos el misterio de los mundos, todos los seres somos ese misterio y nada más que ese misterio.

Si nadie ha venido a este mundo, nadie se va.

Somos el mismísimo misterio de los mundos. *El inconcebible misterio de los mundos es ni viene ni se va.*

Las modelaciones que hacemos de esta inmensidad son relativas a nuestras necesidades, pero eso no es lo que hay. Todo lo que vemos, tocamos y sentimos no es real, está vacío de entidad propia.

Lo que hay es absoluto, es eso que está ahí porque sí, sin ninguna razón, sin relación a si nosotros existimos o no existimos, es eso absoluto.

Eso absoluto es un dato que podemos percibir si afinamos nuestra sensibilidad convenientemente.

Eso absoluto es una dimensión de nuestra vida, no es una creencia ni un supuesto filosófico, es simple y claramente un dato.

Hay que meditar incansablemente ese dato hasta experimentarlo plenamente, hasta que tenga más peso que cualquier otra experiencia.

Meditar es discriminar que *en cualquier experiencia que tengamos en nuestra vida*, sea de personas, de animales, de plantas, de la naturaleza, etc., *experimentamos la doble dimensión* de nuestra vida: la dimensión modelación nuestra, que es una dimensión relativa y que no tiene existencia propia; y la dimensión de eso absoluto, que está ahí, que es lo que realmente es.

Si discriminamos entre las dos dimensiones, comprendemos que eso absoluto es tan plenamente que no podemos decir de él ni que es ni que no es, ni ninguna otra afirmación. Sin embargo, lo podemos experimentar con todo el peso de su certeza y como la realidad de todo.

El fruto de la meditación, que es crecimiento de la cualidad humana, de la cualidad humana profunda y de la vivencia de la dimensión absoluta, *es la experiencia de la unidad* de todos los miembros del equipo, unidad que es imprescindible para la existencia de la interdependencia de las personas del equipo.

Para conseguir esta unidad, deberá practicarse la meditación regularmente de forma individual y de forma colectiva meditando juntos. Cada individuo y cada equipo podrá hacerlo a su manera.

Consecuencias de que la sociedad de conocimiento carezca de la experiencia de la dimensión absoluta

Lo que vemos es una figuración, no es lo que hay. Una figuración humana, tan figuración como la de los diferentes animales. No está ahí. ¿Qué es lo que está ahí? No podemos figurarlo, por lo tanto, no podemos conocerlo.

Cuando morimos la figuración desaparece, porque es una figuración a la medida de nuestras necesidades de vivientes. En las sociedades de conocimiento también es necesario vivir las realidades como figuraciones. Si tomamos las figuraciones como descripción de las realidades, nos enfrentamos a los demás proyectos axiológicos colectivos. Si se toma una figuración como realidad, excluye duramente a las demás figuraciones como falsas.

Hemos tenido infinidad de enfrentamientos en la historia.

Se puede verificar que tomamos nuestra figuración como descripción de la realidad, porque pensamos que los animales viven esa misma figuración nuestra, y no es cierto. Los vivientes vivimos en una sinfonía de figuraciones. Cada especie tiene su propia figuración. Cuando una especie desaparece, desaparece con ella su figuración.

Toda figuración es una modelación.

Si un colectivo no tiene experiencia de la dimensión absoluta, toma su figuración como descripción de la realidad. Este hecho le enfrenta al resto de figuraciones, al resto de proyectos axiológicos colectivos. Esos enfrentamientos pueden ser violentos o simplemente de menosprecio hasta intentar eliminarlos.

Tomar la figuración como real es vivir en un mundo potencialmente conflictivo.

Hay que vivir profundamente que nuestras figuraciones son hijas de nuestro proyecto axiológico colectivo, no son reales. Ninguna figuración humana es real.

Esta situación cultural de enfrentamientos de figuraciones es hija de la falta de experiencia de la dimensión absoluta, o de someter la dimensión absoluta a la figuración vigente. Cuando ocurre esto último, los enfrentamientos se endurecen.

Hay otros inconvenientes que se siguen de la experiencia de la doble dimensión y, por consiguiente, de la dimensión absoluta.

Sin la experiencia de la dimensión absoluta la tolerancia es fingida o superficial, porque no es capaz de situar el proyecto axiológico colectivo, en la categoría de una figuración entre una multitud de figuraciones.

Sin la experiencia de la dimensión absoluta, las sociedades de conocimiento no respetan ni veneran la realidad, si no lo hacen la explotan. Sin la dimensión absoluta, la sociedad de conocimiento es potentemente depredadora, con capitalismo o sin él, tanto si se organiza en torno del individuo o del colectivo.

Nada es descripción de la realidad ningún proyecto axiológico colectivo ni siquiera el que se pretende religioso. No hay ninguna posibilidad de escapar de la modelación.

Sea la que sea la figuración es respetable y venerable, porque toda figuración es forma de la dimensión absoluta. Las figuraciones, que son formas de la dimensión absoluta, son la dimensión absoluta y solo la dimensión absoluta. No hay nada fuera de lo modelado, porque el modelador es también lo modelado. Dicho de otra forma, las formas de la dimensión absoluta no añaden nada a la dimensión absoluta, son la dimensión absoluta misma.

Sin la experiencia de la dimensión absoluta, aunque solo sea implícita, es difícil, si no es que imposible, adquirir una cualidad humana que embride, refrene o controle el egoísmo. Es evidente que una sociedad fundamentada en la innovación y creación continuada y acelerada tendrá que funcionar en equipos, sean equipos que funcionan en paralelo, o sean equipos que funcionan en interdependencia.

Para funcionar en cualquier clase de equipos, especialmente en el caso de equipos de interdependencia, hay que controlar lo más posible el egoísmo de los individuos y de los equipos, hay que controlarlo con la intención de excluirlo. Los equipos en los que el egoísmo funciona libre no podrán subsistir, se destruirían a sí mismos por la desconfianza.

La conclusión es que la cualidad humana, que es exclusión o el máximo control del egoísmo, es absolutamente imprescindible en las sociedades de conocimiento. Estas sociedades deberán tomar como tarea principal que todos sus miembros tengan acceso a la doble dimensión y cultiven especialmente la experiencia de la dimensión absoluta.

Es magnífico que la evolución de las formas de sobrevivir y de las formas de la cultura hayan conducido a este extremo.

Si no conseguimos controlar el egoísmo, el crecimiento exponencial de las ciencias y tecnologías, y sus consecuencias en la posibilidad de nuevos productos y servicios, se pondrán al servicio del egoísmo de individuos y grupos. El egoísmo es un depredador desconsiderado y un destructor.

Son sociedades regentadas por el egoísmo, teniendo en cuenta la nueva situación de ciencias y tecnologías, nos meteríamos en un proceso de exterminio inevitable.

En sociedades de tecnología potente la política colectiva no puede basarse en el egoísmo de individuos y grupos, tendrá que buscar la equidad y la interdependencia de intereses, habrá que excluir en la política el egoísmo de personas y, especialmente, el egoísmo de equipo y equipos de equipos

La política se fundamenta en el egoísmo de personas y grupos, que, de hecho, es una lucha, más o menos civilizada, de todos contra todos utilizando el poder de las tecnociencias.

Si nos fundamentamos no en el egoísmo, sino en la interdependencia de intereses, se evitarán conflictos y se podrá utilizar todo el poder de las tecnociencias para el servicio de todos y para el bien del planeta.

La terrible alternativa

La sociedad de conocimiento nos ha puesto frente a una terrible alternativa:

-o se gestiona el crecimiento continuamente acelerado de las tecnociencias desde los intereses de los individuos particulares o de las organizaciones, lo que equivale a gestionarlo desde el egoísmo de individuos y empresas,

-o se gestiona el crecimiento exponencial de tecnociencias y sus consecuencias en nuevos productos y servicios desde la cualidad humana y la cualidad humana profunda, es decir, desde el silenciamiento del egoísmo.

Frente a esta alternativa surge una gran duda: ¿es posible que animales depredadores como nosotros puedan llegar a regirse, ya no desde el egoísmo, sino desde la cualidad humana y la cualidad humana profunda, es decir, desde evitar lo más posible el egoísmo de personas y de grupos?

El repaso de la historia humana no es un motivo de optimismo. Sin embargo, nuestro acceso a la doble dimensión de lo real y, sobre todo, nuestra noticia-experiencia de la dimensión absoluta nos dice que podría ser posible.

Si optamos por la posibilidad humana de eliminar el egoísmo como eje del funcionamiento de individuos y grupos, evitaríamos la catástrofe segura de que quien dirija y gestione los desarrollos acelerados de las tecnociencias sea el egoísmo humano, que es el egoísmo de un depredador insaciable.

La alternativa que nos imponen las sociedades de conocimiento es la más atroz y peligrosa de todas las que hemos tenido que enfrentar nuestra especie. O vamos inevitablemente al daño de toda la vida en el planeta, nosotros incluidos, o vamos a una sociedad colaboradora, sin explotación, pacífica, de hombres y organizaciones de cualidad.

Veamos cuáles serían las exigencias lógicas de las sociedades de conocimiento para ser beneficiosas para la humanidad y evitar ser una maldición para nuestra especie y para la vida.

Ya vimos que las sociedades de conocimiento tienen que funcionar partiendo de la formación de quipos, equipos organizados en paralelo o equipos organizados desde la interdependencia.

Los equipos de las sociedades de conocimiento solo pueden funcionar desde la voluntariedad. La fuerza creadora de individuos y grupos no puede funcionar adecuadamente desde la sumisión, desde la coerción.

Lo que forma, cohesiona, y motiva a los equipos no puede ser la sumisión a creencias, tampoco la sumisión a las ideologías tal como han existido, porque comportaban imposición y eliminación de alternativas.

La voluntariedad no puede ser fruto de la imposición, sino de la atracción, de la seducción, del interés. ¿Qué puede mover a los individuos para formar un equipo? La atracción de una investigación, la calidad de las personas que forman el equipo; calidad que puede ser profesional o cualidad humana de sus miembros.

Una vez reconocida la imprescindible voluntariedad de la motivación para formar un equipo, voluntariedad causada por una especie de seducción, cabe preguntarse: ¿cuál ha de ser la base que haga posible la existencia y permanencia de los equipos?

Indudablemente, es la cualidad humana de sus miembros. Una cualidad humana que controla, reduce o elimina el egoísmo de los individuos.

El egoísmo de los individuos es el enemigo mortal de los equipos de las sociedades de conocimiento, especialmente de los equipos en interdependencia.

La cualidad humana que requieren esos equipos es algo más que bonhomía, es también más que coherencia con unas creencias o un sistema ideológico. En una sociedad de conocimiento sin creencias, sin religiones y sin ideologías, la cualidad humana solo puede ser fruto de la noticia clara y la experiencia de la doble dimensión de la realidad.

Eso quiere decir que el acceso a la doble dimensión no puede darse sin el reconocimiento de la dimensión absoluta. La experiencia de la doble dimensión no es posible sin la noticia clara de la dimensión absoluta. Para que la cualidad humana sea y se mantenga requiere un mínimo cultivo tanto de la doble dimensión como de la dimensión absoluta. Esa actitud provoca un respeto y veneración por todo.

La interdependencia no puede funcionar si alguno o algunos del equipo son egoístas. Tampoco es posible la relación de interdependencia entre los equipos, si alguno de los equipos es egoísta.

Donde se da el egoísmo, la confianza completa no es posible y sin confianza completa los equipos son imposibles.

Sería aconsejable, o incluso necesario, que los equipo practiquen ejercicios periódicos de experiencia de la doble dimensión y de la dimensión absoluta.

Estaríamos entrando en una cultura que persigue el egoísmo y excluye la actitud que acepta o impone el egoísmo de individuo y grupos como eje de las personas y de las organizaciones.

Será muy conveniente construir un proyecto axiológico colectivo, que fundamente la voluntariedad desde la cualidad humana.

Sería igualmente conveniente construir un proyecto axiológico colectivo, para motivar y fomentar el cultivo periódico de la doble dimensión y de la dimensión absoluta.

Todo lo que hemos expuesto en este pequeño apartado puede resultar, en el tipo de sociedad de capitalismo fuerte, que vivimos como muy nuevo y muy poco habitual, pero nos estamos jugando la sobrevivencia de nuestra especie y la sobrevivencia de la habitabilidad del planeta

Somos estructuralmente egocentrados pero no necesariamente egoístas

Hemos visto que los humanos no somos esencialmente mala gente. No somos animales para devorarlo todo, destruirlo todo cuanto más mejor. No somos depredadores desconsiderados como nuestro natural propio. De hecho, nos estamos comportando de esta manera por culpa de un proyecto axiológico colectivo, que hemos interpretado como nuestra naturaleza propia.

Tenemos esperanzas de no convertirnos en el cáncer del planeta, si cobramos conciencia de que somos unos seres necesitados en esta tierra, pero eso no comporta que no podamos ser respetuosos y cuidadores de la vida. Somos estructuralmente egocentrados, pero no esencialmente egoístas.

Somos animales necesitados, como todos los animales, somos depredadores, somos unos seres vivientes constituidos como tales por nuestra competencia lingüística, somos egocentrados como condición imprescindible para poder vivir.

Todos estos rasgos no nos dan una naturaleza egoísta que pasa por encima de todo para su beneficio. No somos depredadores desconsiderados ni seres egocentrados sin escrúpulos, crueles. Somos seres simbióticos, no podemos vivir sin los demás, necesitamos su ayuda y su colaboración, su comunicación, su compañía, nos necesitamos sexualmente para reproducirnos y vivir. Nos necesitamos unos a otros en todo, nos necesitamos para poder hablar y planear nuestra vida en común.

Como consecuencia precisamos ser egocentrados, pero no precisamos ser egoístas. No somos egoístas por naturaleza, porque no tenemos una naturaleza dada y fijada, nos la construimos nosotros mismos.

Si fuéramos egoístas de natural, no podríamos formar equipos en interdependencia ni equipos de equipos. No sería posible una sociedad de conocimiento que fuera a favor del medio que nos rodea. ¿Por qué? Porque los equipos solo podrían existir como jerárquicos, cohesionados por el provecho y sumisión a los intereses de otros que ejercerían de jerarquía.

Los equipos sometidos a los intereses de otros serían necesariamente equipos de individuos sometidos. Mientras la individualidad se remarque tanto en los que mandan como en los que se someten, cabe el egoísmo.

Solo no cabe el egoísmo en individuos que son constituidos como tales por su interdependencia mutua, interdependencia de las personas en los equipos, entre equipos y entre países. En un

PAC, proyecto axiológico colectivo, con estas características, no cabría el egoísmo.

Por consiguiente, un proyecto axiológico colectivo de interdependencia generalizada eliminaría el supuesto del capitalismo que afirma que el egoísmo privado consigue el bien público.

La experiencia de la doble dimensión de la realidad será el mejor fundamento para las sociedades basadas en equipos y equipos de equipos en interdependencia, porque esa experiencia hace sentir la gran unidad de todo.

Así pues, el mejor fundamento de las sociedades de conocimiento lo enraíza todo no en la jerarquía y la sumisión, sino en la interdependencia, en la experiencia de la doble dimensión de lo real y en la organización en equipos. En resumen este sería el fundamento de las sociedades de conocimiento: vivencia colectiva de la doble dimensión e interdependencia generalizada de personas, equipos y medio.

Sin que toda organización sea una interdependencia generalizada, no podremos asegurar que la sociedad de conocimiento sea conducida en favor de todas las personas, de todos los pueblos y de la vida. Sin la interdependencia sentida y vivida en todo, no podremos eliminar la gestión de la sociedad de conocimiento desde el egoísmo. En ese caso la gestión del crecimiento exponencialmente acelerado de las tecnociencias y sus consecuencias de nuevos productos y servicios, sería una calamidad para la humanidad y para la vida del planeta, sería la opción por el suicidio.

Una organización de la sociedad de conocimiento perfectamente horizontal en todos sus niveles y con el medio, carecería de fundamentación sólida, si falta colectivamente la experiencia y el cultivo claro de la doble dimensión de la realidad.

¿Qué se puede hacer para que las tecnociencias gestionadas por el egoísmo no acaben en desastre?

El capitalismo y el neocapitalismo son formas de sobrevivencia fundamentadas en el interés de individuos y colectivos, lo que equivale a decir que la sobrevivencia colectiva y la marcha de la cultura se estructuran a partir del egoísmo de individuos y grupos.

Hemos comentado que regir la marcha exponencial de las tecnociencias, y sus consecuencias en nuevos productos y servicios, desde el egoísmo, es ya una catástrofe para los colectivos, para la vida y para la habitabilidad del planeta.

Hay que buscar una salida a esta situación. Tendremos que buscarla partiendo de la antropología a la que nos ha conducido la epistemología axiológica: el hombre es un animal sin espíritu o racionalidad añadida, cuya diferencia específica es la competencia lingüística.

Para buscar solución al problema que nos origina el asentamiento de la sociedad de conocimiento, no podemos partir de nuestra calidad espiritual o nuestra racionalidad pensando que pueden dar pie a encontrar una solución. No tenemos más remedio, supuesta la antropología que defendemos, que partir desde nuestra condición animal. Tenemos que partir desde ahí y ni el espíritu ni la racionalidad pueden ser fundamento para nosotros, para encontrar una solución al problema que puede acabar con toda la vida.

No podemos esperar que nuestra calidad y condición espiritual pueda proporcionarnos solución; tampoco podemos esperar que la racionalidad humana tenga la fuerza suficiente para gestionar a la humanidad en las condiciones que nos impone el nuevo tipo de sociedad.

Ni la cualidad humana ni la racionalidad serán capaces de frenar la marcha de las sociedades de conocimiento ni rebajar su marcha. Nuestra condición de superdepredadores, con un deseo insaciable, imposibilitan frenarnos y no hacer lo que sabemos que se puede hacer. Por nuestra condición de animales lingüísticos, que nos da un acceso doble a la realidad, nuestro deseo no queda delimitado por nuestro programa genético, como todos los animales, sino que, tener acceso a una dimensión sin límites, hace que nuestro deseo animal se convierta en un deseo sin límites, un deseo insaciable.

Nuestra especie no es una especie espiritual y noble ni una especie que se comporte racionalmente. Somos animales, y animales superdepredadores. Esa es nuestra condición. No somos una especie racional, somos devoradores insaciables.

Esto es lo que nos dice nuestra condición, y eso mismo nos dice nuestra historia.

Los grandes movimientos espirituales no han sido nunca capaces de corregir nuestras conductas depredadoras, sino que, con el tiempo, se han adaptado a la forma de vivir y a la cultura vigente.

Si queremos ser eficaces en solucionar el problema que nos presentan las sociedades de conocimiento, habrá que partir de la forma de sobrevivir que nos impone el nuevo tipo de sociedades. Para orientar las sociedades de innovación constantemente acelerada, habrá que subirse al carro de su marcha, sin intentar frenarla, y aprovechar la lógica de su dinámica para poderlas conducir en favor de la vida.

Es la primera vez en la historia de nuestra especie, que para poder prosperar y sobrevivir, se necesita el cultivo de la cualidad humana. Las sociedades de conocimiento no pueden existir y permanecer más que cultivando la cualidad humana. ¿Cómo es eso?

Ya hemos visto que, si las sociedades de conocimiento van regidas por el capitalismo, es decir, por el interés del individuo o de los colectivos, equivale a que gestionen esas sociedades el egoísmo sin límites de individuos y grupos. El crecimiento exponencial de las ciencias y tecnologías guiado y conducido por el egoísmo insaciable, nos llevará a la catástrofe, ya lo está haciendo.

Las sociedades de conocimiento disponen de muchas ciencias y tecnologías muy amplias y muy complejas y muy relacionadas entre sí, de manera que, para cualquier investigación, creación de tecnología o de nuevos productos y servicios se requiere la participación de varios especialistas en disciplinas muy diferentes.

Las nuevas sociedades no pueden trabajar individualmente, tienen que hacerlo en equipos y equipos de equipos.

Los miembros de un equipo de investigación o creación requieren ser individuos dotados de saberes muy diferenciados, que trabajen conjuntamente para poder conseguir el fin pretendido. Estos equipos de personas tendrán que ser capaces de trabajar conjuntamente, en un grado de dependencia mutua muy grande. En las sociedades de conocimiento los individuos aislados no pueden lograr nada de importancia.

Para formar un equipo, especialmente si es de interdependencia de los miembros del equipo entre sí, se requiere controlar seriamente el egoísmo de los individuos. El egoísmo de cualquier miembro impediría la formación adecuada del equipo e impediría su funcionamiento. En las nuevas sociedades el egoísmo es el principal enemigo.

Para poder refrenar o eliminar el egoísmo, las personas necesitan tener un grado importante de cualidad humana. La cualidad humana consiste precisamente en pensar, sentir y actuar, marginando el egoísmo.

La conclusión de estas reflexiones es que los equipos imprescindibles de las sociedades de conocimiento exigen, para existir y funcionar, una cualidad humana generalizada.

Los equipos que no sean de mera colaboración, sino que requieran una interdependencia serán de individuos de diferentes disciplinas, y exigen una interdependencia generalizada entre los miembros de un mismo equipo, entre los equipos y con el medio en que viven. Son sociedades de interdependencia generalizada.

La interdependencia generalizada pide cualidad humana generalizada y la cualidad humana para poderse dar requiere la tematización y experimentación de la cualidad humana profunda.

Son las exigencias de las sociedades de conocimiento, como modo de sobrevivencia colectiva, las que requieren la existencia de una cualidad humana generalizada y una interdependencia de todos con todos y con el medio que sea generalizada.

Por consiguiente, son las condiciones de sobrevivencia de los depredadores desconsiderados que somos los humanos, las que nos pueden conducir a una gestión del destino de nuestra especie, de la vida y de la habitabilidad del planeta, que sea en favor de la vida y no contra ella.

En las nuevas condiciones culturales, construir un equipo de interdependencia que funcione supondrá un gran éxito creativo en la supervivencia, un buen resultado altamente competitivo.

La presencia de un equipo de interdependencia que funcione con éxito tendrá, indudablemente, una fuerza de seducción grande para el resto de la sociedad. El contagio puede ser rápido.

O conseguimos este tipo de estructuración humana, o la sociedad de conocimiento nos conducirá al desastre. No parece haber alternativa.

¿Puede la experiencia de la dimensión absoluta modificar nuestra cotidianidad, modificar nuestro proyecto axiológico colectivo, modificar nuestro modo de sobrevivir, modificar nuestra cultura?

Según nuestra antropología, que sostiene que somos animales y solo animales depredadores, aunque con una diferencia específica, que somos animales, constituidos como tales, por nuestra competencia lingüística, tendríamos que decir que no.

No podemos suponer un espíritu, una razón, independientes de nuestra condición animal depredador, desde donde incidir en nuestra condición de vivientes necesitados. Tenemos un doble acceso a la realidad: un acceso relativo a nuestras necesidades y un acceso a Eso de ahí, independiente de nuestras necesidades, absoluto. Pero esas dos dimensiones no son dos niveles de ser que puedan entrar en relación e influir uno en el otro; son una estricta unidad, no puede entrar en relación.

Sin embargo, la existencia de los cuáqueros o de los fraticelli franciscanos nos fuerzan a reflexionar.

Los cuáqueros aparecen durante la revolución inglesa para pasar de una monarquía absoluta a una monarquía parlamentaria.

En ese contexto, su propuesta es una espiritualidad y vida cotidiana sin jerarquía. Ninguna sumisión ni política ni religiosa. Nada en su vida espiritual y vida colectiva es sumisión a una autoridad ni a la de la biblia. Organizan un grupo sin ninguna jerarquía, totalmente democrático, una asociación de amigos que repercutirá en beneficio de la sobrevivencia y la habitabilidad del planeta.

Es posible y bueno cultivar la dimensión absoluta sin jerarquía y sin sumisión. Es posible una acción eficaz también sin jerarquía y sin sumisión.

Pero su propuesta no es capaz de reformar la sociedad jerárquica ni la iglesia jerárquica. Muestran que se puede funcionar religiosa y socialmente sin jerarquización. Hacen patente que se puede vivir bien, sin estado y sin iglesia.

Eso no tiene repercusión en el proyecto axiológico colectivo jerárquico de su tiempo, porque, a pesar de su intuición y práctica, no es posible sobrevivir sin sociedades agrarias jerárquicas.

No obstante, su experimento y su resultado es de gran interés para las sociedades de conocimiento. Su experimento es un experimento verificado.

Nos muestran que es posible una sociedad, como la de conocimiento, sin jerarquía, democrática, de interdependencia. Es posible una cultura que elimine la jerarquía en todos sus niveles.

Pero para que esa cultura pueda extenderse a colectividades generales ha de ser fruto, no de una intuición espiritual y humana, sino de una forma de sobrevivir: la sociedad de conocimiento organizada en equipos interdependientes.

Los cuáqueros confirman nuestras reflexiones, pero no son argumento en contra de nuestra antropología: que las transformaciones culturales no pueden venir de la cualidad humana ni de la cualidad humana profunda, sino de nuestra condición de animales hablantes.

Los cuáqueros no son una alternativa cultural ni para las sociedades de conocimiento. Desde el cultivo de la dimensión absoluta no se puede realizar una transformación social, cultural. O dicho desde un lenguaje más habitual: el cultivo de la espiritualidad no es capaz de crear un proyecto axiológico colectivo nuevo ni una nueva cultura.

Tampoco la pura racionalidad es capaz de producir esa transformación, porque tanto la pretendida solución espiritual, como la racional, olvidan nuestra condición de animales depredadores, sin un espíritu o una racionalidad añadida. Somos animales, y solo animales, aunque con competencia lingüística, que es invento biológico y una forma de ser animal.

Los fraticelli franciscanos del medioevo tuvieron rasgos parecidos a los cuáqueros, surgieron con el auge de las ciudades frente a la gran nobleza, pero cometieron el error de enfrentarse a la sociedad jerárquica de su tiempo y con la iglesia jerárquica de su tiempo. Fueron aniquilados.

A propósito de la IA

Aparece una nueva y fuerte dificultad para plantear como es debido la sociedad de conocimiento.

Las sociedades de conocimiento están siendo invadidas, orientadas y regidas por la IA.

Este hecho tiene consecuencias graves: las sociedades continuarán en manos un capitalismo renovado, mucho más agresivo y más posiblemente destructivo.

Las concepciones generadoras del capitalismo continúan:

-los humanos como razón, se prolongan en sus máquinas que no pueden plantearse más que como razón,
-se continúa ignorando y desatendiendo nuestra condición, que es la propia de unos animales, cuya diferencia específica es su constitución y construcción lingüística.

Ignorar nuestra condición de animal constituido como tal animal por nuestra competencia lingüística comporta la carencia absoluta de atención:

-respecto al sentir propio de todo viviente con su medio; es un sentir que no se identifica con los sentimientos, que son puros sistemas de señales;
-los valores, especialmente los colectivos;
-los proyectos axiológicos colectivos en dependencia de los medios de sobrevivencia;
-la atención a lo que nuestros mayores llamaron espiritualidad, y que nosotros llamamos cualidad humana y cualidad humana profunda;
-la consecuencia de que seamos animales lingüísticos es nuestro acceso doble a la realidad, uno relativo a nuestras necesidades y otro absoluto, porque las realidades están ahí, independientemente de que nosotros seamos o no seamos.

La consecuencia de la IA, de hecho, supone darle nueva vida al capitalismo y a la exploración de personas y medio.

Se ignora completamente la dimensión de profundidad de nuestras vidas. Se ignora igualmente la necesidad ineludible de proyecto axiológico colectivo. Se necesitan proyectos de vida axiológica para las nuevas sociedades, no solo proyectos de desarrollo de la IA.

La aparición y crecimiento de la IA aplaza *ad kalendas graecas* el planteo de buscar soluciones para la crisis generalizada de nuestras sociedades.

¿Qué pasará con las nuevas posibilidades de explotación de humanos y naturaleza?

¿Nos rendiremos?

¿Tendremos que buscar medios de difusión de nuestra propuesta axiológica?

¿Tendremos que denunciar públicamente el riesgo que supone una sociedad de conocimiento planteada desde las posibilidades de la IA?

Durante un tiempo, ¿quiénes nos escucharán?

Respecto a las graves consecuencias, da lo mismo que la IA se plantee desde una ideología liberal, como harán EE. UU. y la UE, o autoritaria, como lo harán China, Rusia y sus seguidores.

Urge solventar los problemas axiológicos en las sociedades de conocimiento

Habrá que convencer a las gentes que las ciencias, ni siquiera las ciencias humanas, no son capaces de solventar los problemas axiológicos.

Igualmente habrá que convencerles de que no pueden continuar interpretándose desde la epistemología mítica, como descripción de las realidades, aunque estén todavía en proceso. Las ciencias no describen la realidad, la modelan.

Las cuestiones axiológicas tienen sus propios modos para resolverse.

Es de suma importancia que los colectivos tomen conciencia de que todo lo que se refiere a sistemas axiológicos tiene, ahora, un mal funcionamiento.

Con conciencia de que todo está funcionando mal, habría que intentar por todos los medios conducir a las sociedades actuales a que tengan una experiencia inmediata y directa de la doble dimensión de toda realidad. Esa sería la base para buscar una solución.

¿Cómo trataron este asunto nuestros antepasados?

Solventaron este problema creando las religiones. Todas las sociedades preindustriales construyeron un tipo u otro de religiones. La creación de religiones fue un fenómeno universal en ese tipo de modos de sobrevivencia.

Las religiones, como que se construyeron en sociedades preindustriales, necesariamente mantienen una epistemología mítica. Afirmaban verdades definitivas, intocables, exclusivas e excluyentes.

¿Cuál fue la razón de que todas las religiones se presentaran con esas exigencias exclusivas y desde la epistemología mítica?

Porque los vivientes, para poder vivir, han de dar por reales sus modelaciones y los supuestos que postulan esas modelaciones. Si no lo hicieran, no podrían sobrevivir, ¿cómo, si no, sería posible actuar y satisfacer las necesidades?

El desarrollo rápido de las ciencias y técnicas, y la pluralidad de religiones en una sociedad globalizada, han mostrado como falsos muchos supuestos y han relativizado las diferentes modelaciones de los pueblos. Estos cambios culturales han permitido comprender la manera de ser de las diferentes modelaciones culturales.

Habrá que aprender a leer y vivir las religiones sin epistemología mítica y como modelaciones.

La pretensión original de todas las religiones no era, primariamente, establecer verdades exclusivas y excluyentes, sino dar forma a la dimensión absoluta y a su cultivo en las condiciones de vida del grupo de que se trate. La interpretación desde la epistemología mítica, inevitable en las sociedades preindustriales, determinaba la exclusividad y los enfrentamientos. Esa exclusividad y necesidad de enfrentamientos no provenían de la dimensión religiosa, sino de la inevitable interpretación desde la epistemología mítica.

La pretensión de las religiones no era ser interpretadas como exclusivas y excluyentes, sino ser, simplemente, un modo de representar y cultivar la dimensión absoluta en un colectivo en unas condiciones concretas de sobrevivencia.

El exclusivismo de las religiones es una pura consecuencia de nuestra condición animales que, para poder sobrevivir en el medio, necesitan dar por reales sus modelaciones y los supuestos de esas modelaciones.

La epistemología mítica no es un efecto de las verdades religiosas, sino un efecto de nuestra condición animal.

¿Qué les ocurre a las religiones sin epistemología mítica? Que se convierten en construcciones humanas para expresar la experiencia colectiva de la dimensión absoluta en una forma de sobrevivir concreta, y en una propuesta de cultivo de la dimensión absoluta según la representación que se ha hecho de ella.

Las religiones no son sistemas de creencias, son sistemas de expresión y simbolización de la dimensión absoluta de acuerdo con el proyecto axiológico colectivo de la colectividad. Son sistemas de comunicación construidos a partir de sus sabios.

Esos sistemas simbólicos resultan comprensibles para todos los humanos, sean de la cultura que sean, y sean del tiempo que sean.

No todos los sistemas simbólicos religiosos, convertidos en proyectos axiológicos colectivos, son igualmente valiosos, como tampoco todas las poesías o todas las epopeyas son igualmente valiosas; pero todos son sistemas expresivos, no descripciones de la realidad, comprensibles para quienes tengan una sensibilidad convenientemente cultivada.

En esto, las religiones se parecen al arte porque los dos son asunto de una sensibilidad lúcida, y los dos expresan lo gratuito, lo que no está relacionado inmediatamente con la supervivencia.

¿Qué ocurrirá si una sociedad de conocimiento continúa con la epistemología mítica?

Que axiológicamente esa sociedad de conocimiento se fiará de las ciencias como conductoras de los propios procesos, y se fiará de las ciencias en el desarrollo de la vida de los colectivos. Pero las ciencias son axiológicamente neutras, incapaces de gestionarse a sí mismas y, menos, de gestionar la vida de los hombres. Además, se interpretan como descripciones de la realidad y, por tanto, capaces de funcionar, en sus propios procesos, desde sí mismas.

Esas sociedades consideran a las ciencias y las técnicas como lo único necesario para el buen desarrollo de la humanidad, y consideran a las construcciones axiológicas, como las religiones, los mitos, las narraciones y la poesía, etc., como asuntos no necesarios, ficticios, de ensoñación, en ocasiones perjudiciales para el correcto desarrollo de la sociedad.

¿Qué ocurriría si no se fomenta la experiencia directa de la doble dimensión?

Que prevalecería la condición humana de depredadores, que junto con el desarrollo acelerado de las tecnociencias nos constituirían en superdepredadores, destructores de la habitabilidad del planeta, de la vida y de nuestra propia especie.

Los proyectos axiológicos colectivos serían formas diversas de proyectos de superdepredadores. Siempre prevalecería el más fuerte para someter a otros a su servicio.

La cualidad humana sería la cualidad de la superdepredación. La competencia, entre individuos y entre colectivos, sería feroz; y la dominación sería el eje de las relaciones humanas. La cohesión se conseguiría por la sumisión.

Los equipos de investigación y producción serían jerárquicos y sometidos al dinero.

Se esclavizaría a la naturaleza, a las especies vivientes, y a la mayoría de los colectivos humanos.

Hay que investigar la manera de conducir a las gentes a la experiencia de la doble dimensión y de la dimensión absoluta. Solo desde ese arranque, de nuevo, será posible encontrar soluciones viables a nuestros problemas axiológicos. Sin poner esa base, tendremos un mal destino.

La historia de los valores de las sociedades humanas de Ian Morris[1]

Morris afirma que el motor central de la transformación de los sistemas de valores humanos es la captura de energía (pg. 35). Sostiene que su planteo es altamente materialista (pg. 34).

Ha llegado la hora de que la ética deje de estar en las manos de los filósofos para que pase a manos de los biólogos (pg. 36).

---

1 Ian Morris: *Cazadores, campesinos y carbón. Una historia de los valores de las sociedades humanas.* Futuros Proyectos S.L. 2022. Barcelona.

Explicar las raíces biológicas de los valores humanos es un paso muy importante (pg. 36).

La cantidad creciente de energía que los humanos han sabido capturar durante los últimos 20.000 años ha sido el motor de un proceso de evolución cultural, y como parte de dicho proceso, los valores culturales también han cambiado (pg. 38).

Si pensar en un sistema de valores en estos términos es acertado deberíamos también llegar a la conclusión, como sostiene en su libro, que cada época tiene las ideas y pensamiento que necesita (pg. 28).

Sostiene los principios capitalistas y cita el texto clásico de Adam Smith: no es por benevolencia del carnicero o del cervecero que podemos contar con nuestra cena, si no por sus propios intereses (pg. 131).

Sostiene que las humanidades y las ciencias sociales se reducen a ramas especializadas de la biología; la historia, la biografía y la ficción son protocolos de investigación de la etología humana; la antropología y la sociología unidas forman la sociobiología de una única especie de primates. La historia y la filosofía moral se convierten en disciplinas derivadas de la biología (pg. 174).

Afirma que la transmisión de enormes cantidades de información genética a través de las generaciones siempre produce una pequeña cantidad de mutaciones aleatorias (pg. 175).

Dice: «Mi premisa es que nuestros valores cambian de manera semejante a nuestros genes, a través de interacciones mutuas entre los sistemas morales y el entorno (social, intelectual, así como físico) combinados con impactos externos» (pg. 176).

«Los valores humanos son adaptaciones evolutivas biológicas» (pg. 253).

«...son los cambios de captura de energía los que impulsan los cambios de valores humanos» (pg. 267).

«Los valores biológicos evolucionarán más rápidamente durante el siglo XXI porque la captura de energía está creciendo más que nunca» (pg. 303).

Hasta aquí la exposición de la teoría de Morris. He recogido sus mismas frases que, por cierto, son bien significativas.

Vamos a reflexionar sobre la solidez de los principios de su teoría.

Lo central en su teoría la noción de «captura de energía» pero olvida las modelaciones de su mundo que hacen los animales.

Los valores siempre son cualitativos, como las modelaciones animales.

Toma la noción de materia desde la epistemología mítica, como descripción de la realidad, y el concepto de materia es poco claro para tomarlo como descripción de la realidad.

La biología, como ciencia que es, no es cualitativa. Una ética abstracta no es eficaz para motivar al viviente humano. Para motivar el sentir que acompaña al actuar humano cotidiano tiene que ser con procedimientos axiológicos.

Es cierto que explicar las raíces biológicas del comportamiento humano es un paso muy importante.

Que la energía captada sea el motor de la evolución de la cultura es una afirmación demasiado materialista, falta tener en cuenta los factores axiológicos.

Para pasar de la no vida a la vida, hay que entrar en el ámbito de las modelaciones del mundo de los animales, y los humanos lo somos. Los comportamientos animales siempre tienen un componente axiológico.

Es cierto que la evolución cultural, que es también evolución del modo de vida, supone evolución de los sistemas de valores.

Cada época tiene el sistema de valores que necesita, no sin pasar por un período de crisis. Para conseguir los sistemas de valores que se necesitan hay que pasar por un cambio de modelación del medio en que se vive, causado por un nuevo proyecto axiológico colectivo.

Creo que, hoy en día, el principio liberal que sostiene que el beneficio privado, el egoísmo privado redunda en bien del colectivo, es un principio que la experiencia de los últimos tiempos ha mostrado que no es verdadero.

Todas las ciencias humanas no pueden transformarse en biología, por las razones antes expuestas: la biología, como ciencia, es abstracta, y las diversas formas de humanidades deben poder tratar lo axiológico. Lo abstracto no puede manejar correctamente lo axiológico.

Los sistemas de valores corresponden a diversas maneras de sobrevivir en el medio. Pero las diversas maneras de sobrevivir en el medio han de pasar previamente por el proyecto axiológico colectivo, que modela las realidades de un concreto modo de vivir.

Más que los cambios en la captura de energía, lo que impulsa los cambios en los sistemas de valores son los cambios en las modelaciones del medio generados por el proyecto axiológico colectivo, que modela las realidades a la medida de las necesidades que cada diverso sistema de vida comporta.

Estamos de acuerdo que los sistemas de valores cambian de manera semejante a los cambios en los genes, pero teniendo que moverse en lo cualitativo, axiológico construido por el proyecto colectivo correspondiente.

Los sistemas de valores del siglo XXI cambiarán más rápidamente que en el pasado, porque cambian rápido los modos de sobrevivir en el medio, empujados por el crecimiento acelerado de las tecnociencias y por los nuevos productos y servicios que generan.

Morris comete varias omisiones importantes.

No da ninguna importancia a los mitos de los pueblos y de las civilizaciones que corresponden a diferentes modos de sobrevivencia, y que hacen un papel central en la modelación del mundo a la medida de las necesidades del modo de vida de esos pueblos.

Paralelamente, tampoco tiene en cuenta las ideologías y su función con respecto a los sistemas de valores.

Ignora por completo el papel de la lengua, la competencia lingüística del viviente humano en la generación de sistemas de valores. Consiguientemente, ignora el doble acceso a la realidad que proporciona la lengua; un acceso relativo a nuestras necesidades, y un acceso gratuito, y en ese sentido ab-soluto, suelto de las necesidades. Ese doble acceso es la condición de posibilidad de los cambios en los sistemas de sobrevivencia.

No tiene en cuenta que el doble acceso a la realidad abre a la posibilidad de experimentar la dimensión gratuita, absoluta de lo real.

No distingue entre lo cuantitativo y lo cualitativo y, por ello no calibra lo que pueden hacer las ciencias, y lo que no pueden hacer.

No reconoce la función de las modelaciones que construyen los vivientes de su medio ni reconoce la función de los proyectos axiológicos colectivos ni, como ya hemos dicho, el de las mitologías ni el de las ideologías.

Su materialismo hace que simplifique enormemente el problema de los sistemas de valores y sus transformaciones.

No reconoce las consecuencias que nuestra experiencia de la dimensión absoluta tiene en la fuerza de cohesión y motivación de los grupos humanos.

Su teoría es muy simple y muy lógica, pero como deja muchas cuestiones sin tener en cuenta, la simplicidad resulta ser simplista.

LA DOBLE DIMENSIÓN

La doble dimensión como fundamento de la nueva cultura

La experiencia de la doble dimensión, cuando las sociedades se liberan de las creencias (tanto religiosas, como ideológicas), muestran que de la experiencia de la doble dimensión se puede conducir a la experiencia inmediata y directa de la dimensión absoluta. En ese caso se puede mostrar que todas las grandes categorías de la epistemología axiológica se pueden deducir claramente de la experiencia de esa doble dimensión.

Podemos afirmar que la experiencia de la doble dimensión es el fundamento de todas las teorías de la epistemología axiológica.

De la experiencia clara de la doble dimensión se puede deducir afirmaciones de importancia:

-La dimensión absoluta no es un nivel de ser de otro mundo, trascendente con relación a nuestro mundo; la dimensión absoluta es una dimensión de este nuestro mundo humano.

-La dimensión absoluta es una experiencia, aunque sutil, perceptible, verificable.

-Nuestra naturaleza humana no es un compuesto de cuerpo y espíritu, o en su versión laica, un compuesto de materia y racionalidad, sino que nuestra naturaleza es un modo de ser animal con una diferencia específica: la forma en que somos animales está determinada por nuestra condición lingüística. Sin embargo, esa competencia lingüística no nos rescata de nuestra condición animal.

-Supuesta nuestra experiencia de la doble dimensión, el mundo de nuestra comprensión de la realidad adecuado a nuestra condición animal, no es una descripción de la realidad, sino una modelación diferente según los modos de nuestra sobrevivencia en el medio.

-Por nuestro modo de ser lingüístico podemos tener diferentes formas de sobrevivir en el medio, lo cual implica que no tengamos una forma de vivir humana fijada, sino dependiente de nuestras formas de sobrevivir.

-Si eso es así, no se sostiene una epistemología mítica, que pretende describir la realidad como es. Las modelaciones, que varían con los cambios en los modos de sobrevivencia, no describen la realidad, sino que solo la modelan de acuerdo con las necesidades propias de las diferentes maneras de vivir.

-La experiencia de la doble dimensión de la realidad, son dos dimensiones de una misma realidad. Eso comporta que la dimensión relativa a nuestras necesidades y la dimensión absoluta del existir de todo, no son dos realidades, no hay dualidad ninguna entre ellas. La realidad es no-dual, porque es Eso Absoluto, y fuera de Eso no hay nada, solo modelaciones de los diferentes tipos de vivientes que solo están en el aparato sensitivo y activo de cada especie animal, no están ahí. Las modelaciones necesitan ser tomadas como reales por las especies animales, incluidos nosotros mismos, pero no lo son.

-La experiencia de la doble dimensión es claramente un dato, no una deducción; muestra que la dimensión absoluta es la fuente de todo lo que damos por real nosotros los humanos y todos los vivientes.

-Por esa razón, toda la infinita variedad de mundos modelados por todas las especies de vivientes, no forman una pluralidad de realidades, sino una unidad.

-En la especie humana hay tantos patrones de modelación, como formas de sobrevivir.

-Todas las religiones hablan de la dimensión absoluta, y lo hacen según sus patrones de modelación de la realidad, según su forma de vida. El fondo al que apuntan todas las tradiciones religiosas y espirituales es el mismo: la dimensión absoluta de toda realidad.

-Todas las tradiciones religiosas y espirituales, cuando se distancian de sus sistemas de creencias, llegan a las mismas conclusiones, que coinciden con lo que se puede deducir de la experiencia de la dimensión absoluta.

-La experiencia de la doble dimensión y de la dimensión absoluta es el fundamento de toda espiritualidad. Ese fundamento puede vivirse con creencias y sin creencias. Las creencias solas no pueden dar ese fundamento, como tampoco las ideologías o la filosofía.

-El fundamento sólido de todas las formas culturales de simbiosis humana han de pasar por la doble dimensión y la experiencia implícita o explícita de la dimensión absoluta.

-La epistemología axiológica ha partido de la experiencia de la doble dimensión y de la dimensión absoluta y ha sacado las conclusiones de esos hechos. Ha verificado que son las mismas conclusiones que sacaron los maestros de la espiritualidad, religiosos o no.

-El supuesto de la inclinación al mal de la naturaleza humana es hijo del proyecto axiológico colectivo de las sociedades estáticas agrario-autoritarias, pero carece de fundamento en la sociedad de conocimiento.

-De la experiencia de la doble dimensión se deduce que los humanos no tienen una naturaleza esencialmente egoísta.

De lo dicho se deduce que las afirmaciones centrales de la epistemología axiológica no son hijas de la especulación, sino consecuencias de tomarse en serio la doble experiencia, que en realidad es una sola experiencia con dos caras.

La noción de «situación axiológica originaria»

La noción de «situación axiológica originaria» de los humanos frente al mundo y frente a sí mismos se convierte en una noción central para la epistemología axiológica de las sociedades de conocimiento.

Vamos a intentar pensar esta noción, por su importancia.

Si los legados del pasado de las sociedades preindustriales, como las religiones, los proyectos axiológicos colectivos, sus legados artísticos, simbólicos, etc., no son descripciones de la realidad como pretendía la epistemología mítica, tendremos que investigar qué querían decir.

Los proyectos axiológicos colectivos, las religiones del pasado se concibieron para estructurar y servir a las sociedades preindustriales que eran estáticas, porque vivían repitiendo el pasado, copiando el pensamiento y el sentir de sus antepasados, debían bloquear los cambios de importancia en las estructuras.

Para asegurar su estaticidad y bloquear los cambios, debían prestigiar al máximo las construcciones axiológicas de sus mayores: sus religiones y sus proyectos axiológicos colectivos. Tenían que hacerlos intocables, sagrados, provenientes de los cielos, de los antepasados sacralizados, de los dioses, para impedir cambiar el legado de sus mayores.

Dos factores contribuyeron a la aparición e implantación de la epistemología mítica.

La necesidad ineludible de los animales necesitados, los humanos, de tener que considerar como real y verdadero su cuadro de necesidades, que constituye su individualidad, las cosas tienen que ser concebidas, también, como individualidades. La satisfacción de las necesidades de los vivientes tiene que ser pensada y supuesta como entidades individuales reales, y el sujeto necesitado también tiene que ser supuesto como real.

Este es el primer generador de la epistemología mítica.

El segundo generador son las sociedades preindustriales que sobrevivían haciendo fundamentalmente lo mismo que sus antepasados. Hablamos de sociedades cazadoras-recolectoras, horticultoras, sociedades agrícolas de riego jerarquizadas, las ganaderas, etc.

Estas sociedades construyen sus proyectos axiológicos colectivos en forma de religiones, que son sagradas, intocables, revelaciones celestes. Estas sociedades para cumplir su propósito de bloquear radicalmente los cambios de importancia, tenían que estar pensadas desde la epistemología mítica.

Así, nuestra condición animal junto a la naturaleza de las sociedades que repiten el pasado dan nacimiento a la epistemología mítica.

El crecimiento acelerado de las tecnociencias, sin pretenderlo, muestran que en las sociedades de conocimiento la epistemología mítica es inviable.

El cambio acelerado en la interpretación de la realidad que provocan las ciencias hace imposible una interpretación de la realidad desde la epistemología mítica, se precisa, pues, de una epistemología no mítica.

Pero, a la vez, la vida cotidiana de los vivientes necesitados exige suponer que el sujeto de necesidades es una entidad, y que los objetos que han de satisfacer esas necesidades son también objetos reales. Así pues, en la cotidianidad de la vida rige la epistemología mítica.

Viene del pasado un imperio de la epistemología mítica en la interpretación de mitos, símbolos y religiones, que se junta con los supuestos necesarios para vivir los seres necesitados. Incluso la primera ciencia sigue interpretándose desde la epistemología mítica. Cuando la ciencia acelera sus creaciones, hará lo posible para no tener que abandonar la epistemología mítica y sostendrá que las ciencias describen la realidad, pero de forma incompleta, mejorable, y que el continuo desarrollo de las mismas ciencias va progresando en la mejora de esa descripción. El perfeccionamiento progresivo de esa descripción es fruto de las mismas ciencias.

Así se puede mantener una cierta coherencia entre las exigencias de epistemología mítica en la satisfacción de necesidades del viviente y los cambios que las ciencias vayan provocando en la interpretación de las realidades, cambios que cada vez son más frecuentes y de más profundidad.

A medida que crece la distancia entre lo que dicen las ciencias y los supuestos necesarios para satisfacer las necesidades de los vivientes humanos, la epistemología mítica se va debilitando. Con su debilitamiento se debilitan los proyectos axiológicos colectivos, las creencias y las religiones mismas.

Cuando se empieza a ver que las sociedades de conocimiento se impondrán definitivamente, nos encontramos que los sistemas de valores colectivos con sus creencias, sus religiones, sus proyectos axiológicos colectivos, e incluso las ideologías industriales, pierden su fuerza para cohesionar y motivar a los colectivos, nos encontramos axiológicamente desmantelados.

La implantación de la sociedad de conocimiento nos deja en la siguiente situación.

Nos quedamos sin proyectos axiológicos colectivos, sin religiones, sin ideologías, sin epistemología mítica, nos volvemos conscientes de que los sistemas axiológicos tendremos que construírnoslos nosotros mismos, para poder gestionar adecuadamente nuestras vidas, dirigir nuestras creaciones científicas y técnicas y la salud del planeta.

Estos acontecimientos nos empujan a la «situación primigenia» humana frente a lo axiológico.

¿Qué significa ese nuevo concepto?

Los primeros humanos cuando despertaron a su situación en la tierra y en la inmensidad de los mundos, advirtieron que lo que les rodeaba y en ellos mismos se presentaban dos caras de la realidad: la dimensión que hacía referencia a sus necesidades de vivientes, y la dimensión que no era referida a nuestras necesidades de vivientes, que era una dimensión absoluta que estaba ahí independientemente de que nosotros fuéramos o no fuéramos.

Esta situación los llevó a intentar llevar una vida que tuviera en cuenta y cultivara esas dos dimensiones. Necesitaron construir un proyecto axiológico colectivo que ordenara y coordinara esa peculiar experiencia de doble dimensión.

Para solventar ese problema crearon el proyecto axiológico colectivo-religión, que tuvieron que interpretar desde la epistemología mítica. Todos los pueblos y todas las culturas tuvieron que construir un proyecto axiológico colectivo-religión para poder vivir en un mundo con doble dimensión.

Las sociedades de conocimiento se ven conducidas a esta «situación primigenia» respecto a todo lo axiológico. Estamos de nuevo frente a una realidad que presenta doble dimensión y no disponemos ni de religiones, ni de ideologías que fueron la solución de nuestros antepasados. Las soluciones del pasado no nos sirven porque eran respuestas a sociedades preindustriales.

Tendremos que crear proyectos axiológicos colectivos adecuados a sociedades en continuo y acelerado crecimiento de las tecnociencias y, por tanto, a cambios frecuentes de modos de vida, modos de valoración, de cultivo de la cualidad humana y la cualidad humana profunda, y eso sin epistemología mítica.

Hay que dar una respuesta adecuada a esta nueva «situación primigenia», que ha provocado las sociedades de conocimiento.

Las sociedades de conocimiento, la experiencia de la doble dimensión y la experiencia de la dimensión absoluta

Los equipos y equipos de equipos de las sociedades de conocimiento requieren imprescindiblemente la experiencia de la doble dimensión, que es la cualidad humana, y la experiencia de la dimensión absoluta.

¿Qué es, en las sociedades de conocimiento, la cualidad humana y la cualidad humana profunda?

No es la fidelidad a una fe religiosa, ni el respeto escrupuloso de una ética coherente. Esos fueron en el pasado los criterios de la cualidad humana, pero no lo son en las sociedades de conocimiento.

La cualidad humana en los equipos de interdependencia es la experiencia clara y explícita de la doble dimensión de la realidad. Pero esa cualidad humana no se sostendría sin un grado u otro de experiencia de la dimensión absoluta. Esa experiencia da la cualidad humana profunda.

Sin la cualidad humana, los equipos de interdependencia entre sus miembros no serían posibles.

¿Bastaría la experiencia de la doble dimensión para poder proporcionar a las sociedades de conocimiento y sus equipos la cualidad humana necesaria?

¿Bastaría la experiencia de la doble dimensión para excluir el egoísmo y dar estabilidad a la mente y al sentir de individuos y sus organizaciones?

La doble dimensión da pie a una tendencia a aproximarse a la dimensión absoluta.

Podemos afirmar que la doble dimensión y la conexión explícita a la dimensión absoluta, da estabilidad a la mente y al sentir de los miembros de las sociedades de conocimiento en los cambios continuos y acelerados.

La conciencia de la doble dimensión y de la dimensión absoluta es la única solución contra el egoísmo, porque las religiones ya no son respetadas y la ética falla en su capacidad de motivar.

Para que los equipos y las personas puedan mantener la flexibilidad y el equilibrio mental y sensitivo en sociedades de cambios continuamente acelerados, tendrán que apoyarse no en las formas, que cambian continuamente, sino que tendrán que apoyarse en una experiencia fuerte, indudable y sin forma. Existe esa peculiar base, es la experiencia de la dimensión absoluta.

La experiencia de la dimensión absoluta posibilita la continua transformación de maneras de interpretar la realidad, de valorarla, de dar consistencia a las diversas formas de organización; da sentido a la vida, y sobre todo, da estabilidad a la mente, al sentir y la psique a individuos que están sometidos a continuas y graves transformaciones.

El no-egoísmo, la cualidad humana, es decir, la experiencia de la doble dimensión y la experiencia de la dimensión absoluta son imprescindible para las sociedades de conocimiento.

En las sociedades de conocimiento debemos tomar conciencia explícita que la cualidad humana la necesitamos para la estabilidad de los equipos y de las personas. Esa estabilidad necesaria para una sociedad creativa no puede proceder de las religiones, ni de las ideologías, porque las dos están en crisis; ha de proceder exclusivamente de la doble dimensión y de la dimensión absoluta.

Esta situación es nueva en la historia humana.

La alternativa a nuestra propuesta son equipos coordinados por la sumisión al capital, y la gestión de la vida humana y de la vida del planeta desde el egoísmo de personas y grupos, en ausencia de la cualidad humana.

Indagación de la doble dimensión y de la dimensión absoluta

Cuando ya se tiene noticia de los grandes datos para el destino humano que son la doble dimensión de la realidad y la dimensión absoluta como fuente de todo, se puede proceder a su indagación.

¿Cómo hacerlo?

La mente y el sentir forman, en nuestra condición de vivientes, una unidad estricta. La mente juega el papel de avanzadilla para comprender esos dos grandes datos: doble dimensión y dimensión absoluta.

Cuando la mente se esfuerza por comprender, encuentra resistencia en la misma mente y, sobre todo, en el sentir; ambas facultades sostienen firmemente que lo que damos por real tiene una tradición milenaria y nos dice que nuestra cotidianidad, y lo que nos dice, según nuestras necesidades, nuestra relación con lo que nos rodea, es real.

Los sabios de la humanidad de todas las épocas afirman, por el contrario, que eso que se da por real es solo una ilusión creada por nuestra necesidad, porque es solo un conjunto de modelaciones de la inmensidad de los mundos a la medida del tipo de vivientes que somos, no es nada que tenga consistencia en una naturaleza propia.

Hay que convencer a la mente y al sentir que lo que dicen los sabios es un trabajo arduo y largo. Pero nos ayudará tener presente que la mente y el sentir son una unidad, por consiguiente, la luz que consigue la mente termina llegando al sentir. El sentir tiene que dar por real lo que dice la mente.

El sentir que se resiste a las afirmaciones de los sabios es el ego. Y ya sabemos que el ego no está inclinado al mal por su propia naturaleza, que solo hace su función gestionando la individualidad humana para que viva y no muera.

El ego es, obviamente, egocéntrico y las más de las veces algo egoísta, pero no es perverso ni estúpido ni irracional. Si la mente le convence de que sería mejor para el organismo que gestiona, no dar por reales sus modelaciones, sino que debe comprender y verificar la doble dimensión, que es la puerta a la realidad de lo real, entonces lo que aparece es la dimensión absoluta y solo la dimensión absoluta.

La mente misma se resistirá, y el sentir con más insistencia, mientras queden dudas sobre la afirmación de los sabios, aunque solo quede una única duda. Cuando, por la investigación de la mente, no quede ya ninguna duda, el sentir asentirá y se convertirá en el siervo de la verdad de los sabios.

Cuando el sentir llega a asentir, continuará ejerciendo su función de gestión que le es propia, pero sin dar por real sus modelaciones y siempre conduciéndolo todo a una mayor comprensión y sentir de la verdad.

Para ayudar a esta meditación es conveniente estudiar con detalle las sagradas escrituras de las diferentes religiones y los grandes textos, para entenderlos, sentirlos y verificarlos.

Qué sé de la dimensión absoluta

De los mundos inmensos de los cielos, de la tierra y todos sus habitantes, de los innumerables seres de la tierra y el mar, de las montañas y los ríos, del sol y la luna, de mis hermanos humanos, de mí mismo, ¿qué sé yo?

Nada. Es una inmensa y bella incógnita.

Las ciencias intentan modelar todos esos ámbitos, y sus resultados son muy respetables. Pero las ciencias modelan la realidad desde la perspectiva de un animal hablante necesitado terrestre, cuyas facultades perceptivas y mentales construyó la vida para sobrevivir en este pequeño planeta. Los humanos, como los restantes animales, para sobrevivir modelamos la inmensidad en la que vivimos.

Las ciencias modelan de forma que nos sean útiles, y se esfuerzan para conocer la estructura de la realidad. Lo hacen con éxito, pero no se puede olvidar que modelan, no describen la realidad como es en sí misma, sino desde las perspectivas de un animal terrestre.

Las ciencias no desvelan el misterio de todo esto que existe, su por qué, su para qué, no desvelan el misterio de toda esta inmensidad, lo dejan intacto. Por el contrario, sus ya grandes conocimientos aumentan y magnifican el misterio.

Todas las religiones y tradiciones espirituales nos hablaron con narraciones, símbolos, rituales, con escrituras sagradas de ese misterio, de la dimensión absoluta.

Pero lo hicieron desde las estructuras de sus proyectos axiológicos colectivos, según sus modos de sobrevivencia. Fueron también modelaciones, pero desde el sentir hondo de la condición humana ante la vida y la muerte. Modelaban la dimensión absoluta, no podían describirla, a pesar de sus pretensiones, y lo hacían desde la epistemología mítica. Apuntaban al misterio, que todo esto es, lo expresaban según sus proyectos axiológicos colectivos correspondientes.

Continuamos sin saber nada de todo lo que nos rodea y de nosotros mismos. Continuamos sin saber nada de la dimensión absoluta.

No tenemos ni un solo conocimiento de la dimensión absoluta que se pueda llamar conocimiento. Es imposible que nosotros, que nos llamamos sujetos, podamos reconocer la inmensidad de un objeto, porque nosotros mismos somos ese objeto por estudiar. No hay distancia ninguna entre el objeto y el sujeto, por tanto, no es posible el conocimiento.

Además, la dimensión absoluta no es relativa a nosotros, no la podemos acotar, conceptualizar, representar, es sin forma. La dimensión absoluta es la cara absoluta, ahí, porque sí de nuestro mundo construido; si la pudiéramos conceptualizar, modelar, pertenecería al mundo de nuestras construcciones.

Esta es la razón por la que todas las tradiciones religiosas y espirituales proclamaron solemnemente que la dimensión absoluta, Dios, es inefable, no puede ser nombrada, es infinita, que equivale a no modelable y, por tanto, no nombrable, sin calificativos, vacía.

Si está más allá de nuestras palabras, que suponen siempre acotación, conceptualización, es, para nosotros, sin forma.

Pero nuestra naturaleza humana tiene un dato antropológico indudable: nuestro acceso a lo real con doble dimensión, la dimensión relativa a nuestras necesidades, y la dimensión de todo eso que está ahí, porque sí, absoluto y que nos incluye a nosotros mismos.

¿Cómo puede ser noticia un dato sin forma?

En el pasado, cuando se situó a la dimensión absoluta en los cielos, a Dios no se le podía ver, solo se le podía creer porque Dios mismo se reveló. Cuando la dimensión absoluta baja de los cielos para situase en la tierra, se le puede ver porque es la otra cara de nuestro mundo construido.

La dimensión absoluta no podría ser noticia ni para la mente, ni para el sentir, pero la noticia que se tiene de la dimensión absoluta siempre es en el seno de nuestras modelaciones construidas desde nuestras necesidades, ahí el sin forma toma forma.

La dimensión absoluta, en el mundo de nuestras construcciones, se hace advertir como un eco sin fondo, como una presencia potente en cada forma de construcción humana, como una dimensión no esperada, como un perfume, como la raíz de todo, como la realidad auténtica de toda forma de construcción humana.

Esta es la noticia clara, el conocimiento no conocimiento, el sentir hondo de la dimensión absoluta en la dimensión relativa.

Para un animal, que necesita acotar y objetivar todo para poder sobrevivir, la dimensión absoluta es algo sutil, pero es más fuerte, más convincente que nuestros mitos, nuestras ciencias y toda otra certeza.

Es una certeza absoluta de nadie, a quien es nadie.

Es una certeza absoluta del sentir hondo y de lo más hondo de la mente.

Es nuestro único saber sobre la dimensión absoluta. Un saber sin forma, inconceptualizable, sutil, pero más fuerte que cualquier otra forma de saber.

Es un saber del misterio, desde el misterio.

¡Ay de nosotros los humanos si no llegamos a reconocer y cultivar este saber sutil y poderoso! Porque es la fuente de la cualidad humana imprescindible para la existencia de las sociedades de conocimiento.

Todos los pueblos de la tierra, en todas las edades, han dado respuesta a esa noticia creando religiones y grandes corrientes espirituales.

También los humanos, que se están situando en las sociedades de conocimiento, tendrán que dar su respuesta pero sin poder crear religiones o afiliarse a las que ya existen.

Los proyectos axiológicos colectivos y las figuraciones de la dimensión absoluta

Empezaremos por hacernos una pregunta: ¿por qué las tradiciones teístas captan la dimensión absoluta con elementos de rasgos oscuros y las tradiciones no teístas no?

La interpretación general de la dimensión absoluta se hizo con el patrón jerarquizado de las monarquías absolutas de las grandes culturas agrario-autoritarias.

Los proyectos axiológicos colectivos agrario-autoritarios de las diversas culturas vienen a determinar los atributos de Dios, como Señor Supremo, como legislador, como quien impone el proyecto axiológico colectivo, como Juez, como Premiador y Castigador, como individual trascendente, etc.

Esos mismos proyectos axiológicos colectivos determinan la relación de la dimensión absoluta con los humanos. Los humanos se conciben como individualidades, sometidos al Supremo Señor a quien deben obediencia completa, frente al que son responsables, según sea su actuación recibirán premio o castigo.

Son individuos que pueden ser salvos con premio eterno o condenados también con castigo eterno. La condición de individuo permanece post-mortem. La salvación se concibe como una unión de la individualidad humana con la individualidad divina. La condenación es una separación definitiva del humano de Dios.

Todos estos atributos divinos y la relación de los humanos con Dios son consecuencias de la estructura de los proyectos axiológicos colectivos de las sociedades agrario-autoritarias. Son por consiguiente modelaciones humanas, no descripciones de la realidad divina y de la realidad humana y de su relación.

¿Qué ocurre cuando los proyectos axiológicos colectivos propios de las sociedades agrario-autoritarias dejan de ser vigentes y válidos? Si averiguamos lo que ocurre cuando nos quedamos sin proyectos axiológicos colectivos podremos entender mejor lo que afirman tradiciones espirituales cuando plantean el camino hacia la dimensión absoluta, el camino espiritual, prescindiendo de los proyectos axiológicos colectivos vigentes.

Estas tradiciones, que son principalmente las tradiciones espirituales orientales, no parten de ningún proyecto axiológico colectivo en sus planteos, parten exclusivamente de nuestra condición animal que modela el mundo a su medida. La esencia de su procedimiento es comprender que nuestras modelaciones, y sus resultados, no son lo que hay, y eliminar, con diversos procedimientos, los supuestos que los seres necesitados hemos de construir para poder sobrevivir.

El trabajo que proponen sobre el mundo de modelaciones, que son solo supuestos necesarios para poder vivir, es comprender su naturaleza, que no está ahí, sino en nuestras propias cabezas y sentires, para poder acceder así a Eso de ahí, absoluto, independientemente de nuestra propia existencia y sus supuestos necesarios.

Si se eliminan, o mejor, si se silencian las consecuencias de la modelación de dimensión absoluta mediante los proyectos axiológicos colectivos agrario-autoritarios, la dimensión absoluta queda sin formas, porque todas las formas se las atribuían los proyectos axiológicos colectivos de las sociedades jerárquicas.

Las formas que las sociedades agrarias atribuían a la dimensión absoluta eran formas que el proyecto axiológico colectivo agrario proyectaba sobre la dimensión absoluta, no una descripción de su naturaleza. Con la crisis de ese tipo de proyectos axiológicos colectivos, la dimensión absoluta queda explícitamente sin formas, pero sin dejar de ser una noticia clara. Los grandes sabios de las sociedades agrario-autoritarias, ya comprendieron que la dimensión absoluta era, más allá de las formas que le atribuían, sin forma.

Las sociedades que daban forma a la dimensión absoluta mediante los proyectos axiológicos colectivos de las sociedades agrario-autoritarias generaban oscuridades en la dimensión absoluta porque suponían que Dios era una entidad y que los humanos eran entidades reales, suponían que Dios era el Señor Absoluto en toda acción humana, que la muerte era un tránsito para resucitar y ser juzgado al final de los tiempos.

El señorío absoluto de Dios, su condición de juez supremo, la responsabilidad humana en el seno de una sumisión total, la existencia real de la individualidad divina y de la individualidad humana, el temor de Dios y de sus voluntades y juicios generaban temores y oscuridades que no son atribuibles a Dios, sino al filtraje de la dimensión absoluta por los proyectos axiológicos colectivos agrario-autoritarios.

Además de estos efectos de los proyectos axiológicos colectivos del tiempo de las sociedades estáticas y jerárquicas, hay un aspecto que es oscuro por sí mismo: el misterio de los mundos como incógnita suprema, para un pobre animal terrestre.

El camino a la dimensión absoluta, libre los proyectos axiológicos colectivos agrarios, es un camino pacífico de liberación.

Si no hay individualidades, nadie nace ni muere, donde las hay podemos hablar de consecuencias de las acciones propias (karma), pero no las hay para quien comprende.

No se teme a la dimensión absoluta porque se presenta sin forma, como vacía de toda posible representación.

La dimensión absoluta no es oscura, porque lo oscuro son los supuestos que yo proyecto por mi condición de viviente.

El post-mortem no es oscuro, mis supuestos necesarios de viviente lo oscurecen.

La experiencia de la dimensión absoluta, libre del proyecto axiológico colectivo agrario-autoritario y libre de la oscuridad que le proyectan mis supuestos de viviente, dice:

-que es el ser de todo,
-que todo está vacío de naturaleza propia,
-que elimina todo temor,
-que genera paz y gozo, a pesar de su carácter sin forma,
-que lo sacraliza todo,
-que es la unidad de todo,
-que lo vuelve todo misterioso,
-que lo vuelve todo manifestación,
-que conduce a la lucidez y la reconciliación.

El proyecto axiológico colectivo de las sociedades de conocimiento pedirá creatividad e interdependencia.

¿Exigirá alguna figuración de la dimensión absoluta?

Lo cierto es que la dimensión absoluta en las sociedades de conocimiento, en las que se comprende que todo es modelación, estará libre de los supuestos del viviente y sin epistemología mítica.

Sin epistemología mítica, las afirmaciones sobre la dimensión absoluta no pretenden ser descripciones de la realidad, sino únicamente símbolos. Por tanto, las sociedades de conocimiento no disponen de símbolo propio para hablar de la dimensión absoluta. Las sociedades de conocimiento, que deben partir de la idea de que todo es modelación humana y, por tanto, no cuentan con epistemología mítica, no pueden tener ningún símbolo de la dimensión absoluta fijado.

El remitente del proyecto axiológico colectivo de las sociedades de conocimiento no puede ejercer el papel de símbolo de la dimensión absoluta, porque el remitente también es sin epistemología mítica.

Para las sociedades de conocimiento todas las afirmaciones de las tradiciones del pasado tienen el valor de sistemas simbólicos.

La dimensión absoluta se presenta sin forma y pura e imparcial con respecto a las religiones, ideologías y proyectos axiológicos colectivos. La dimensión absoluta es la otra dimensión de esta realidad, no una realidad aparte.

Pero la dimensión absoluta, incluso sin forma, está a favor de la vida, de la unidad y de la paz, porque es el ser de toda cosa.

Los proyectos axiológicos colectivos agrarios requieren afirmar que su proyecto axiológico colectivo precede a la experiencia de la dimensión absoluta, porque el proyecto axiológico colectivo es su mandato.

Aunque la dimensión absoluta de las sociedades de conocimiento no determina ni los proyectos axiológicos colectivos ni sus consecuencias para interpretar a la dimensión absoluta, sin embargo, influyen en la creación de proyectos axiológicos colectivos a través de la cualidad humana y de la cualidad humana profunda, que son cualidades humanas.

El error que generan las ciencias en la interpretación de la dimensión absoluta

Si pensamos las ciencias como descripciones de la realidad, tendría sentido pensar la dimensión absoluta y el misterio de los mundos en una cierta continuidad con las afirmaciones de las ciencias astronómicas, matemáticas y físicas. Sería lógico situar el misterio de los mundos en el arranque de los procesos cósmicos de los que nos hablan las ciencias, pero las ciencias no son descripciones de la realidad, sino modelaciones de la realidad.

Esas modelaciones no conducen al misterio de los mundos ni pueden decir nada de la dimensión absoluta.

Los esfuerzos para poder concebir el misterio de los mundos y la dimensión absoluta no tienen nada que ver con lo que dicen las ciencias. El misterio de los mundos y la dimensión absoluta es lo que no puede ser modelado por los saberes de unos humildes animales terrestres, es lo inconcebible, lo innombrable.

Para pensar con coherencia el misterio de los mundos y la dimensión absoluta se ha de tener en cuenta el gran pensamiento budista y vedanta: *esto es aquello y aquello es esto.* Es decir, nuestro mundo tiene dos dimensiones, pero una sola realidad: este nuestro mundo nos habla del misterio de los mundos y de la dimensión absoluta. Esto de aquí es el misterio de los mundos y la dimensión absoluta, sin dualidad alguna. El misterio de los mundos y la dimensión absoluta se dicen claro en este mundo nuestro.

El misterio de los mundos y la dimensión absoluta es esto mismo, no algo al inicio de los procesos cósmicos de los que nos hablan las ciencias. Si lo pensamos como continuación de las afirmaciones de las ciencias y al estilo de lo que dicen, indicaría que tomamos lo que dicen las ciencias como descripciones de la realidad, con epistemología mítica, no como modelaciones.

El misterio de los mundos y la dimensión absoluta se dicen explícito en nuestro mundo de vivientes y en el cosmos entero y no tienen nada que ver con las ciencias, no las necesitan, aunque puede ser que ayuden para comprender la inmensidad del misterio de los mundos y de la dimensión absoluta.

No soy un compuesto de dos dimensiones

Soy una pura forma de la dimensión absoluta, solo eso.

No soy dos dimensiones, la dimensión relativa y la dimensión absoluta.

Soy solo la dimensión absoluta. Solo eso soy.

Soy sin tiempo ni espacio, sin nacimiento ni muerte.

Como animal que soy, vivo dos dimensiones de la realidad.

Pero soy una única realidad, la realidad del misterio inmenso de los mundos.

Esa realidad, muriendo, no muere.

Solo una dimensión existe, la dimensión absoluta, la dimensión relativa de mi existir son solo supuestos para vivir.

Tenemos dos dimensiones, no somos dos dimensiones, somos solo la dimensión absoluta de todo lo real.

Consecuencias de que un colectivo experimente la doble dimensión

La experiencia de la doble dimensión de la realidad genera respeto respecto a todas las personas y toda la realidad.

Generará sentido de unidad con todo y con todos.

Exclusión de egoísmo en el trato con las personas y con las cosas.

Exclusión de explotación.

Tolerancia con los defectos y debilidades de las personas.

Fomentará el servicio mutuo.

No serán necesarias las creencias para aproximarse a la dimensión absoluta.

Exclusión de principios intocables, porque lo central será el bien de todo y de todos.

Tolerancia con la historia egoísta de personas y colectivos.

La experiencia de la doble dimensión será condición para una mayor creatividad y para el mantenimiento de las sociedades de conocimiento.

Condición para el funcionamiento de los equipos de interdependencia. Sin la cualidad humana que genera la doble dimensión no serán viables los equipos de interdependencia.

Igualmente, será la condición del buen funcionamiento de los equipos de equipos.

¿Qué ocurrirá si la experiencia de la dimensión absoluta es común, pero adoptando diversas formas?

Para quienes experiencien verdaderamente la doble dimensión podría evitarse, con facilidad, confundir la egocentración de individuos y colectivos con el egoísmo.

Sin suponer en los humanos una inclinación al mal como inevitable en la condición humana, no tiene por qué resultar difícil distinguir entre la egocentración y el egoísmo. Hemos dicho que el egoísmo no está generado por la egocentración sino por el proyecto axiológico colectivo agrario autoritario.

En las sociedades de conocimiento serán exigibles la experiencia de la doble dimensión capaz de generar cualidad humana y cualidad humana profunda, como condición imprescindible de ese tipo de sociedad organizada en equipos.

¿Cómo podrá satisfacerse esa exigencia? Educando a las personas desde la infancia. Haciendo comprender que una persona que persigue su interés sin respetar ni a las cosas ni a las personas, es inaceptable en las sociedades de conocimiento y en sus equipos. Quienes se empeñarán en ese tipo de comportamiento, tendrían que ser expulsados de la sociedad.

Sin embargo, hay que tener en cuenta y vigilar para que la egocentración no resbale hacia el egoísmo. Es una tendencia espontánea y cuenta con el peso de la historia.

Los proyectos axiológicos colectivos de las nuevas sociedades no tienen que incitar al egoísmo, sino todo lo contrario.

Para que todo esto sea posible, la doble dimensión y la dimensión absoluta han de ser experiencias reales, no afirmaciones teóricas o supuestos.

¿Cómo fomentar la experiencia real de la doble dimensión en los individuos y, sobre todo, en los colectivos? Tendrá que hacerse fundamentalmente con un proyecto axiológico colectivo adecuado a las sociedades de conocimiento. Insistiendo en todas las etapas de la formación y en todos los reciclajes posibles.

Los equipos que hemos llamado en paralelo no tendrían este tipo de exigencias, la sumisión a la autoridad sería suficiente para la coordinación.

El problema de cómo llevar a los individuos y a los colectivos a una experiencia real de la doble dimensión y de la dimensión absoluta, lo trataremos temáticamente en otra ocasión.

Cómo inducir a personas y colectivos a cultivar la doble dimensión y la dimensión absoluta

Nos hemos de trasladar de creer o de no creer, pero con residuos de creencias (como sería creer que lo espiritual o religioso tiene que ver con otro mundo), a un no creer radical sin residuos. Hay mucho camino que recorrer y es difícil el tránsito.

¿Cómo conducir a las gentes a la experiencia de doble dimensión y de la dimensión absoluta, olvidando las afirmaciones fundamentales de las religiones durante milenios?

Que el que es mi cerebro, me diga cómo transitar.

Lo primero que habrá que tener en cuenta es que dimensión relativa y dimensión absoluta son dos dimensiones de la realidad humana, pero no dos realidades. Por consiguiente, la propuesta de la experiencia de la doble dimensión debe tener temáticamente presente que el cultivo de la doble dimensión y, por supuesto, de la dimensión absoluta, ha de comportar ventajas para la sobrevivencia animal humana.

Adquirir esa experiencia no puede presentarse como una cosa del espíritu, como que no tiene que ver con ser más eficiente para sobrevivir. Desde esta perspectiva tenemos que afirmar que si no hay doble dimensión no hay cualidad humana, y si no hay cualidad humana la tecnología mata, como estamos experimentando con la alteración del clima, la degradación del medio, la injusticia de la repartición de los medios de vida entre los colectivos humanos, etc.

Para postular un cambio de manera de pensar y sentir tan radical como es el que exige la aparición e implantación de las sociedades de conocimiento, que es duro y exigente, el cambio tiene que poder ofrecer verdaderas ventajas a personas y colectivos.

Si repasamos la historia, podremos verificar que los cambios que hemos hecho en el pasado han exigido que las gentes los sintieran como una ida a mejores condiciones de vida. Pensemos, por ejemplo, en la conversión de la civilización griega y romana al cristianismo, o en la conversión de los pueblos al islam, o en la transformación de las sociedades agrarias a industriales.

Estamos realizando uno de los tránsitos más rudos y radicales de la historia humana: paso de las sociedades preindustriales o industriales, a las sociedades de conocimiento.

El paso a las sociedades de conocimiento, con el crecimiento exponencial de las tecnociencias y sus consecuencias en nuevos servicios y nuevos productos, supone un gran salto a mejores condiciones de vida para toda la humanidad, si, y solo si, esa transformación va acompañada de la cualidad humana y en alguna medida de la experiencia de la dimensión absoluta. En caso contrario, el crecimiento de las tecnociencias y sus consecuencias dirigido por las tecnociencias mismas o por el interés sin límites del capitalismo, nos conduciría, y ya lo estamos experimentando, a la destrucción de la vida en el planeta, a la inhabitabilidad del planeta mismo y a la destrucción de nuestra propia especie. Esa conjetura no es una especulación, es ya una experiencia para quienes quieran verlo.

¿Es una utopía postular una sociedad de conocimiento conducida, en su crecimiento acelerado, por la experiencia individual y colectiva de la doble dimensión y de la dimensión absoluta?

No es una utopía, es una exigencia, y una exigencia a corto plazo. Esa exigencia es posible, porque gracias a la misma sociedad de conocimiento hemos podido comprender que la inclinación al mal y la condición egoísta de nuestra especie, no son rasgos esenciales de nuestra condición humana, sino fruto de proyectos axiológicos colectivos autoritarios.

Cuando los proyectos axiológicos colectivos autoritarios han hecho crisis hemos podido ver que no tenemos una naturaleza humana fijada, sino que la establecemos con nuestros propios proyectos axiológicos colectivos. Nuestra manera de ser es la propia de unos animales constituidos por la competencia lingüística. Solo eso, y esa condición nuestra no es ni buena ni mala, dependerá del proyecto axiológico colectivo con el que construyamos nuestra condición humana.

Sin proyecto axiológico colectivo, no hay humanidad posible. Solo el proyecto axiológico colectivo que nosotros mismos nos construyamos, determinará lo que es nuestra naturaleza en una forma concreta de sobrevivir.

No somos, pues, seres inclinados naturalmente al mal ni seres naturalmente egoístas, somos, como todos los vivientes, seres egocentrados, pero la egocentración no comporta por sí el egoísmo. Podemos construir una sociedad de seres egocentrados sin que sea una sociedad de seres egoístas. Podemos confiar en que es posible crear unas sociedades de conocimiento, de crecimiento acelerado de las tecnociencias y sus consecuencias, que no sean egoísta, sino una sociedad estructurada en equipos de individuos en interdependencia mutua en todos los aspectos de su vida.

Una sociedad formada por equipos y equipos de equipos en interdependencia mutua tendrán infinidad de ventajas. Enumeraremos algunas:

-salvaguarda del medio, porque también con el medio estaremos en relación de interdependencia,

-salvaremos la vida de las especies animales, por la misma razón,

-construiremos sociedades más justas, porque la injusticia no puede convivir con la interdependencia,

-los individuos y colectivos gozarán de más equilibrio psíquico, porque en una sociedad de cambios continuados y profundos en todos los aspectos de la vida, las personas tendrán en la experiencia de la dimensión absoluta un fundamento sólido,

-las sociedades que sean capaces de gestionar desde la cualidad humana el crecimiento acelerado de las tecnociencias y sus consecuencias, serán sociedades muy prósperas,

-la interdependencia generalizada (con el medio, con todas las sociedades, con la vida en el planeta y con las condiciones de vida de todos los animales) proporciona experiencia de felicidad.

Aunque lo que postulamos no sea una utopía sino una exigencia de la aparición de las sociedades de conocimiento, somos conscientes de la dificultad de conducir de manera adecuada los cambios que hemos de sufrir.

El capitalismo está asimilando las sociedades de conocimiento para ponerlas a su servicio de explotación. Los hábitos milenarios de interpretar la naturaleza humana y la naturaleza de las sociedades presentarán una resistencia enorme; contando con que las religiones también se resistirán a tener que interpretar sus textos sagrados fundacionales solo como sistemas simbólicos y no como descripciones reveladas por Dios, de la naturaleza de las cosas.

No será fácil, pero nos lo jugamos todo, y el plazo para construir estas transformaciones es corto.

Habrá que continuar pensando de qué manera podemos realizar y acelerar esos procesos de forma que no se nos pase el plazo corto que nos da la historia.

Es urgente construir un camino a la dimensión absoluta adecuado a las sociedades de conocimiento

Estas reflexiones parten de un doble fundamento:

-que los humanos somos animales, cuya diferencia específica es nuestra condición de hablantes,
-que la doble dimensión y, por tanto, la dimensión absoluta son datos.

Las sociedades jerárquicas nos forzaron a no reconocer estos datos. Una sociedad jerárquica no podía concebir la dimensión absoluta más que mandándola a los cielos. Debía hacerlo así para consolidar la concepción jerárquica de las relaciones sociales.

Supuesta esta concepción obligada de la dimensión absoluta, nadie podía pensar en la doble dimensión de la realidad. La dimensión absoluta era el Dios todopoderoso, creador de todos los seres, su presencia se extendía a todo, pero quedaban netamente separados el Señor Supremo y las criaturas. Pensar que todas las realidades tenían una doble dimensión resultaba mezclar al Señor Supremo con las criaturas.

Mientras duró la sociedad jerárquica, no pudo ser reconocida la doble dimensión de la realidad.

Ese mismo principio jerárquico forzó a interpretar a los humanos como compuestos de cuerpo y espíritu.

Cuando nos liberamos del principio jerárquico en la construcción de nuestro mundo, aparecieron nuevas posibilidades para el camino a la cualidad humana profunda y a la dimensión absoluta y para la organización de la sociedad.

Hay que aprovechar esa puerta que nos abren las sociedades plenamente industriales, que se van concretando en las sociedades de conocimiento. Las sociedades de conocimiento organizadas en equipos de interdependencia deben archivar en la historia el principio jerárquico de la construcción de los proyectos axiológicos colectivos.

Eliminado ese principio jerárquico no hay razón, ni justificación para lanzar a la dimensión absoluta a los cielos. Los seres dejan de ser criaturas sumisas al Supremo Señor. Podemos construir proyectos axiológicos colectivos para las nuevas sociedades, libres del principio jerárquico, y podemos, por fin, reconocer la doble dimensión en todas las realidades que nos rodean y en nosotros mismos.

En una sociedad basada en la interdependencia y en la experiencia de la doble dimensión resultan clave la voluntariedad, la cualidad humana y la dimensión absoluta, que liberan de la sumisión y permiten la liberación de las creencias y de la sumisión. Libres y sin sumisión pueden emprender la indagación y expresión de las realidades y la construcción de proyectos axiológicos colectivos adecuados.

Los fundamentos de los proyectos axiológicos colectivos de las sociedades de conocimiento serán:

-la voluntariedad,
-la interdependencia en equipos,
-la doble dimensión de la realidad,
-la cualidad humana y la cualidad humana profunda.

Además, estas circunstancias nos invitan a hacer un nuevo planteo de lo que nuestros antepasados llamaron camino espiritual y que nosotros llamamos camino al reconocimiento, con mente y sentir, de la dimensión absoluta de todo y de nosotros mismos.

Un camino de indagación y expresión libre, basado en datos y no en creencias, y recorrido sin sumisión y con creatividad.

La verdad, como la belleza están en nuestro mundo, que es una construcción de animales necesitados.

La verdad, como la belleza no tienen una forma oculta o bajada de los cielos, se muestran en nuestras modelaciones, en nuestras indagaciones, cuando las realidades son tratadas con interés sumo, amor y desprendimiento.

Hay que hacer un gran giro en el camino interior, en el camino a la dimensión absoluta, que consista en pasar de la sumisión, a la libertad; de las creencias a la creación; del sometimiento a lo revelado por el Señor Supremo, a la indagación libre, sin ninguna forma terminal establecida; de la sumisión individual, a la creatividad en equipo.

Ese es el fundamento del verdadero ecumenismo, cuando miramos la historia de la humanidad, y del verdadero ecumenismo en el trabajo de indagación libre desde las diferentes culturas.

Si no construimos este nuevo camino, el camino fundamentado en el principio jerárquico continuará vivo al servicio del poder y del dinero.

El nuevo camino de indagación libre, que parte de nuestra condición animal que modela un mundo a la medida de sus necesidades, nos llevará a aprender a retirar nuestra modelación sobre eso que hay. Si retiramos nuestra modelación llegaremos a:

-un mundo sin individualidades,
-sin sujetos, ni objetos,
-un mundo donde no hay nada, ni nadie,

-pero en el que, por nuestra condición sensitiva, percibimos cualidades,

-cualidades sin fronteras, ni límites establecidos,

-todo lo que percibamos estará vacío de ser propio.

Los humanos tenemos el poder de proyectar nuestra modelación sobre todo lo que nos rodea y sobre nosotros mismos, y el poder de retirar esa modelación, porque no podemos sostener la epistemología mítica. Sin embargo, mientras vivamos, la modelación como la conciencia de yo, que es su fuente, permanecerá, pero proclamando su no realidad, su vacío de entidad propia.

Somos libres en la creación de proyectos axiológicos colectivos, porque ninguno nos viene impuesto por los cielos.

Libres para dar a la figura de la dimensión absoluta la forma que convenga.

Libres de la propia individuación: yo soy todo lo que me rodea y la inmensidad de los mundos; y lo que me rodea y la inmensidad de los mundos es lo que yo soy.

Dinámica que desencadena la experiencia de la doble dimensión

Hemos dicho que la experiencia de la doble dimensión es el mejor procedimiento para hacer el tránsito de las sociedades agrario-industriales a las sociedades de conocimiento. Vamos ahora a reflexionar sobre la dinámica que desencadena esa experiencia de la doble dimensión tanto en la dimensión relativa de nuestro acceso a la realidad, como en la misma experiencia de la dimensión absoluta.

Con respecto a la dimensión relativa, la hace más flexible, menos fijada, menos rígida, más apta al cambio de modelación, si fuera necesario o conveniente.

Se consigue que la dimensión relativa sea más flexible porque gracias a la experiencia simultánea de la dimensión absoluta queda claro que no nos dice como es la realidad, nos muestra que es solo una simple modelación a la medida de nuestras necesidades de vivientes. Si sobre esta base de experiencia se comprende que sería conveniente hacer modificaciones en la forma de sobrevivir el colectivo o, incluso, que hay que hacer un cambio radical, eso no supone inconveniente ni para el sentir ni para la mente, la organización o la actuación individual o colectiva.

Entonces también se origina libertad respecto a las formas concretas de sobrevivir, porque todas se muestran como relativas.

Toda realidad se presenta como dotada de esa doble dimensión, lo cual supone el nacimiento del respeto y la veneración por todo. En cierto modo, la sacralización de todo.

Así se elimina la división de la realidad en profana y sagrada. Si todo es sagrado, entonces, nada es sagrado. Toda realidad, por humilde que sea, muestra la dimensión absoluta de la realidad, eso la hace sagrada, pero, por otra parte, nada está separado como sagrado, porque todo lo es.

La consecuencia de esta experiencia es que uno se siente reconciliado con todo y, por consiguiente, en paz.

Si en todo se manifiesta la dimensión absoluta, todo es la dimensión absoluta, todo son formas de presentarse la dimensión absoluta. Todo se une con todo. No hay fronteras. Si no hay fronteras, no puede haber competencia, sino colaboración. La doble dimensión empuja a la colaboración en interdependencia.

El egoísmo tendrá que excluirse como incompatible con la experiencia de la doble dimensión. La cultura colectiva tendrá que formular que el egoísmo, individual o de grupo, es incompatible con la experiencia de la dimensión absoluta en todo.

La experiencia de la doble dimensión afecta profundamente a la experiencia de la dimensión absoluta misma.

La experiencia de la doble dimensión empuja a una vivencia de la dimensión absoluta más y más clara. Muestra que es la realidad única de toda realidad, que todo lo que damos por realidad está vacío de entidad propia. Hace patente que todo está vacío y que la dimensión absoluta misma es vacía porque, a pesar de la certeza que genera, no puede aplicársele ningún nombre, ninguna categoría. Su realidad es tan compacta que nuestros intentos de objetivación, de representación, siempre fracasan.

Todas las realidades de nuestro mundo están vacías, porque carecen de entidad propia. La dimensión absoluta es vacía porque es una plenitud inasible. Vistas las cosas desde la experiencia de la doble dimensión, el mundo es un paraíso de manifestaciones, es un mundo de libertad, de reconciliación completa, y es un mundo de interdependencias y de paz.

La experiencia de la doble dimensión nos da una orientación central para las construcciones axiológicas

La mejor manera es concienciar a las gentes de la nueva situación.

Las sociedades de creación e innovación continua están causando, y ya han causado, la mayor transformación de la historia de la humanidad en todos los aspectos de sus vidas y especialmente en ámbito axiológico:

-están provocando una crisis mortal de las religiones,
-una grave crisis de las ideologías,
-una crisis grave de las instituciones sociales,
-una conciencia generalizada de la necesidad de cualidad humana y cualidad humana profunda para los miembros de esas sociedades.

Para poder cultivar esas cualidades no se puede acudir, como se hizo en el pasado, ni a las religiones ni a las ideologías y se ha tener en cuenta, además, que el capitalismo ha exacerbado el egoísmo de personas e instituciones que continúa con un trabajo intensivo por medio de la propaganda que provoca el crecimiento de ese egoísmo.

El egoísmo es el enemigo número uno de la cualidad humana, de la cualidad humana profunda y de la experiencia de la dimensión absoluta. En las sociedades de conocimiento necesitamos con urgencia conseguir la experiencia de la doble dimensión para que abra a la cualidad humana y a la experiencia de la dimensión absoluta. Si continuamos adentrándonos en las sociedades de conocimiento guiados y motivados por el egoísmo generalizado, el desarrollo acelerado y continuo de las tecnociencias y de sus consecuencias, nos destruirá a nosotros mismos y a toda la vida del planeta.

La aparición y crecimiento de la IA, aumenta el problema. No es solución apelar a la ética para solventar adecuadamente todos los problemas de la sociedad de conocimiento y los que amplía la IA. Apelar a la ética es reconocer explícitamente que tenemos un problema no resuelto con nuestra condición animal. La ética son formulaciones abstractas, y el sentir humano no sabe nada de ese tipo de formulaciones. La cualidad humana y la cualidad humana profunda es algo que pertenece a nuestro sentir de vivientes tanto al sentir superficial responsable de nuestra sobrevivencia, como al sentir hondo que es gratuito y que es el que puede experimentar la dimensión absoluta.

Postular la ética como solución a nuestros problemas axiológicos es empeñarse en ignorar nuestra condición animal. Para los animales, para todos, incluidos nosotros los humanos, el sentir es el centro que guía sus vidas.

La situación es esta: no hay procedimientos acreditados socialmente para controlar el egoísmo, es más, el egoísmo de personas e instituciones se ha convertido en el principio rector de toda nuestra cultura capitalista.

No es necesario argumentar mucho para comprender que unir alta ciencia y tecnología en crecimiento exponencial, con egoísmo como eje de la vida individual y colectiva, forman una unión explosiva que amenaza de muerte, a medio plazo, la vida del planeta y a nuestra propia sobrevivencia.

En esta situación se requiere una solución urgente, ¿dónde acudir?

Habrá que plantear los problemas de nuevo y de raíz.

Primero habrá que recoger los rasgos principales del tipo de sociedades que nos ha creado el problema.

Las sociedades de creación e innovación continuada tienen que estar regidas por la voluntariedad. Para la creatividad sostenida no sirve la sumisión ni la coerción.

Tienen que ser sociedades organizadas horizontalmente, sin jerarquías. Las jerarquías no casan bien con la creación continuada en equipo.

Las sociedades de conocimiento tienen que dotarse de complejos y variados saberes, por lo que han de funcionar, necesariamente, en equipo. Las sociedades de conocimiento estarán formadas por equipos de miembros en interdependencia de saberes, y la sociedad estará formada por equipos de equipos a todos los niveles. Se impone una interdependencia generalizada.

Para que estas sociedades funcionen en creatividad continuada, será preciso una educación adecuada y un estudio continuado.

Habrá que gestionar a los colectivos de forma adecuada a la marcha al galope de las creaciones científicas y tecnológicas y sus consecuencias, también al galope, de nuevos productos y nuevos servicios.

Por fin, tendrán que regirse axiológicamente por un sistema que no tenga el egoísmo de individuos, organizaciones y países como eje de la cultura.

Si para construir un sistema axiológico adecuado a las sociedades creativas, no podemos contar ni con las religiones ni con las ideologías ni con principios filosóficos intocables, habrá que reconsiderar seriamente las ideas que tenemos:

-sobre lo humano,
-sobre la naturaleza,
-sobre el conocimiento,
-y sobre la sociedad.

De hecho, hay que volverse a las cosas, para averiguar qué nos dicen. No hay otro remedio. Volvemos a las cosas, pero desde los rasgos de las sociedades de conocimiento, que son nuestro sistema de sobrevivencia.

Si observamos las cosas libres de prejuicios y sin creencias advertiremos que experimentamos todas las realidades con una doble dimensión: una relativa a nuestras necesidades, y otra que no tiene nada que ver con nuestras necesidades, que es absoluta porque está ahí, porque sí, prescindiendo de si existimos o no.

La experiencia de la doble dimensión en las realidades nos da una orientación central de lo que hemos de entender como cualidad humana, como cualidad humana profunda y como experiencia de la dimensión absoluta.

La experiencia de la doble dimensión genera respeto e, incluso, veneración y amor por los otros y por las cosas.

Podemos hablar de cualidad humana cuando hay experiencia de la doble dimensión. No basta cumplir lo que exige el proyecto axiológico colectivo ni respetar las reglas éticas sancionadas con represión. La cualidad humana es algo propio del sentir del viviente humano, no es solo problema de comportamiento.

Si se vive exclusivamente en el nivel de la dimensión relativa, no se sale de la rígida egocentración y el egoísmo. Para salir de esa actitud se necesita tener algún modo de experiencia de la doble dimensión y de la dimensión absoluta, de lo absoluto. Sin experiencia de la dimensión absoluta el no egoísmo será circunstancial y pasajero, no habrá un no egoísmo sólido. Para llegar a tener una cualidad humana profunda habrá que insistir en la experiencia de la dimensión absoluta.

La estructura de organización de las sociedades de conocimiento ha de ser necesariamente en equipos, que no pueden funcionar sin que sus miembros tengan cualidad humana.

Sin experiencia de la dimensión absoluta, los humanos no salen de una egocentración, que con mucha facilidad cae en el egoísmo. Un comportamiento así, no se diferencia del comportamiento de los animales.

Sin embargo, hay una diferencia radical entre el comportamiento animal y el humano, y es su condición de hablante, y la experiencia de la doble dimensión es inseparable de la condición de hablante. Para el que habla, la doble dimensión está siempre presente y, por tanto, se da algún grado de experiencia de la dimensión absoluta, aunque sea implícita. Esta presencia en la conciencia y en el sentir de la dimensión absoluta, origina un verdadero interés y amor por otros, aunque, en un plano más profundo del sentir sea egocentrado e, incluso, egoísta.

Para el buen funcionamiento de la sociedad de conocimiento la experiencia de la doble dimensión y de la dimensión absoluta ha de ser explícita individual y colectivamente. No es posible formar equipos creativos en interdependencia con solo el nivel egocentrado y menos con el nivel egoísta de los miembros.

Los equipos de las sociedades de conocimiento han de estar constituidos por miembros que experimenten la doble dimensión y la dimensión absoluta, por una razón: la excesiva egocentración y la presencia del egoísmo destrozaría los equipos de interdependencia.

Por todo lo dicho habrá que convencer a los colectivos que tienen que sobrevivir con las sociedades de conocimiento; que sin la cualidad humana y sin la experiencia de la dimensión absoluta, las sociedades de conocimiento nos conducirían a la catástrofe y al daño definitivo de la vida en este planeta; y que esas sociedades de conocimiento no son posibles si sus miembros no cultivan, a nivel individual y a nivel colectivo la doble dimensión y la dimensión absoluta.

Por primera vez en la historia humana, la cualidad humana, la cualidad humana profunda y la experiencia de la dimensión absoluta es una cuestión de estricta supervivencia.

¿Qué dicen las cosas?

La muerte, la gran cazadora, ya me está alcanzando. Sé que es implacable, pero no es enemiga. He de apresurarme a escuchar lo que dicen todas y cada una de las cosas.

Me hablan claramente y me dicen:

No somos lo que te afirman tus sentidos. Tampoco somos la interpretación que haces de nosotras según el proyecto axiológico colectivo cultural que te rige.

Somos lo que decimos, no lo que tú nos haces decir. Escúchanos, y te hablaremos sin palabras, y nos comprenderás.

No vengas a nosotras esperando algo.

No vengas diciéndonos lo que somos. Cállate.

Si te interesas por nosotras, y no por lo que piensas conseguir de nosotras; si tu interés es verdadero, porque sí, porque estamos frente a ti y contigo, te hablaremos claro.

Si tu interés por nosotras es débil, nuestro hablar será casi inaudible para ti, aunque nosotras siempre hablamos fuerte, a gritos en ocasiones. Si tu interés es fuerte, intenso y verdadero, oirás claramente nuestro mensaje, nuestro discurso.

Si apartas el ruido de tu mente y de tu sentir, nos escucharás, porque nosotras siempre hablamos.

Vuélvete a nosotras y nosotras nos volveremos a ti.

Si nos vuelves la espalda porque estás ocupado contigo mismo o con el provecho que buscas en todo, nosotras enmudeceremos y seremos únicamente lo que tú y los tuyos dicen que somos.

Somos misteriosas, somos el misterio. El gran misterio del cosmos inmenso es nuestro propio misterio. El misterio y nosotras somos uno.

Nosotras somos el ciprés que hay delante de tu casa, somos los arbustos de tu jardín, los árboles, las plantas a las que no les prestas atención, las flores de la primavera, las rosas que florecen siete meses al año.

Somos los gorriones que se refugian en la glicinia que hay ante tu ventana, somos las tórtolas que se aparejan en las ramas del árbol seco, somos las palomas que, en bandada, dan una vuelta varias veces al día por encima del pueblo.

Somos el cielo fresco de los amaneceres, somos el cálido mediodía, y el esplendor siempre diferente de los atardeceres.

Somos los cielos de las noches de luna, los cielos estrellados que abren a los mundos inmensos, somos los cielos oscuros cubiertos de nubes.

Somos el inmenso enigma proclamado por las nubes que recorren los cielos y que nos dan la vida con las lluvias.

Somos las montañas que apuntan al cielo, los valles y llanuras que habitan los hombres, los ríos y arroyos que son la alegría y la vida de todos los vivientes.

Somos los mares bravos y mansos y la inmensa variedad de sus habitantes.

Somos todos los animales e insectos que habitan la tierra.

Somos los hombres y mujeres que habitan las ciudades. Somos sus penas y alegrías.

Somos las estrellas, las galaxias, los planetas que pueblan las inmensidades de los mundos.

Somos tú mismo y los tuyos.

Todos los seres somos perecederos, no poseemos nuestro propio ser, somos sin naturaleza propia.

Gracias a que somos perecederos, podéis discernir con facilidad entre nosotros y el gran misterio.

Somos vuestras modelaciones, vuestra compartimentación según las conveniencias de vuestro organismo y vuestras necesidades.

Nuestro ser es el misterio de los mundos inmensos.

No somos nada fuera de ese misterio. Nuestro ser propio es nada.

Somos solo lo que vosotros os figuráis, es decir, nada propio.

Lo que os figuráis sobre nosotros resulta ser formas de Él, el único.

Vosotros, cuando figuráis un mundo frente a vosotros, sentís que todo está a vuestro servicio.

Vosotros también sois una modelación, una figuración vuestra, nada con naturaleza propia.

Vuestro poder de modelación de los mundos es el misterio mismo de los mundos. Cuando nos modeláis, Él es el que nos modela.

Así nos convertimos en formas pasajeras y, a la vez, perennes de Él.

Así lo que empieza siendo vuestras modelaciones, acaba en el sin forma.

Como sus formas que somos, hablamos de Él.

Cada uno de nosotros proclama cómo es el misterio de los mundos.

Todos nosotros hacemos discursos diferentes sobre Él. Nuestros discursos son inagotables. Cada uno de nosotros somos inagotables como Él. Somos sin fondo.

Si nos amas de veras, te conduciremos a esos abismos.

Si quieres investigarle a Él, investíganos a nosotros.

No somos seres ni cosas, somos la verdad sin forma.

Somos formas que hablan sin palabras de la verdad sin formas, de la verdad que jamás es una formulación.

Nuestra belleza proclama, para que todos lo comprendan, que somos gratuitos, incluso en las modelaciones a que nos sometéis.

Si somos gratuitos, con ello decimos que no somos relativos a vuestras necesidades, por tanto, que pertenecemos al ámbito de lo absoluto.

Todos los seres somos bellos, quienes nos aman no verán en nosotros fealdad.

Todos los seres somos bellos, porque todos somos el misterio de los mundos inmensos.

Somos bellos, porque somos la verdad. La verdad es sin forma, pero nosotros, a pesar de tener forma, si nos amas, verás que somos sin forma.

Si te interesas por nosotros de verdad, sin buscar nada para ti, te cogeremos de la mano y te llevaremos, a través de nuestra belleza, a nuestro fondo que es el sin forma, el misterio de los mundos.

¿Qué es nuestra belleza?

Es el arte seductor del misterio de los mundos, para atraer a sí a quienes se creen algo.

La belleza es un gran misterio, es el esplendor del misterio de los mundos.

Todos los seres somos el esplendor de la verdad, el mismo enigma de la verdad sin forma.

Todos los seres, que somos modelaciones tuyas, somos bellos, porque cuando tú modelas es Él el que modela. Tú no eres nadie fuera de Él.

Todos somos bellos, porque en todos se dice Él, explícitamente, sin intermediario.

Nuestra belleza es la mensajera de la verdad sin forma, que es el misterio de la inmensidad de los mundos.

Persigue nuestra belleza, porque esa persecución te llevará a nuestra verdad, que es la verdad sin forma de los mundos.

Los seres somos bellos y verdaderos, porque somos tu modelación, que es la modelación del misterio de los mundos.

Si nos investigas, le investigas.

Si nos amas, le amas.

Si nos sirves, le sirves.

Somos tú y tú eres nosotros.

No hay dualidad en los mundos.

Solo hay el misterio, que es la verdad, que es la belleza.

Esta temática la desarrollaremos más adelante

Por lo dicho puedo rogar al cielo y la tierra

Me siento diferente, separado de todo, incluso de la hondura de mi ser propio. Como animal que soy, necesito sentirme individualidad, aunque no lo soy. Desde mi sentimiento animal, pido auxilio al que, en realidad, no es diferente de mí.

Le pido, desde mi supuesta individualidad, que pueda discriminar entre lo que parece ser y lo que es. Mi imprescindible conciencia de individualidad se siente débil, vieja, enferma, empujada a dualizar; la discriminación le es ajena, es impotente para vivir la unidad, que es su auténtico ser.

Desde mi inevitable error, ruego al verdadero ser de todo, para que me auxilie. El auxilio me llega desde todos los seres de la tierra, que son tú, desde mi propia interioridad, desde mi propia realidad que eres tú.

¡Oh único! Perdona que, dirigiéndome a ti, dualice, intento corregirme. Te ruego como «otro», sabiendo que no eres «otro» de mí.

Confío en los cielos y la tierra, porque no son otro de ti, aunque mi condición necesitada los vea otros de ti.

Desde mi pobre condición de supuesto individuo, puedo decir: Tú, mi fuente, ven en mi auxilio, apresúrate a socorrerme. Esta plegaria se dirige a los cielos y la tierra y todos los que los habitan, y a mi misma profundidad.

Es inevitable que me mueva entre mi conciencia de individualidad de mi condición animal, y la conciencia de que soy la dimensión absoluta, la dimensión absoluta de todo.

He de vivir mi individualidad, como una forma de Él, solo eso.

Los humanos tendremos que aprender a vivir nuestra individualidad, como una forma del misterio de los mundos, que todo es.

Plegaria de petición desde la no dualidad

La doble dimensión de la realidad de nuestra vida cotidiana está compuesta de la modelación de todo lo real a la medida de nuestras necesidades de vivientes, que no es real porque solo está en nuestra cabeza y nuestro sentir; y la dimensión absoluta, que, aunque se manifieste siempre en la dimensión relativa a nosotros, es lo único real.

Cuando vivimos la modelación de nosotros mismos, nos sentimos pobres y desvalidos. Nos vivimos como individualidades carentes de consistencia frente a la inmensidad de los mundos.

Vivimos nuestra individualidad, identificándonos con ella, pero sabemos y sentimos que somos formas perecederas, nada consistente.

Nuestro sentir es de nuestra debilidad, de nuestra impotencia, de nuestra necesidad y, a la vez, sentimos que solo la dimensión absoluta es la realidad, que no depende de nuestro sentir.

¿Tiene algún sentido rogar pidiendo ayuda, desde nuestro sentir, a lo que realmente es, que vivimos como real, aunque sabemos que es una modelación vacía de realidad propia?

¿Qué sentido tiene la petición de ayuda de quien no es, a lo que ni es ni no es?

Desde mi individualidad frágil puedo sentir necesidad de ayuda para mí, o para lo que veo necesitado. ¿Tiene sentido que pida a Dios, a la dimensión absoluta auxilio y ayuda?

Si la experiencia de lo real fuera verdaderamente real, como dicen las religiones, la oración de petición de ayuda tendría pleno sentido, pero cuando sabemos que no hay dualidad, que lo único que realmente es, es el gran misterio de los mundos, ¿continuará teniendo sentido, o solo es una modelación, hija de modelaciones y vacía de realidad propia?

No es una estupidez incoherente saberse unidad y pedir auxilio a esa misma unidad.

Conozco y vivo, en algún grado, la no dualidad, la unidad, y puedo, desde donde está mi sentir, tomar conciencia de una necesidad; y puedo saber que lo único que es real y poderoso, que puede intervenir en lo humano, no podrá hacerlo desde fuera, desde la dualidad, sino desde la unidad.

El humano, como individualidad, puede ver la necesidad y sentirla como si hubiera dualidad y, al mismo tiempo, puede saber que es el Clemente, el Único que actúa desde dentro de lo que los humano sentimos como individuaciones. Después solo queda confiar en lo verdaderamente real.

Esa sería la estructura de la petición de ayuda desde la no dualidad.

LA CUALIDAD HUMANA Y LA CUALIDAD HUMANA PROFUNDA

Aclaraciones sobre la cualidad humana

Por nuestra condición lingüística no tenemos una naturaleza humana fijada, por consiguiente, no podemos deducir normas éticas de esa naturaleza fijada.

No disponemos de una revelación divina de cómo debemos comportarnos.

Nuestras normas de comportamiento dependen de nuestros proyectos axiológicos colectivos; y la calidad de esos proyectos axiológicos colectivos construidos por nosotros mismos depende de la cualidad humana y la cualidad humana profunda que consigamos.

Todo nuestro edificio axiológico y de comportamiento depende de nuestra cualidad humana, nuestra cualidad humana profunda y de nuestra noticia de la dimensión absoluta.

¿Es esa una construcción frágil?

No, es más sólida que si todo se apoyara en una naturaleza humana fijada, porque se trataría de una interpretación filosófica, y las consecuencias de nuestra condición lingüística es un dato antropológico básico.

De nuestra condición lingüística se deriva un acceso a la doble dimensión, esa es una base antropológica sólida. La doble dimensión es más fija que las interpretaciones filosóficas.

Para que la cualidad humana y la cualidad humana profunda puedan ejercer su función de fundamento de todos los proyectos axiológicos colectivos, sin dependencia de creencias, revelaciones divinas o principios filosóficos intocables, tienen que ser interpretadas como puras cualidades humanas del sentir, de la percepción y de toda correcta interpretación. Esta es una gran novedad en el fundamento de las axiologías humanas y de los sistemas de comportamiento.

La cualidad humana, la cualidad humana profunda y la noticia de la dimensión absoluta son datos antropológicos, solo eso. Ahí deben fundamentarse todos nuestros proyectos axiológicos colectivos.

La cualidad humana, la cualidad humana profunda y la dimensión absoluta nunca son transhistóricas, transcendentales, siempre se presentan en un modo de sobrevivencia y en su proyecto axiológico colectivo. Pero el egoísmo, y sus consecuencias, no dependen del modo de sobrevivencia y de su proyecto axiológico colectivo.

La experiencia de la doble dimensión es el arranque de la cualidad humana, de la cualidad humana profunda y de la dimensión absoluta. Si no hay ninguna experiencia de la dimensión absoluta, la egocentración propia de todo viviente resbala con gran facilidad al egoísmo.

Con experiencia de la dimensión absoluta se separa la egocentración del egoísmo. Con gran experiencia de la dimensión absoluta el funcionará la egocentración, pero el egoísmo queda silenciado.

Egocentración no equivale a egoísmo. El egoísmo es una egocentración que porque no tienen suficiente noticia de la dimensión absoluta, pasa por encima de lo que sea, daña lo que sea con tal de conseguir lo que reclama su egocentración.

Sin experiencia suficiente de la dimensión absoluta, la egocentración se convierte en egoísmo.

Relación de la individualidad y la dimensión absoluta

¿Qué relación hay de mi yo insignificante con la inmensidad de los mundos, con la dimensión absoluta?

Espontáneamente se vive como una relación real: mi yo, por un lado, la dimensión absoluta por otro.

Pero los datos de la dimensión absoluta no dicen eso. Dicen que la dimensión absoluta es la única realidad. Al yo le cuesta entenderlo, pero llega a comprenderlo e, incluso, a vivirlo.

La realidad de la dimensión absoluta es mi realidad, y mi realidad la suya. Ninguna dualidad.

Este breve ser que es mi completa insignificancia como individualidad, que perecerá muy pronto, es el mismísimo misterio de los mundos imperecederos, sin dualidad ninguna.

¿Cómo hacer para que toda la humanidad viva esa condición?

¿Es un sueño irrealizable?

¿O necesitaremos milenios para que sea una vivencia colectiva?

¿Tendremos tiempo?

La cualidad humana profunda y la experiencia de la dimensión absoluta

La experiencia y hablar de la dimensión absoluta, no tiene límites. Es oportuno ahora hacer unas pocas reflexiones sobre esa experiencia.

Los humanos, por nuestra condición de vivientes necesitados, tenemos la tendencia a objetivarlo todo, también objetivamos a la dimensión absoluta. Propiamente la objetivación es una necesidad humana para poder sobrevivir. Sin objetivar no podríamos satisfacer nuestras necesidades. En realidad, no hay nada que sea objetivo, la objetivación es una modelación necesaria nuestra.

Si no hay objetivación tampoco hay individuación. La individuación es una necesidad de la objetivación. Por consiguiente, la dimensión absoluta ni es objetiva, ni es una individualidad. Esas cualificaciones son modelaciones animales.

Si no hay objetivación ni individuación, no hay fronteras entre las realidades. La dimensión absoluta y nuestra cotidianidad no tienen entre ellas ninguna frontera de separación. Lo que es absoluto, eso mismo es relativo a nuestras necesidades. Si ponemos fronteras entre dimensión absoluta y dimensión relativa hacemos a la dimensión absoluta una individualidad y un dios, y hacemos la dimensión relativa una individualidad y un existente.

Si no ponemos fronteras en ninguna parte, si somos conscientes que no hay individualidades en ninguna parte porque sabemos que son modelaciones necesarias de vivientes necesitados, nos vemos empujados a reconocer que todo lo que nos rodea es una gran incógnita y un gravísimo misterio.

Todo es Él y todo somos nosotros.

Todo tiene la máxima sacralidad, y todo es completamente profano. Sagrado y profano son modelaciones nuestras que siguen a la objetivación e individuación de la dimensión absoluta y de nuestro mundo relativo a nuestras necesidades.

Todo es un misterio impenetrable que ni es sagrado, ni profano, y es sagrado y profano simultáneamente.

Si levantamos, por unos instantes, todas nuestras modelaciones de la realidad que nos rodea y de nosotros mismos, queda patentemente claro que todo es una enorme incógnita y un misterio indescifrable.

Todo es una unidad, que no anula la diversidad, y todo es diversidad sin fin, que no anula la unidad.

Todo es nadie y nada, y todo es una plenitud completa.

Todo es «como» mente, «como» sentir, todo es «como» iniciativa y creatividad, y nadie es mente, sentir, iniciativa y creatividad, porque no hay objetivaciones ni individuaciones.

Volvemos a caer, una y otra vez, en el abismo sin nombre del misterio de los mundos.

Propiamente no podemos hablar de una experiencia de la dimensión absoluta, porque eso supone objetivar la dimensión absoluta y objetivarnos a nosotros. Hemos visto que si no hay objetivación tampoco hay individualidad, ni la de la dimensión absoluta ni la nuestra. Si no hay ni objetivaciones, ni individualidades, no hay fronteras entre la dimensión absoluta y nosotros, entonces, hablar de experiencia de la dimensión absoluta, no tiene sentido.

Hablar de experimentar la dimensión absoluta es un hablar simbólico desde nuestras modelaciones tomadas como realidades, para referirnos a entrar en la noticia del vacío de todo, en la noticia de la absoluta unidad del misterio de estos mundos inmensos.

Accesibilidad a la dimensión absoluta

Si la dimensión absoluta no es objetiva, ni individual, ni tiene fronteras con nuestra cotidianidad y es sin forma, vamos a ir a parar al misterio de los mundos, a la gran incógnita.

A esos términos nos aboca la sociedad de conocimiento. ¿Cómo entonces se puede vivir y experimentar la dimensión absoluta como el misterio de los mundos y como la gran incógnita?

Hemos caracterizado a la dimensión absoluta como vacía de todas las características propias de las modelaciones de los vivientes necesitados.

Lo que no tiene forma no es experimentable. ¿Cómo puede ser, entonces, el fundamento de toda nuestra vida cualitativa? Puede ser el fundamento de toda cualidad porque la dimensión absoluta no es accesible nunca fuera del mundo de modelaciones.

Hemos visto que entre la dimensión absoluta y nuestras modelaciones no hay fronteras.

Lo que son nuestras modelaciones, sensibles y perceptivas, eso es la dimensión absoluta. La dimensión absoluta se muestra siempre en nuestras modelaciones de animales necesitados.

La dimensión relativa da a la dimensión absoluta objetividad, individualidad, fronteras y formas. Pero la dimensión absoluta dice, desde el seno de la dimensión relativa, que es la fuente vacía de toda categorización.

Ese es el milagro de la doble dimensión de la realidad para nosotros. La doble dimensión es un milagro y una maravilla. La doble dimensión es la razón de nuestra cualidad humana y de la noticia de la manifestación esplendorosa de la plenitud vacía de la dimensión absoluta.

El eje de nuestra actitud ante la realidad ha de ser de comprensión y sentir que, nuestras pobres modelaciones de animales necesitados y depredadores es, sin fronteras, la dimensión absoluta y que la dimensión absoluta es también sin fronteras la dimensión relativa de toda realidad.

Esto es aquello y aquello es esto, dicen los budistas. La dimensión absoluta es el mundo de nuestras modelaciones y el mundo de las modelaciones animales es la dimensión absoluta.

Aclaraciones sobre el «sin forma»

No podemos concebir al «sin forma» como una entidad que se manifiesta en formas. No tenemos ningún fundamento racional para concebir al sin forma como una entidad, una concepción así es propia de nuestra condición animal.

Le llamamos «el sin forma» porque comprendemos que está en toda forma; no es algo como una entidad sin forma, que sería contradictorio. No es una entidad, es una cualidad de nuestra percepción y de nuestro sentir, es un supuesto de nuestra condición de vivientes necesitados. Por nuestra condición necesitada hemos de vivirnos a nosotros mismos y hemos de tomar el entorno en el que vivimos, como entidades supuestas. Pero no existe nuestra supuesta entidad, y no existen las entidades que, para poder sobrevivir, suponemos. Igualmente, son supuestas entidades Dios y la dimensión absoluta.

La dimensión absoluta es un dato de nuestra percepción y sentir, pero ninguna entidad. Ese dato se presenta en toda forma, en toda entidad supuesta por nuestra modelación, por eso le llamamos «sin forma», pero no es una entidad. El «sin forma» es, evidentemente, no dual.

En toda forma se presenta la dimensión absoluta como su realidad, pero ni las formas son una entidad ni la dimensión absoluta tampoco.

¿Puede hablarse de dato, de experiencia de no entidades por una no entidad? Sí, en el mundo de todo lo que parece ser y en realidad no es. Bajo esa apariencia de supuestas entidades, se produce el reconocimiento y sentir de la dimensión absoluta sobre sí misma. La dimensión absoluta, que es nuestro sentir hondo, reconoce a la dimensión absoluta en toda forma de la dimensión absoluta, y reconoce y siente, que fuera de ella no hay nada.

La dimensión absoluta no es un Dios larvado

La dimensión absoluta es una segunda dimensión de nuestra realidad, debida a la percepción humana. Por efecto de nuestra condición lingüística, es decir, ser animales que se constituyen, como tales, a través de su competencia lingüística, nuestra percepción de la realidad tiene una doble dimensión, de la que ya hemos hablado largamente.

Esa segunda dimensión de nuestra percepción, que es la experiencia de la dimensión absoluta de lo percibido, concomitante a la percepción de nuestra modelación de la realidad a la medida de nuestra necesidad, es un efecto perceptivo, no es una entidad ni tampoco una creencia o un principio filosófico intocable. Es un dato de nuestra percepción. Ese dato es para nuestra mente y para nuestro sentir.

La dimensión absoluta no es un Dios, porque no es una entidad trascendente a nuestro mundo, no es un creador y señor de todo lo que nos rodea. La dimensión absoluta es un efecto de nuestra condición humana, constituida por nuestra condición lingüística. La dimensión absoluta, si los hombres no existieran, tampoco existiría.

Nuestra condición de animales que hablan nos permite descubrir una dimensión absoluta en nuestro acceso a la realidad.

La lengua nos permite modelar la realidad a la medida de nuestras necesidades, según el modo concreto de supervivencia. En el seno de esa modelación podemos descubrir la dimensión absoluta, no relativa a nuestras necesidades, de nuestro acceso a la realidad.

Ese acceso absoluto a lo real, desde nuestra propia modelación, tiene el efecto de desenclaustrarnos de nuestra propia modelación. No destruye la modelación, pero la libera de sometimiento a esa misma modelación.

La conciencia de la doble dimensión de nuestra percepción determina por completo la vida de los humanos. Ese dato indudable determina la forma de concebir las modelaciones y provoca el nacimiento de las religiones.

Cada modo de sobrevivencia de ese ser lingüístico varía según su modo de sobrevivir en el medio. Esos cambios afectan a la modelación y la figuración de la dimensión absoluta. Durante toda la historia humana se desencadenaron conflictos entre las diversas figuraciones de la dimensión absoluta, que se presentaron como duros enfrentamientos entre las diferentes religiones.

Esos enfrentamientos tienden a desaparecer con la aparición de las sociedades de conocimiento, que ignoran el dato de la doble dimensión de la percepción de la realidad e ignoran el cultivo de la dimensión absoluta. Sustituyen la concepción de los humanos desde la doble dimensión por una concepción del hombre como puro ser racional.

Pero el hecho de la doble dimensión de nuestra experiencia de la realidad está ahí, y la necesidad de cultivo de la cualidad humana para la viabilidad de la sociedad de conocimiento está también ahí, esperando una solución.

Son frecuentes, en nuestros días, los intentos de recuperar el cultivo de la dimensión absoluta.

Para poder construir proyectos axiológicos colectivos adecuados a las sociedades de conocimiento, no podemos volvernos a figuras de la dimensión absoluta del pasado ni a creencias ni a principios ideológicos, no nos queda más remedio que volvernos a las cosas mismas, a los datos de que disponemos. Los seres no son opacos, hablan, si sabemos escucharlos.

¿Qué dicen los datos, qué dicen las cosas?

Vamos a intentar mentar algo de lo que nos dicen las cosas.

Primero nos hablan de nosotros mismos y nos dicen que somos animales, como las diferentes especies, pero con una diferencia específica, nuestra condición lingüística. Esta diferencia provoca un doble acceso a nuestro mundo, el relativo a nuestras necesidades y el absoluto. Y nos dicen, además, que podemos tomar conciencia de la dimensión absoluta como nuestra fuente y, de alguna manera, cultivarla.

Nos dicen que los seres del cielo, los mares, la tierra y la inmensidad de soles y de astros, están ahí porque sí, gratuitamente, sin ninguna relación a que nosotros seamos o no seamos.

Dicen que todas las cosas, todos los seres, tienen doble dimensión. Todo dice que la fuente de todo es la dimensión absoluta. Que el mundo de cada viviente es una modelación desde la peculiar forma de su necesidad. Que nosotros mismos estamos sometidos a esa ley de los vivientes, por tanto, tenemos que modelar nuestro mundo según las necesidades que genera cada forma concreta de sobrevivir.

Nos dicen que la totalidad de los seres, de la vida y del cosmos entero es «como mente», «como dotada de sabiduría». Que todo está lleno de belleza. Que la belleza y riqueza de la tierra, de los cielos, de los mares son una gran benevolencia en una inmensidad de bolas terribles de fuego. Que, si tenemos un poco de sabiduría, nuestro mundo es un paraíso. Que la dimensión absoluta, fuente de todo, es benéfica.

La dimensión absoluta es consecuencia de nuestro acceso doble a la realidad, no es, pues, un Dios, porque si lo fuera tendría que ser una entidad, y la dimensión absoluta no es una entidad, es una dimensión de nuestro acceso a la realidad. Nuestra dimensión relativa y nuestro acceso absoluto a la realidad no son dos entidades, sino una sola, con doble acceso.

La dimensión absoluta no es una realidad diferente de nuestro mundo modelado a nuestra medida. No puede haber una relación entre la dimensión absoluta y la dimensión relativa, porque no son dos realidades diferenciadas, sino una sola realidad.

La dimensión absoluta no es un Dios porque no tiene una entidad diferente y trascendente a nuestro mundo, es la otra dimensión de nuestro mundo humano.

¿Podemos rogarle a la dimensión absoluta que intervenga en nuestro mundo humano? No tiene ningún sentido, porque nuestro mundo humano es la dimensión absoluta, sin dualidad ninguna.

Aunque lo que nos dicen las cosas puede coincidir en algún sentido con los atributos de un Dios, las cualificaciones son diferentes porque siempre nos vemos forzados a poner un «como» entrecomillado, porque no podemos interpretar lo que nos dicen las cosas con nuestros conceptos humanos.

¿Puede la dimensión absoluta, que es nuestra realidad verdadera, influir desde dentro en la construcción y gestión de nuestras modelaciones? No lo podemos saber, porque la dimensión absoluta está fuera de la posibilidad de nuestras modelaciones. De la dimensión absoluta no podemos decir nada, pero esa inefabilidad no impide, sino al contrario, la certeza que genera en nuestra mente y nuestro sentir.

Nos tenemos que fundamentar en datos antropológicos, a partir de ahí, podemos especular, pero serán solo eso, especulaciones.

Podemos hacer pie en la dimensión absoluta y confiar en ella, porque es nuestra realidad, y porque lo que nos dicen las cosas de ella, apoya esa confianza.

A pesar de los rasgos de la dimensión absoluta, como dimensión absoluta de nuestro mundo humano, cuando nos sentimos identificados con nuestra pequeña individualidad frágil, proyectamos hacia fuera lo que es nuestro propio ser y hacemos de la dimensión absoluta un Dios externo a nosotros para poderle pedir ayuda.

Esa figura pasajera nos ayudará, porque es nuestro propio ser. ¿Cómo? No como un Dios externo, porque es nuestro propio ser, el misterio insondable.

Necesidad ineludible de la cualidad humana y de la dimensión absoluta en las sociedades de conocimiento

¿En qué consistía ser una persona considerada de cualidad en la época en la que las religiones funcionaban como proyecto axiológico colectivo? En ser una persona creyente y coherente con sus creencias.

¿Cuándo era considerada una persona de cualidad en la época de las ideologías? Cuando alguien era seguidor fiel de esa ideología en la manera de pensar y de actuar.

Por su cualidad ética, podía haber personas de cualidad, aunque no fueran personas creyentes o no fueran seguidores de una ideología. Pero para poder tener esa cualidad ética se precisaba estar convencido de que los humanos tenemos una naturaleza bien definida y fijada; se precisaba sostener que los humanos somos un compuesto de animalidad y racionalidad.

En los tres casos, la religión, la ideología, o el convencimiento de que tenemos una naturaleza fijada que es la racionalidad, mitigaban el egoísmo. Ese es el punto central de la cualidad humana: somos seres egocentrados, como todos los vivientes, pero eso no comporta que nuestro pensar, sentir y actuar sea egoísta, es decir que todo en la vida gire siempre en torno de los intereses del ego, con un grado u otro de intensidad.

En una sociedad donde colectivamente no sea posible la religión como proyecto axiológico colectivo; y tampoco sea posible la ideología, por el cambio acelerado de las formas de sobrevivir; y en la que la idea de una naturaleza humana dada y fijada tampoco sea posible, por la misma razón, ¿cuál sería la base para la construcción de la cualidad humana?

En la religión, la creencia en Dios, la responsabilidad frente a Él, con premios o castigos eternos, junto al mandato de amarse unos a otros, refrenaba el egoísmo en la mayoría de las personas.

En las ideologías, el ideal que proponían y las exigencias para cumplir con ese ideal, refrenaba también el egoísmo de la mayoría de las personas.

Las normas éticas, consecuencia de la naturaleza humana, exigían un comportamiento y una dignidad humana que también refrenaba el egoísmo, sobre todo porque estas exigencias éticas venían motivadas y apoyadas o por la religión o por la ideología; la pura ética sin esos apoyos, creemos que no hubiera tenido suficiente fuerza sensitiva como para frenar el egoísmo.

Sin el influjo de la religión o de la ideología con apoyo ético, la conciencia de individualidad, imprescindible al viviente, supondría la identificación con esa conciencia de individuo, y el individuo es egocentrado con tendencia clara al egoísmo.

La situación en que nos encontramos es la siguiente: no funciona ningún sistema de mitigación del egoísmo; la importancia de la creatividad del individuo en el seno de los equipos de las sociedades de conocimiento crece enormemente, si bien en interdependencia con otros individuos; y la ideología vigente en esta situación de tránsito es el capitalismo, con fuerza renovada. Eso supone organizar toda la vida colectiva y cultural sobre el eje de los intereses de los individuos o de los colectivos, considerados como individuos.

Convertir el interés del individuo y del colectivo en el eje de toda la organización y sistema de vida de los colectivos, supone poner el egoísmo como eje de la vida colectiva y de la cultura, en una situación en la que la tecnociencia y sus consecuencias crecen de forma exponencial.

Una verdadera calamidad para nuestra especie y para la vida del planeta.

¿Cómo podemos escapar de esta trampa mortal?

Es totalmente evidente que ese crecimiento de la potencia de las tecnociencias en un crecimiento exponencial, y sus posibles consecuencias en todos los campos de la vida humana y no humana, nos exige cultivo de la cualidad humana, es decir, del no egoísmo.

Por nuestra condición de animales, constituidos como tales, por su competencia lingüística, tenemos un doble acceso a la realidad. La única manera de poder cultivar la cualidad humana es cobrar conciencia colectiva de esa experiencia.

Sin la tematización explícita, individual y colectiva, de la dimensión absoluta, los humanos nos identificamos con nuestra individualidad, que es nuestro egoísmo. Si nos identificamos con nuestra individualidad, nos identificamos con nuestro egoísmo y no tenemos ninguna posibilidad de mitigar ese egoísmo, al contrario, la ideología colectiva nos lo promueve y fomenta continuamente.

¿Estamos condenados a gestionar las sociedades de conocimiento, con su crecimiento aceleradísimo, desde nuestro egoísmo de individuos y de colectivos?

Solo nos liberaría de esa condena conseguir que todos los individuos y colectivos de las sociedades de conocimiento tuvieran experiencia de la dimensión absoluta y la cultivaran. Sabiendo de la presencia de la dimensión absoluta y sabiendo que es la realidad de nuestra individualidad, y sabiendo que los equipos de interdependencia requieren de las consecuencias de esa conciencia, se hace evidente que, sin marginación de egoísmo, no es posible una sociedad de conocimiento que no sea gravemente destructiva.

Llegados aquí podemos ser tentados por el pesimismo. ¿Podremos conseguir que los colectivos humanos cobren conciencia de la dimensión absoluta sin ayuda de religiones? ¿Podremos conseguir alguna vez que la conciencia de la doble dimensión de la realidad y el dato de la dimensión absoluta sea el fundamento de nuestro proyecto axiológico colectivo, el centro de la vida de los individuos?

¿Se está intuyendo esto en las nuevas sociedades?

Rotundamente no. Ni en las universidades, ni en los partidos políticos, ni en la prensa, ni en lo que queda de las ideologías y ni siquiera, en lo que queda de las religiones.

La única esperanza son las empresas que sí que están advirtiendo que sin cualidad humana no pueden ser creativas, innovadoras, pero buscan solo pequeños apaños psicológicos, de consejeros de las buenas relaciones entre los miembros de los equipos.

¿Hay alguna posibilidad de que las sociedades intuyan pronto la necesidad ineludible de la cualidad humana?

No la hay. Sin embargo, no debe invadirnos el pesimismo. Si la cualidad humana, el no egoísmo, es imprescindible para los equipos de las sociedades de conocimiento; si el reconocimiento de la noticia explicita de la doble dimensión de nuestro acceso a la realidad, y la noticia de la dimensión absoluta y un cultivo suficiente es imprescindible para la posibilidad de los equipos de las sociedades de conocimiento, finalmente se llegará a comprender dónde está el problema.

Esto no es voluntarismo, es no olvidar que somos animales, y que los animales normalmente reaccionan cuando se ven en peligro. En peligro grave estamos. ¿Reaccionaremos demasiado tarde?

En las actuales circunstancias, nada puede frenar el egoísmo de individuos y colectivos

Este tema lo hemos tratado, en sus rasgos fundamentales, en el apartado anterior, pero por su importancia volvemos a tratarlo con algo más de detalle.

El problema es cómo frenar o alejar el egoísmo de individuos y colectivos en la gestión de las sociedades de conocimiento.

La religión no puede frenarlo

La religión ha perdido su credibilidad.
Propone narraciones intocables en una sociedad de cambio acelerado.
Ha perdido el prestigio.
Tiene unas ideas filosóficas y teológicas de otros tiempos.
Su antropología y epistemología es incompatible con las tecnociencias y sus rápidos desarrollos y con su influencia en todos los ámbitos de la vida.
Sus formas de pensar, actuar y ritualizar suenan extrañas, como propias de otra época.
Como resultado, la religión no es capaz de motivar el no-egoísmo.

Tampoco puede la ideología

La ideología marxista perdió su prestigio y, de alguna forma, ha quedado social y políticamente falsada.

La ideología liberal-capitalista muestra su ineptitud para gestionar la sociedad de conocimiento con los desastres de todo tipo que está causando:

-en el clima,
-en la extinción de especies,
-en las terribles desigualdades entre pueblos y regiones,
-en la injusticia entre países pobres y ricos, regiones pobres y ricas,

-en la explotación desconsiderada de la naturaleza, los animales, los pueblos y la tierra toda.

Como sistema está sin prestigio y, de hecho, falsado:

-se muestra como un proyecto axiológico colectivo inepto para las sociedades de conocimiento de crecimiento exponencialmente acelerado,
-se articula sobre el interés del individuo, lo que equivale a articularse a partir del egoísmo de individuos, organizaciones, países,
-resulta inepto para formar equipos y equipos de equipos,
-gestiona con una antropología falsa: los humanos somos seres racionales,
- la liberal-capitalista es una ideología sin prestigio y falsada, pero mantiene vigentes unos fragmentos de narraciones o narraciones breves, aunque lo hace sin el soporte sólido de la ideología,
-estas mini narraciones versan
    -sobre la importancia central del individuo y su avidez,
    -sostiene que lo que beneficia a uno, beneficia a toda la comunidad,
    -sostiene que la organización en naciones es imprescindible,
    -que el éxito se mide en dinero,
    -sostiene la necesidad de una organización jerárquica generalizada,
    -sostiene firme la epistemología mítica.

La ética también es incapaz

Sin el apoyo de la religión o de las ideologías, la ética resulta ser un conjunto de principios abstractos incapaces de llegar al sentir humano.

Y lo que no llega al sentir humano no tiene eficacia operativa con respecto a los deseos,

> -en ese caso, la eficacia operativa se ha de conseguir por la coerción de la ley,
> -la coerción no motiva para frenar el deseo,
> -le falta una base antropológica adecuada a la sociedad de conocimiento,
> -no puede contar con la creencia de alma ni de la racionalidad,
> -no cuenta con creencias ni religiosas ni laicas,
> -le falta un fundamento sólido filosófico,
> -sus fundamentos quedan falsados por la irracionalidad del comportamiento humano,
> -como conjunto de formulaciones abstractas, son incapaces de motivar al sentir.

Nuestra situación es la siguiente: unas tecnociencias desarrollándose rápida y exponencialmente, con unos principios de gestión organizados, en todos sus niveles, sobre el individuo y su avidez, o sobre las corporaciones y países también apoyados sobre la avidez sin límites.

Estamos abocados a todo tipo de desastres.

No hay que pelear con los mayores, porque no están desmantelados axiológicamente. Continúan adheridos a sus mini narraciones, restos de creencias religiosa e ideológicas. Habrá que volverse hacia las generaciones jóvenes.

La cualidad humana no se puede imponer

La cualidad humana no se puede imponer porque la cualidad o es voluntaria o no es. Solo puede fomentarse induciendo al cultivo de la sensibilidad.

La cualidad humana se precisa para la construcción de proyectos axiológicos colectivos, por ello, debe anticiparse a esa construcción.

Habrá que cultivar la sensibilidad con relación a la naturaleza y todos los seres, y este cultivo deberá ir acompañado del servicio al colectivo. Pero, aunque la cualidad humana es anterior a la construcción de proyectos axiológicos colectivos, tiene que cobrar forma desde el proyecto axiológico colectivo, vigente, o desde el proyecto axiológico colectivo en construcción.

La cualidad humana, porque es una cualidad, no puede presentarse sin forma, siempre ha de adoptar una forma, aunque sea provisional, y la forma ha de ser perceptible.

Una vez la cualidad humana adopte la forma del proyecto axiológico colectivo, habrá que establecer un cultivo periódico individual y colectivo, combinando la forma que tome con el cultivo explícito de la doble dimensión de todo lo real.

Habrá que crear la conciencia colectiva que la cualidad humana puede y ha de llevar a la cualidad humana profunda. La egocentración, en la cualidad humana, no debe arrastrar a un egoísmo desconsiderado, sino que tiene que mantenerse como una egocentración controlada que evita dañar a otros. Ese control tiene que ser capaz de convertirse en una egocentración que se separe de todo egoísmo, esa sería la cualidad humana profunda de individuos y de grupos.

Una egocentración controlada, mantiene el egoísmo a raya, eso es la cualidad humana; una egocentración que es capaz de ejercerse excluyendo al egoísmo, eso es la cualidad humana profunda de individuos o grupos; una egocentración descontrolada, eso es la falta de cualidad humana.

Para que la egocentración se mantenga controlada, se precisa el cultivo constante de la doble dimensión de lo real.

La cualidad humana en las sociedades de innovación y cambio acelerado no está conectada con creencias ni con sumisiones.

Cuanto menos individualismo egoísta funcione en las personas y en los colectivos, mejor funcionará todo y de forma más satisfactoria.

Queda una pregunta: ¿cómo crear opinión pública contra la individualidad, sea de personas o de equipos, que se rija por una egocentración egoísta?

Posibilidad de una espiritualidad totalmente laica

Las sociedades de cambio exponencialmente acelerado; la necesidad de proyectos axiológicos colectivos dinámicos y cambiantes que impidan una epistemología mítica que interpreta teorías, mitos y símbolos como descripciones de la realidad; el fin de los proyectos axiológicos colectivos agrario-autoritarios; el final de las religiones y sus pretensiones de describir la naturaleza de lo humano y lo divino; la necesidad de leer las tradiciones religiosas como sistemas simbólicos que no lanzan a los cielos trascendentes la dimensión absoluta de la realidad, todo ello ha abierto la posibilidad de una espiritualidad completamente laica.

Llamamos espiritualidad laica al acceso a la dimensión absoluta sin creencias, sin religiones, sin sumisiones ni pertinencias a organizaciones religiosas o espiritualidades oficiales.

Es un gran acontecimiento cultural esta apertura a la dimensión absoluta del vivir humano sin creencias, sin religiones ni sumisiones, pero pudiendo usar todas esas tradiciones, no como descripciones de lo celeste y lo terrestre, sino como sistemas simbólicos llenos significación y sabiduría.

En estas circunstancias culturales podemos afirmar que la experiencia de la doble dimensión de todo lo real es el fundamento de todo camino a la dimensión absoluta; hablando en términos tradicionales diríamos que la experiencia de la doble dimensión es el fundamento de toda espiritualidad.

Hablando sumariamente diríamos que el camino a la dimensión absoluta, el camino espiritual consiste esencialmente en ponerse frente a las cosas con total interés de mente y sensibilidad, hasta que todas las realidades hablen.

La doble dimensión abre la posibilidad de indagar la dimensión absoluta aquí, en las cosas tal como vienen.

Aunque se comience el camino espiritual con creencias, hay que ir a parar a la verificación de la doble dimensión. Sin acceso a la doble dimensión, las creencias no conducen a ninguna parte.

Ya es perfectamente posible empezar por la experiencia de la doble dimensión y luego buscar orientación y verificación en las sagradas escrituras de todos los pueblos y en los grandes escritos de los autores espirituales.

Cuestiones que surgen:

Para acceder a la experiencia explícita de la doble dimensión, ¿te ha de hablar alguien de ella previamente?

La doble dimensión de la realidad está siempre ahí operativamente, por nuestra condición de seres hablante, pero no explícitamente. Si nadie te habla de ella puede permanecer solo como una sensación vaga de que algo hay ahí, que resulta incognoscible e inaccesible. La experiencia de doble dimensión y la dimensión absoluta no es fácil de conseguir.

Alguien o algo te ha de llamar la atención para que puedas advertir la doble dimensión.

Hay varias maneras de que te adviertan de la posibilidad de la doble dimensión y de la dimensión absoluta:

Las creencias son una forma de llamar la atención; el budismo cuando enseña que todo es perecedero y vacío de entidad propia; el Vedanta cuando afirma que la tradición de los sabios llama a esa experiencia; las religiones, si se comprenden seriamente.

Las creencias que terminan en creencias no sirven para nada con relación a la verificación de la doble dimensión y de la dimensión absoluta.

Esas llamadas de atención no valen para nada si no se verifican esas afirmaciones.

¿Cómo llamar la atención sobre esas cualidades humanas sin tradiciones ni creencias? Como la doble dimensión y la dimensión absoluta son datos, puede llamarse la atención a esas realidades racionalmente. La epistemología axiológica hace esa función.

La epistemología axiológica advierte y razona la presencia de esos datos verificables, y razona que las afirmaciones de las grandes tradiciones religiosas no son descripciones de la realidad, sino que son sistemas simbólicos comprensibles y verificables.

Las crisis de la vida y la misma muerte también pueden ser una advertencia y una llamada a acceder a esa dimensión de la realidad.

Las sagradas escrituras de todas las tradiciones y los grandes textos ayudan a convalidar lo conseguido, y apuntan y simbolizan lo todavía a conseguir, orientan el trabajo, estimulan y confirman lo logrado.

Volver a las Escrituras, pero sin epistemología mítica

Hemos mostrado que las sociedades de conocimiento que se articulan en equipos en interdependencia no son posibles sin cualidad humana y sin algún grado de cualidad humana profunda.

El problema que se plantea es desde dónde construir esas cualidades, porque las nuevas sociedades, que están en cambios acelerados exponencialmente, no pueden apoyarse en las religiones porque exigen creencias y sumisiones, tampoco pueden apoyarse en las ideologías, ni en principios filosóficos intocables, porque las ideologías están en crisis y los principios intocables son incompatibles con las sociedades de cambio constante.

Esta es nuestra situación: necesitamos imprescindiblemente algún grado de cultivo de la dimensión absoluta, pero no puede ser a través de creencias intocables, religiosas o laicas; necesitamos desarmar los conflictos entre las grandes tradiciones religiosas, para una globalización en paz; necesitamos que los países todavía religiosos puedan acceder a las sociedades de conocimiento sin que las religiones sean un obstáculo grave; necesitamos poder heredar el pasado de sabiduría que contienen las grandes tradiciones religiosas y espirituales, sin tenernos que someter a sus exigencias dogmáticas; necesitamos poder cultivar la cualidad humana y la dimensión absoluta para conseguir la cualidad humana que nos es imprescindible para gestionar la rapidísima marcha de las sociedades de conocimiento en favor de nuestra especie y de toda la vida del planeta; necesitamos que las religiones no sean enemigas de una globalización pacífica sino una ayuda, renunciando a su exclusivismo y sus exclusiones mutuas.

Formulando estas demandas de forma escueta: tenemos que pasar de una lectura de los grandes textos de las diversas tradiciones religiosas desde la epistemología mítica, a una libre de la epistemología mítica, desde una epistemología no mítica.

Por la necesidad de cualidad honda tenemos que volver a la sabiduría acumulada por miles de sabios de la historia de la humanidad, de las grandes tradiciones religiosas, pero siendo capaces de eliminar en esas tradiciones la exclusión y la sumisión. Una actitud sumisa es incompatible con las sociedades creativas.

Vamos a intentar hacer un planteo de la vuelta a las tradiciones sin que nos suponga someternos a creencias, a pertinencias obligatorias, a una actitud sumisa, a la exclusividad.

Los sistemas simbólicos, de narraciones y mitos son primariamente sistemas de comunicación, sistemas de transmisión a los pueblos y a las nuevas generaciones, de unas experiencias y vivencias relativas a la dimensión absoluta de la realidad. Expresan y manifiestan lo que unos maestros vivieron respecto al misterio de los mundos. No pretenden imponer, sino comunicar. Pero no tienen otra posibilidad que expresarlo según el proyecto axiológico colectivo de su tiempo y según su manera de sobrevivir en el medio. Y como todas las grandes tradiciones nacieron en la época agrio-autoritaria o agrario-ganadera, todas tuvieron una actitud de epistemología mítica respecto a lo que exponían, tenían que suponer que lo que enseñaban era descripción de la realidad divina (dimensión absoluta) y humana.

Expresarse en un contexto cultural de epistemología mítica hacía que lo que enseñaban, se viviera como descripción de la realidad. Eso era equivalente a creer. En estas circunstancias culturales fue muy fácil hacer transitar a las religiones como sistemas de comunicación a través de símbolos y narraciones, a sistemas de creencias de doctrinas obligatorias y exclusivas.

Si planteamos el caso cristiano, los primeros siglos se vivieron como seguimiento de Jesús de Nazaret y de sus enseñanzas, como la persona y las enseñanzas de un maestro, sin exclusivismo y sin imposición, aunque no tuvieron otra posibilidad que interpretarlas desde la epistemología mítica, es decir, como interpretación de la realidad divina y humana, y desde el proyecto axiológico colectivo de su colectivo judío, que era la religión de Israel.

Mientras los cristianos fueron pocos y sin influencia en el imperio romano, vivieron el seguimiento de Jesús de esa manera. Cuando crecieron y fueron influyentes, a los emperadores romanos les interesó contar con ellos. A las autoridades romana les hacía falta una religión que hiciera la función de proyecto axiológico colectivo en el imperio. La gran extensión del imperio y la diversidad de pueblos y religiones, más la crisis de la religión romana y griega, hacían patente esa necesidad.

Pero el cristianismo estaba sufriendo un proceso de diversificación. Había muchas maneras de interpretar lo que Jesús enseñó y diversas maneras de interpretar su persona. Esa diversificación no le interesaba a los emperadores. Estaban dispuestos a aceptar el cristianismo como proyecto axiológico colectivo del imperio si las autoridades cristianas hacían algunos retoques en sus enseñanzas que impidieran la pluralidad de sectas cristianas.

Los sabios cristianos solo tenían que hacer que las enseñanzas cristianas, que ya se leían desde la epistemología mítica, fueran impositivas, exclusivas y excluyentes. Con esta lectura se hizo posible el pacto con el imperio; y por ese pacto el cristianismo se convirtió en la religión del imperio, es decir, en el proyecto axiológico colectivo del imperio. El imperio romano dispuso de un cuerpo doctrinal capaz de ser impuesto por la fuerza, y el cristianismo recibió todo el apoyo del poder y la riqueza del imperio.

Este fue el papel de los grandes concilios ecuménicos, convocados y presididos por los mismos emperadores; transformaron las enseñanzas de Jesús de ser un sistema de símbolos, narraciones con fuerza simbólica, a convertirse en un sistema de doctrina impositiva, en un sistema de creencias exclusivas y excluyentes.

La forzosa epistemología mítica de sus sociedades facilitó el tránsito de las enseñanzas de Jesús como un sistema de comunicación y motivación, como sistema simbólico, a un sistema doctrinal, un sistema de creencias.

Nuestro trabajo en las sociedades de conocimiento es volver a las enseñanzas de Jesús y a la interpretación de su persona, como sistema de comunicación y motivación, como sistema simbólico, eliminando la interpretación como sistema doctrinal exclusivista y excluyente. Pero para conseguirlo, solo tenemos que sustituir la interpretación desde la epistemología mítica, que no es posible para las sociedades de conocimiento, por una interpretación desde una epistemología no mítica, que es la propia de las sociedades de conocimiento.

Con este cambio de epistemología en la lectura de los Evangelios se conseguirán varios resultados:

No se necesitará ser creyentes para seguir a Jesús.

Se abre la sabiduría evangélica y de las escrituras sagradas cristianas a todos los hombres sin imponerles ni creencias, ni sumisiones, ni pertinencias obligatorias.

De conseguirlo se abre la posibilidad de apropiarse de toda la sabiduría de las diferentes tradiciones religiosas y espirituales de la humanidad, porque tampoco ninguna de ellas se podrá interpretar desde la epistemología mítica, como sistema de creencias, sino como diversos sistemas simbólicos de comunicación y motivación.

Se elimina la posibilidad de los enfrentamientos religiosos, que tanta sangre han costado a la humanidad a lo largo de la historia.

Se asienta el convencimiento que los diferentes proyectos axiológicos colectivos de las culturas son diferentes formas de proyectos humanos y que ninguno de ellos puede tener la pretensión de ser el mejor, exclusivo y excluyente.

Se abre toda la inmensa riqueza de cualidad humana, de cualidad humana profunda y de formas de cultivo de la dimensión absoluta a la cultura adecuada a las sociedades de conocimiento, que no puede creer y que tiene que conseguir ser una sociedad global sin enfrentamientos que posibilite la interdependencia.

Se rompen las fronteras que separan a los creyentes de los no creyentes.

Sobre todo, se abre el acceso a la profundidad de la sabiduría milenaria de las tradiciones religiosas, que se vivieron como sistemas de creencias exclusivas y excluyentes, sin que los que permanecen creyentes tengan que abandonar sus creencias. Solo se invitará a los creyentes a profundizar en su propia tradición hasta poder comprender, sentir y vivir lo que sus escrituras y los sabios de su tradición enseñaron y vivieron. No es necesario abandonar las creencias, solo es necesario llegar a vivir lo que enseña la propia tradición como sistema de comunicación y motivación al cultivo de la cualidad humana, la cualidad humana profunda, y al cultivo de la dimensión absoluta. La dimensión absoluta tiene mil caras, y ninguna es exclusiva y excluyente.

Con el cambio de epistemología que se requiere para vivir en las sociedades de conocimiento, se facilitará el tránsito de los colectivos que todavía viven con procedimientos preindustriales y jerárquicos, a sociedades industriales y de conocimiento, sin traumas, ni rupturas. Las cosas no tienen una naturaleza fijada a unas formas de vivir u otras, todo depende de nuestras modelaciones que siempre corresponden a las formas de sobrevivir de los colectivos. Ningún proyecto axiológico colectivo viene dado por la naturaleza de las cosas, todos son modelación nuestra.

Todavía hay muchas más ventajas, en este cambio forzados que comportan las sociedades de conocimiento en la interpretación epistemológica de la realidad. Las iremos reconociendo a medida que se presenten.

Como conclusión de este pequeño apartado podemos afirmar:

-que no es necesario que los creyentes abandonen sus creencias, solo tendrán que profundizar en la sabiduría del sentir, del pensar, y del vivir que enseñan sus propias tradiciones religiosas y espirituales. Eso solo ya les dará a sus creencias la máxima flexibilidad y tolerancia.

-a los no creyentes se les dice que toda la sabiduría de las grandes tradiciones religiosas y espirituales de la humanidad es suya, sin que eso les comporte tener que creer, ni tener que afiliarse a ningún grupo de creyentes. Pero heredarán toda esa inmensa riqueza, si comprenden y viven que hay que leer esas tradiciones, no como sistemas de creencias contrapuestos, y muchas veces en conflicto, sino como sistemas simbólicos que apunta a lo mismo, a la dimensión absoluta de la realidad pero desde diferentes aspectos y posibilidades.

Para conseguir una cualidad humana y un cultivo adecuado de la dimensión absoluta para las sociedades de conocimiento, habrá que volver a los grandes escritos de los maestros de las diferentes tradiciones, para comprender y vivir lo que enseñaron; pero a condición de no interpretarlas desde una epistemología mítica como doctrinas a creer, sino desde una epistemología no mítica, como sistemas simbólicos, que solo apuntan, aluden a aquello de lo que hablan.

¿Qué relación hay entre la dimensión absoluta y los sistemas de comportamiento humanos?

Durante toda la historia humana se ha establecido una conexión constante entre los sistemas de comportamientos y la dimensión absoluta y la responsabilidad, tanto en ámbitos religiosos como no religiosos.

Sin embargo, hemos tenido que concluir que la dimensión absoluta es imparcial respecto a las formas de vida humana respecto a los proyectos axiológicos colectivos. Pero si la dimensión absoluta es imparcial respecto de los diferentes proyectos axiológicos colectivos humanos, ¿cómo se conectan de manera constante las formas de vida humana y la dimensión absoluta?

La dimensión absoluta es sin forma y los sistemas de comportamientos humanos, la moralidad son formas. La dimensión absoluta no es un Dios que impone un proyecto axiológico colectivo y un sistema de comportamiento. ¿Qué tiene que ver la dimensión absoluta con sistemas relativos de comportamiento? ¿Qué tiene que ver lo relativo con lo absoluto?

La dimensión absoluta, que es sin forma, es el ser de toda forma. Lo que es sin forma es nadie; nadie no exige, no impone. Lo que es independiente de todo proyecto axiológico colectivo, no impone ni exige un proyecto axiológico colectivo, determinado. ¿Qué tiene que ver el sin forma con formas? ¿Qué tiene que ver el misterio de los mundos inmensos con los sistemas de comportamiento de la insignificancia humana?

La noticia de la dimensión absoluta tiene que vivirse siempre en proyectos axiológicos colectivos que tienen exigencias de comportamientos fijados. Luego la dimensión absoluta, para nosotros los humanos, tiene que ver necesariamente con los proyectos axiológicos colectivos y, a través de ellos, con sistemas de comportamiento fijados. La dimensión absoluta no se somete a los proyectos axiológicos colectivos, pero pasa por ellos. Luego la moralidad es relativa a los modos de vida, porque los proyectos axiológicos colectivos lo son.

La pretensión de los proyectos axiológicos colectivos es posibilitar la vida de una forma determinada en cada caso, es posibilitar la sobrevivencia, la cohesión y la motivación de los grupos. Esa será la pretensión de la dimensión absoluta expresada en esos proyectos axiológicos colectivos.

Los proyectos axiológicos colectivos al modelar la realidad para una forma determinada de vida colectiva, posibilita que aparezca en esas formas la dimensión absoluta. Por consiguiente, quien atenta contra los proyectos axiológicos colectivos, atenta contra la dimensión absoluta. La dimensión absoluta toma forma dentro de las modelaciones y comportamientos que dictan los proyectos axiológicos colectivos. Así se conecta la moralidad con los sistemas de comportamientos.

Incluso en la ideología que excluye la dimensión absoluta, esa ideología como que modela la dimensión absoluta, la hace presente, de alguna forma, como exigencia de responsabilidad. En el seno del proyecto axiológico colectivo, la expresión de la dimensión absoluta es absoluta y se expresa como exigencia absoluta de la moralidad, de la responsabilidad.

¿Cuáles son esas exigencias absolutas presentes en todo proyecto axiológico colectivo?

Amor, unidad, servicio sin condiciones, lucidez, profundo sentir moral, todo ello siempre según los cánones de las modelaciones del proyecto axiológico colectivo.

Con la crisis de los proyectos axiológicos colectivos agrarios e ideologías industriales, ¿la dimensión absoluta sin forma tiene consecuencias en los sistemas de comportamientos humanos? ¿Cómo seduce, empuja la dimensión absoluta a la moralidad sin depender del proyecto axiológico colectivo? Las sociedades de innovación y cambio continuo siempre tendrán proyectos axiológicos colectivos, aunque correspondientes al movimiento acelerado de los modos de sobrevivencia.

En estas modalidades de sociedades humanas, la dimensión absoluta se mostrará en esos proyectos axiológicos colectivos dinámicos, pero sin poderse ligar nunca a ninguno. Tendrá que diferenciarse siempre entre lo que es el proyecto axiológico colectivo, y lo que es la manifestación de la dimensión absoluta. Tendrá que alejarse siempre de una posible interpretación desde la epistemología mítica.

Cuando la dimensión absoluta no es un Dios que premia o castiga, ¿cuál es la conexión de la dimensión absoluta con la moralidad?

Quien quebranta las normas de comportamiento de las sociedades de conocimiento, se aleja de la dimensión absoluta que se expresa en ellas, por consiguiente, se sumerge en una realidad vacía de dimensión absoluta, vacía de profundidad, vacía de ser. No hay razón para pensar que ese sumergirse en el vacío de realidad sea temporal. Puede ser que sea definitivo.

Quien es sólo un supuesto de individuo, quien es nadie fuera de ese supuesto de ser, alejándose de la dimensión absoluta se sumerge en la propia nada, en su supuesto de ser vacío de entidad propia. Eso sería el infierno.

Lo que hemos escrito, en estas últimas reflexiones, es solo un rastreo del problema, no pretende ser una descripción de la realidad.

La indagación de lo real de lo real

La experiencia primera que los humanos tenemos es la experiencia de nuestras individualidades y de nuestras modelaciones.

Pronto se llega a saber que son modelaciones de un viviente para sobrevivir, no lo que la realidad es.

Luego viene la comprensión y verificación que todo son solo formas de la dimensión absoluta, que es sin forma.

Veo y siento las formas de la dimensión absoluta en todo, directamente.

Esas formas de la dimensión absoluta son también mi propia modelación.

Mi mente, mi sentir, mi sistema de operación son los modeladores donde se expresa la dimensión absoluta.

Modelado y modelador son igualmente formas de la dimensión absoluta.

Todos los seres son perecederos.

Mientras el viviente vive, sus modelaciones son las formas donde la dimensión absoluta se manifiesta directamente.

Cuando el viviente muere ¿desaparecen todas las modelaciones y todo vuelve al sin forma?

Las modelaciones, que son la formas que adopta la dimensión absoluta, ¿desaparecen?

Es como si la dimensión absoluta adquiriera formas de las que luego se desprende. ¿Es así?

Pero dicen los sabios que no hay aniquilación.

La dimensión absoluta no puede adquirir nada porque no es algo o alguien.

La dimensión absoluta carece de tiempo y de espacio, porque eso es cosa de vivientes.

Los sabios dicen: lo que eres es lo que fuiste antes del nacimiento de tu madre, y lo que serás después de muerto.

Luego las formas de la dimensión absoluta están en la dimensión absoluta sin tiempo ni espacio.

Las manifestaciones de la dimensión absoluta no tienen tiempo ni espacio, aunque tendamos a representarlas en el tiempo y en el espacio.

Las formas de la dimensión absoluta no aparecen y desaparecen, no nacen ni mueren.

La dimensión absoluta y la manifestación de la dimensión absoluta son sin tiempo.

Las formas de la dimensión absoluta en la dimensión absoluta son sin tiempo y sin espacio.

La dimensión absoluta es sin forma, y las formas en las que se manifiesta no son «otro» del sin forma de la dimensión absoluta.

En vida puedo experimentar que soy totalmente perecedero, igual que todo mi mundo.

Y puedo experimentar que yo y mi mundo es la dimensión absoluta y nada más que la dimensión absoluta.

Yo y mi mundo, que vivo como mortal porque estoy en la individualidad, el tiempo y el espacio, son lo absoluto mismo sin nada añadido.

Experimento lo perecedero y, a la vez, lo imperecedero. Lo real es imperecedero, aunque me parezca perecedero por mi condición de animal necesitado.

Cuando ya me estoy aproximando a la muerte, cuando ya estoy muriendo, debo insistir en la experiencia inmediata y directa de la dimensión absoluta.

Verificación de la indagación libre y diversa de la dimensión absoluta

Cuando no hay una jerarquía que defina qué es correcto y qué no en una indagación libre que genera grandísima diversidad, en este caso ¿cómo saber y verificar lo adecuado del trabajo de individuos y grupos en el acceso y cultivo de la dimensión absoluta?

Un criterio que nos ayuda a discriminar es comprender que las sagradas escrituras de las grandes tradiciones son el instrumento primero y verificado durante milenios, de iniciación al cultivo a la dimensión absoluta, y son el instrumento de corrección, verificación y contrastación del camino verdadero. Me refiero al Evangelio, la Biblia, las Upanishad y los escritos de los grandes rishis hindúes, el Corán y los hadits, los Sutras fundamentales budistas, el Tao Te Ching.

Estos grandes textos dicen cómo iniciarse y cómo recorrer el camino que libera de la dualidad y conduce a la no dualidad. Operan de formas muy diferentes y representan la dimensión absoluta de formas muy diversas e incluso contradictorias, pero si se meditan sin epistemología mítica hablan explícitamente de lo mismo, aunque solo de forma simbólica. Las formas de recorrer el camino o de despertar a la verdad difieren, y mucho, porque dependen de la forma como se representa la dimensión absoluta.

A pesar de la diversidad, todos los texto sagrados y comprobados, son conscientes de que hablan de lo que no se puede hablar, de que solo apuntan, sugieren, simbolizan. Si aprendemos a leerlos y meditarlos de manera adecuada, y no como descripciones de la realidad, no solo son compatibles, sino que se complementan entre sí.

Hay que superar sus condicionamientos culturales, entre los cuales el principal es que no tienen más remedio que hablar desde los proyectos axiológicos colectivos de su forma de vivir y desde una epistemología mítica. Esos condicionamientos pierden su fuerza si se sabe que tanto los proyectos axiológicos colectivos desde los que se expresan, como las representaciones que hacen de la dimensión absoluta, y las consecuencias que eso tiene para el planteamiento del camino, dependen directamente de las formas de sobrevivir de sus culturas.

El grado de dependencia varía de si son religiones, como el cristianismo o el islam, o solo tradiciones espirituales, como el yoga, el budismo, el vedanta advaita. Siempre se da dependencia del modo de sobrevivir, pero en unos casos está conectado directamente con el proyecto axiológico colectivo y en otros solo indirectamente.

Otro criterio de orientación del adecuado cultivo del camino a la dimensión absoluta es el maestro interior, que despierta a las enseñanzas del maestro exterior. Esta categorización de interior/

exterior, conduce a comprender que uno solo es el maestro, la dimensión absoluta misma.

Por último, hay otra ayuda para evitar el error que desvía del camino recto: los compañeros de aventura, los que se esfuerzan, de verdad, en el mismo empeño.

Vivimos en un mundo de inmensidades

En el cielo oscuro nocturno vemos pocas estrellas, pero hay una infinidad, una inmensidad de galaxias, de galaxias de galaxias, cada una de ellas con una inmensidad de estrellas, con una infinidad de planetas de esas estrellas que nacen y mueren. El cielo nocturno es una inmensidad de inmensidades.

Ese es el mundo originario. De ahí procedemos nosotros.

A pesar de ello, lo que vemos, lo que observamos, cálculos e instrumentos son una modelación de un viviente terrestre, cuyas facultades se formaron para la sobrevivencia y la procreación en nuestro pequeño planeta. ¿Cuál es el misterio de esas inmensidades? ¿Qué son? ¿Cuál es su ser más allá de nuestras modelaciones de vivientes de este planeta?

¡Inconcebible!

Si bajamos a la tierra, resulta que también es una inmensidad de inmensidades. Inmensidad de moléculas, de átomos, de partículas; una inmensa variedad de seres vivientes, desde los de mayor tamaño a los más microscópicos. Cada uno de esos seres está compuesto de una inmensidad de moléculas, de partículas. Cada ser con variedad de órganos perfectamente interdependientes.

Los humanos somos ya 8.000 millones, cada uno de nosotros tiene una inmensidad de componentes, coordinados, sofisticados, interdependientes.

¿Para qué seguir? Algo parecido podemos decir de las plantas, de los animales, de los minerales.

Los humanos somos una inmensidad viviendo en inmensidades e inmensidad de inmensidades. Eso somos cada uno de nosotros, no alguien llegado a esta tierra de la que habrá que partir en breve.

¿Qué es la individualidad de cada uno de nosotros en estas inmensidades?

La individuación es una función del organismo para reunir en una supuesta unidad todas las funciones ordenadas a satisfacer las necesidades de ese organismo, necesidades de sobrevivencia y de procreación.

En el organismo que se tiene por una unidad, todo depende de todo, y todo el organismo depende de la inmensidad de los mundos. Nada hay autónomo, nada se basta a sí mismo, todo es una red de inmensidad de inmensidades.

En los humanos el yo es una función que unifica y gestiona todo nuestro organismo de cara a la supervivencia. El yo no es una entidad, es solo un supuesto necesario, es el punto de confluencia de todas nuestras facultades de mente y sentir.

Mi ser de viviente, cuya diferencia específica es la competencia lingüística, capta una doble dimensión en todo, decimos doble dimensión, no doble realidad.

El yo es una función unificadora, pero no es una realidad autónoma; es el resultado de interdependencias internas e interdependencias externas, con la tierra, los cielos, el mundo de lo vegetales, de los animales, de los humanos, etc. Es el resultado de una cadena de interdependencias, que se considera una entidad, pero que es solo un supuesto para poder vivir.

Por causa de nuestras necesidades de sobrevivencia y procreación, la individualidad supuesta, se convierte en una entidad autónoma, en un mundo de entidades. Necesitamos considerarla una entidad rodeada de un conjunto de entidades.

En realidad, es una inmensidad entre inmensidades, un leve nudo en una inmensa cadena de interdependencias.

Gran diversidad de formas del camino a la dimensión absoluta

La espiritualidad del futuro tendrá que ser sin sumisión, sin jerarquía, sin religión, sin creencias, como una indagación libre, sin organización impuesta. Pero no podemos inventarla desde cero, deberá tener bases sólidas de calidad. Esas bases sólidas no pueden ser más que los textos sagrados de las grandes tradiciones religiosas y espirituales. Las escrituras sagradas del cristianismo, del islam, del budismo y del hinduismo leídas sin epistemología mítica, sin jerarquías, y como sistemas simbólicos que hablan de lo que no se puede hablar.

La India nos da una lección que nos puede ser de utilidad para el futuro. Puede ser que en el cultivo de la espiritualidad tengamos que seguir un camino semejante al suyo.

No cabe ninguna duda que, a lo largo de su historia, la India ha tenido una gran floración de creatividad espiritual. Sobre una base sólida, los Vedas y las Upanishad, se dio un florecimiento impresionante de formas en la búsqueda y cultivo del acceso a la dimensión absoluta como en ningún otro país. Hubo esa gran proliferación de creaciones espirituales porque no hubo sumisión, ni jerarquía que impusiera una sobre las otras. Ni siquiera el Islam fue capaz de someter esa multitud de maneras de cultivar la dimensión absoluta, ni de parar esa corriente creativa.

Pero los hindúes desplegaron esa enorme riqueza, principalmente, desde solo una base sólida: los Vedas y las Upanishad.

En la historia espiritual de Occidente no fue posible desplegar esa riqueza de formas. En Occidente se impuso la homogeneidad, con rigurosa exclusión de modificaciones y creaciones de cualquier alternancia. La Iglesia católica impuso su autoridad e implantó una forma rígidamente jerárquica y controlada de acceso a la dimensión absoluta. No soportó y persiguió a muerte el nacimiento de cualquier intento de alternativa. Las Iglesias disidentes protestantes mantuvieron sus estructuras jerárquicas y, cuando les fue posible, mantuvieron el estilo católico de perseguir las posibles alternativas.

En el Occidente cristiano, como en el Islam, estuvo prohibida y bloqueada la posibilidad de indagación libre respecto al acceso y cultivo de la dimensión absoluta. Las Iglesias tenían un sistema de creencias, una dogmática impuesta, inalterable. Cada Iglesia su propio sistema de creencias.

En nuestra situación cultural de las sociedades de conocimiento, ni es posible interpretar las tradiciones religiosas como sistemas de creencias, ni resultan aceptables las dogmáticas. Son sociedades de crecimiento científico y tecnológico muy rápido, que comportan serias modificaciones en las formas de vida y, por tanto y como consecuencia, en las formas de vivir, pensar y sentir.

Son sociedades que deben excluir la organización jerárquica, porque la sumisión no soporta la indagación y creación libres. Son sociedades que deben organizarse en equipos y equipos de interdependencia en los que la creatividad tiene que pasar por la organización horizontal y no jerárquica.

Tenemos que interpretar las creaciones religiosas de nuestros antepasados y los grandes textos sagrados sin epistemología mítica, por consiguiente, como sistemas expresivos, simbólicos, narrativos, pero no como descripciones intocables de la realidad, sea la realidad humana o sea la sagrada.

Estamos en una situación parecida a la India, pero con una diferencia de importancia: nuestra base sería capaz de sustentar nuestras indagaciones y creaciones libres, no son solo las sagradas escrituras cristianas, sino los grandes textos del Islam, de los hindúes, de los budistas, es decir, todos los grandes textos sagrados de la historia de la humanidad. Y eso porque estamos en unas sociedades globalizadas.

Con una base tan sólida y tan amplia, el margen de libertad creativa es incalculable. No será posible una autoridad que se imponga a esa creación continua de diversidad, ni hay razón alguna para prohibir esa riqueza.

La nueva base amplia no admitirá una interpretación desde la epistemología mítica y, consecuentemente, resultará muy centrada en el acceso y cultivo de la dimensión absoluta. Viene a resultar un gran conjunto de sistemas simbólicos diversos que pretende hablar de la dimensión absoluta. La pluralidad misma y su calidad nos dicen que la dimensión absoluta es indefinible, innombrable, que nadie, ni ninguna tradición puede poseerla en exclusiva.

Esta enorme diversidad de formas y de expresiones no hará posible organizarse en grandes organizaciones impositivas. Con tanta diversidad, y con la necesidad de organizarse para la indagación y creación libre, es posible que las organizaciones de esas formas sean reducidas en tamaño.

La India nos ha dado ejemplo, aunque en unas condiciones de sobrevivencia diferentes.

A la dimensión absoluta desde la mente. Una advertencia

Hay que partir de la confianza en la mente. La mente no es adversaria de la vía a la dimensión absoluta. Lo es sólo si se la utiliza de forma exclusiva, considerando que es la única forma de pensar e interpretar la realidad.

La mente, la razón, no es enemiga del camino interior, del camino a la dimensión absoluta, por el contrario, ejerce un papel sumamente importante y central.

No hay transformación del sentir con relación a lo real si no le ha precedido, de una forma u otra, la transformación de la interpretación de la realidad.

Partiremos de un ejemplo para explicarnos mejor. Supongamos que nos llega la afirmación siguiente de los maestros:

No somos nadie venido a este mundo.

Por consiguiente, somos el misterio mismo de los mundos.

Fuera de la dimensión absoluta, el misterio de los mundos, no hay aquí nadie. Cuando aparecemos en este mundo, desde nuestra parte no añadimos el menos rastro de ser a la dimensión absoluta.

Cuando aparecemos, nadie nace ni nadie muere.

Somos lo que éramos antes de que nuestra madre naciera, eso somos ahora, y eso seremos después de muertos.

Si alguien dijera: entiendo lo que se me dice; voy a intentarlos sentir como me lo han formulado. Voy a intentar bajar hasta mi corazón esas afirmaciones tan importantes. Percibo, en algún grado, su verdad, y ahora quiero sentirlas. Esa actitud sería un error, porque sobre ese supuesto se trabajaría en valde y sin posibles resultados serios, aunque por unos momentos puedan sentirse esas verdades.

¿Por qué hacemos esta afirmación tan categórica?

Nuestra mente tiene una interpretación recibida culturalmente, en la que se nos ha socializado y desde la que hemos practicado la religión: Dios nos creó y nos puso en este mundo y nos hizo responsables de la conducción de nuestra vida. Nos pedirá cuentas de cómo la hemos gestionado y seremos premiados o castigados según nuestro comportamiento.

Somos alguien venido a este mundo. Alguien cuya fuente es Dios, pero somos distintos de Dios. Él es único, trascendente, señor del mundo, pero diferente del mundo y de mi propio ser.

Todas estas ideas están en nuestro trasfondo profundo. Pueden estar en crisis en muchos aspectos, pero ahí permanece ese fondo profundo. Soy alguien, responsable, en este mundo y distinto de él. No soy la dimensión absoluta, soy «otro» de la dimensión absoluta. Soy responsable frente a la dimensión absoluta, aunque no sepa cómo. Dios, yo, el mundo, estamos ahí como entidades con naturaleza propia, como diferentes, aunque procedentes de una misma fuente.

Con ese trasfondo o con alguno de los elementos de ese trasfondo, el sentir no puede asentarse en lo dicho por los sabios que 'no somos nadie venido a este mundo'. Podrá tener un atisbo más o menos duradero, pero los intentos con el sentir son incapaces de transformarse y cambiar la interpretación que tenemos en nuestro trasfondo.

Siempre que se intenta trabajar con la mente y el sentir juntos, el que manda es el sentir; es obvio, por nuestra condición animal, que determina que el sentir rija nuestras vidas tanto en el sentido superficial del sentir como en el profundo.

Supuesta esta nuestra condición, habrá que pensar a fondo los temas propuestos por los sabios, dejando de lado al sentir, porque el sentir indefectiblemente afirmará lo que siente desde lo que ha aprendido y pondrá gran dificultad y oposición a lo que se le dice que contradice su sentir.

Habrá que reflexionar sobre que no somos nadie venido a este mundo, hasta que no nos quede ni rastro de duda racional. Lo mismo habrá que hacer con cada una de las afirmaciones que hemos puesto como ejemplo.

Cuando ya no queda duda de la racionalidad de lo que hemos pensado, se habrá transformado la interpretación habitual de la realidad. Cuando se presenta al sentir ese resultado sin la menor duda, el sentir cambia, porque el sentir sigue a la interpretación cierta de la realidad.

En nuestro razonamiento hay que intentar ser tan rigurosos como la ciencia, pero con otro propósito, que es deshacer todos los supuestos que necesitamos para vivir, para acceder a la no dualidad, a la dimensión absoluta, al misterio de los mundos vacío de toda posible interpretación.

La mente y el sentir son una única realidad con dos caras, puede haber muchos funcionamientos de esta unidad con dos caras. Puede trabajarse preponderantemente con el sentir, o preponderantemente con la mente.

¿Puede hacerse con los dos a la vez? Hemos expuesto sus riesgos y hemos mostrado brevemente lo que enseñan los sabios sobre la vía del sentir.

Si operáramos desde la religión y sus creencias, se podría trabajar, y se hace, desde el sentir y la mente juntamente. Entonces se comprende lo que hay que creer, que es una interpretación de la realidad, y luego se usan los medios necesarios (rituales, cantos, músicas, templos, flores etc.) para hacer llegar las creencias al sentir.

Pero ese no es nuestro caso. Hay que desmarcarse de lo que se usaba en la religión, que no es útil fuera de ella.

Volver la mente y el sentir a la dimensión absoluta. Un ejercicio

Hay que volver de continuo la mente y el sentir a la dimensión absoluta, meditándola desde la no-dualidad. La mente y el sentir retornan fácilmente a nuestra condición animal, que tiende a no considerar como real lo que no puede representar, objetivar, dualizar.

La dimensión absoluta, el misterio de los mundos no es una entidad es solo un concepto que se refiere a lo inexplicable, a lo que está más allá de nuestra capacidad de modelar nuestro mundo, sea con modelación cotidiana o con modelación científica.

Es una noticia que se afirma, confesando una ignorancia invencible.

Todos los seres son formas diferentes de ese misterio, es el ser de todos los seres; todo es Él, no hay otra cosa.

No hay entrar en Él o salir de Él, nadie entra ni sale, nadie sale de casa o vuelve a casa, todo está siempre en Él porque es Él.

Él no es nada ni nadie nombrable.

Él es todo y es nadie.

Morir es salir del error de que soy un individuo.

Yo no era un individuo, supuse que lo era, y vuelvo a no ser un individuo.

No vuelvo a casa, pero me siento como volviendo a casa.

Viví como si hubiera salido del misterio, y muero como si volviera al misterio.

Como si hubiera entrado en el tiempo y como si saliera de él.

Pero no hay tiempo, el tiempo es solo un supuesto que precisa todo viviente.

Calla y reconoce el misterio, tu propio misterio.

Medítalo hasta que lo reconozcas.

Una comprensión más afinada de la «manifestación» de la dimensión absoluta

La dimensión absoluta es la única realidad, le han llamado «el Único», lo único que es. Si es así ¿a qué se llama «manifestación»? La manifestación supone algo que es y se muestra en algo que no es él. Si la dimensión absoluta es única, es lo único que existe, ¿en qué otro se va a manifestar y a quién?

La dimensión absoluta no puede manifestarse en nada a nadie, porque es lo único.

Podremos entender esta imagen como «la dimensión absoluta se muestra a sí misma, a través de sí misma, para sí misma». Propiamente no hay manifestación.

Puede hablarse de manifestación cuando consideramos nuestro doble acceso a lo real, un acceso relativo a nuestras necesidades y un acceso absoluto, no relativo a nada.

En ese caso puede tener sentido hablar de que la dimensión absoluta aparece claramente en la dimensión relativa, y aparece para que nosotros la reconozcamos.

Pero ese hablar es en el ámbito de la ficción de que hay alguien existente fuera de la dimensión absoluta, y que la dimensión absoluta es algo existente. La dimensión absoluta no es algo existente ni el yo es algo existente. Hablar de manifestación es hablar en el error de los supuestos.

En realidad, nadie ni nada se manifiesta a través de otro a nadie. Solo él, la dimensión absoluta es, aunque hablando con propiedad, la dimensión absoluta ni es ni no es.

¿Puede haber cualidad humana sin algún grado de experiencia de la dimensión absoluta?

No puede haber cualidad humana sin algún grado de ausencia de egoísmo. El egoísmo es el sometimiento a la egocentración de la autocentración de todo viviente.

Todos los vivientes son autocentrados, la modelación que hacen del mundo en que viven es siempre relativo a sus necesidades de sobrevivencia y de procreación. Su autocentración es completa. Lo que dan por realidad está modelado, construido desde la perspectiva de las necesidades. No hay nada en su mundo que no se ordene a su autocentración.

Los humanos, como vivientes que somos, estamos igualmente autocentrados, pero como somos animales constituidos por la lengua, somos egocentrados. Sin un cierto cultivo de la doble dimensión y de la dimensión absoluta, nuestra egocentración es absoluta, y como consecuencia, la egocentración se convierte en egoísmo.

En los animales simbióticos que viven en grupo, la autocentración es también simbiótica. No hay que confundir la autocentración simbiótica con el egoísmo de grupo. Una organización simbiótica puede ser tan egoísta como un individuo. En el caso humano, ahí está el caso del egoísmo de las naciones que en muchas ocasiones es un egoísmo sin piedad.

El no-egoísmo significa que en la construcción, en la modelación del mundo que nos rodea, entra algún elemento, alguna realidad que se ha escapado de la egocentración de la construcción. Es decir, algo o alguien que no está referido a las necesidades animales, está suelto de esas referencias, es ab-soluto de ellas.

Resumiendo: si no se da algún grado de no-egoísmo, no hay cualidad humana. Si se da algún grado de no-egoísmo, es que se ha tenido acceso a algo no referido a nuestras necesidades, es que hemos experimento algo absoluto. A esa experiencia de algo absoluto en el seno de nuestra construcción relativa a nuestras necesidades, le llamamos cualidad humana. Solo quien tiene cualidad humana puede actuar a favor de otros y no solo por su interés propio.

Por consiguiente, podemos afirmar lo que decimos en el título de este apartado: no hay cualidad humana si no se da algún grado de experiencia absoluta de lo real. Dicho de otra forma, si hay egoísmo se aleja la cualidad humana; o todavía de otra forma, si no hay doble experiencia de la realidad, una relativa a nuestras necesidades y una experiencia no relativa a nuestras necesidades, gratuita, absoluta, no puede haber cualidad humana.

La experiencia de la doble dimensión y de la dimensión absoluta puede ser explícita o implícita en el simple ejercicio de nuestra condición humana de hablantes. En el simple ejercicio de la condición humana hay un reconocimiento operativo, no necesariamente consciente, de la noticia de la doble dimensión y de la dimensión absoluta por nuestra condición lingüística.

¿Puede haber no-egoísmo sin la experiencia de la dimensión absoluta?

Los humanos tenemos la raíz de un comportamiento egocéntrico y egoísta y la raíz de un comportamiento no-egoísta. Por consiguiente, en la espontaneidad de nuestra vida cotidiana se da, simultáneamente, un comportamiento egocentrado que no es por sí mismo egoísta, aunque frecuentemente la egocentración se convierta en egoísmo, y un comportamiento, en un grado u otro, gratuito y no egoísta.

Esa mezcla de egoísmo y no-egoísmo, en la que prepondera el egoísmo, no llega a constituir claramente la cualidad humana. Para que haya cualidad humana, formulada o no formulada pero operativa, debe darse un interés por algo o por alguien que no sea uno mismo.

La cualidad humana se da cuando el individuo es capaz de comprenderse y sentirse en la inmensidad del mundo que está ahí, porque sí, independiente de mis necesidades. Cuando el humano está ahí con su mente y con su sentir, como un viviente lúcido de su condición de estar en el mundo, puede darse la cualidad humana.

Se da una correlación entre la cualidad humana y el grado de comprensión y vivencia de estar ahí , en ese mundo, que es absolutamente independiente de mi ser o no ser, de sus prácticas egoísta o no egoístas.

Podría formularse el siguiente principio: a mayor experiencia de la dimensión absoluta, menor egoísmo y a menor experiencia de la dimensión absoluta mayor egoísmo.

No puede darse un no-egoísmo consciente y explícito, sin experiencia clara y explícita de la dimensión absoluta. Esa experiencia puede ser formulada o no formulada.

Respondemos a la pregunta que nos hemos hecho al inicio del apartado: no puede haber un no-egoísmo sin la experiencia de la dimensión absoluta.

¿Las ideologías pueden proporcionar la cualidad humana?

Las ideologías suponen el acceso implícito a las dos dimensiones porque son hablar humano, y todo hablar humano las supone.

La ideología comunista niega explícitamente la dimensión absoluta. La ideología liberal-capitalista acepta la expresión explícita de la dimensión absoluta, porque acepta la legitimidad de la religión y porque la estructura jerárquica, que comporta el teísmo, le resulta un buen fundamento para su proyecto de sociedad jerárquica.

En el liberalismo capitalista el eje de la ideología es el interés de individuo, que es una egocentración que acoge al egoísmo como motor del beneficio económico tanto a nivel individual como a nivel colectivo. Se afirma que el individualismo es bueno para el individuo y para el colectivo.

Supuestos esto rasgos de las dos ideologías principales, ¿pueden ser vehículo de la experiencia explícita de la doble dimensión, y de la experiencia explícita de la dimensión absoluta?

En la ideología socialista hay una doble dimensión en tono menor, que puede favorecer un cierto tipo de cualidad humana, también en tono menor: la vivencia de la sociedad a transformar y la vivencia del ideal de la transformación. Esa dualidad puede provocar una tensión y renuncia de sí mismo a favor de la sociedad. Esa actitud tiene una cierta cualidad humana. No es plenamente cualidad humana, porque no hay acceso explícito a la dimensión absoluta de lo real que situaría al humano en su plena condición frente a lo real.

La ideología liberal-capitalista, articulándose sobre el egoísmo individual y colectivo, bloquea el acceso a la dimensión absoluta que es el no-egoísmo, aunque se practique la religión.

Podemos afirmar que las dos ideologías no fomentan explícitamente la cualidad humana por ellas mismas, pero la socialista fomentaba una cualidad humana en el sacrificio a favor de la colectividad, aunque no llega a situar al ser humano en la auténtica inmensidad de lo absoluto de los mundos. La ideología liberal-capitalista estorba profundamente ese acceso, pero dejaba libertad para practicar la religión. Practicar la religión en esas circunstancias comportaba una cierta hipocresía.

¿Es posible estructurar todo el pensar, sentir y actuar, individual y colectivamente orientado por el egoísmo, y practicar el no-egoísmo de la religión? Parece una tarea imposible. La solución a esta dificultad es aceptar una actitud, en su realidad, hipócrita.

La pregunta que hemos formulado en el inicio de este apartado debe responderse que las ideologías no pueden proporcionar la cualidad humana.

Si recordamos que solo la cualidad humana puede gestionar adecuadamente la marcha acelerada exponencialmente de las tecnociencias y sus productos y servicios, la situación de la humanidad es realmente grave.

Error frecuente en la interpretación de la epistemología axiológica

Es evidente que todos los grandes en la experiencia de la dimensión absoluta de la larga época de las sociedades preindustriales han reconocido, y lo han realizado, que se puede llegar a la dimensión absoluta pasando más allá de la religión.

Pero es preciso advertir que lo consiguen «desde la religión» y lo logran sin negarla.

Sostener que las afirmaciones principales de la epistemología axiológica ya las han dicho otros, es un error.

En concreto sobre el tema que tratamos: afirmar que lo que sostiene la epistemología axiológica al propugnar una vuelta a las cosas y, desde ahí, escuchar su proclama de la dimensión absoluta sin palabras, ya lo han dicho otros, es un error.

Lo que han dicho tantísimas veces desde la religión, resulta que, en las condiciones de vida de las sociedades de conocimiento, no resulta viable.

La epistemología axiológica no pretende crear nada que tenga que ver con la dimensión absoluta, parte de lo que han dicho los grandes de ella. Pretende que eso que se afirmó y vivió partiendo de la religión o teniéndola en el horizonte y que hoy no resulta practicable, pueda ser viable para los hombres y mujeres de las nuevas sociedades sin que tengan que pasar o tener en cuenta la religión.

La epistemología axiológica no busca la originalidad en sus afirmaciones sobre la dimensión absoluta ni ser la primera, lo que pretende es solventar problemas.

Quedarse en «eso ya lo han dicho otros» es, en el fondo, ignorar o no aceptar lo que es la pretensión y lo que hace la epistemología axiológica, que es:

-intentar hacer viables las afirmaciones de los sabios en las condiciones de la sociedad de conocimiento.

Las condiciones de las nuevas sociedades para poder heredar la sabiduría del pasado son:

-no poder llegar a la dimensión absoluta desde la religión,
-no aceptar la religión ni como trasfondo cultural,
-aceptar y cultivar la sabiduría de las religiones, pero sin ellas,
-tener que partir de cero, es decir, partir de la vuelta a las cosas, de lo que dicen las cosas mismas.

La epistemología axiológica trabaja aceptando esas condiciones para, a partir de ellas, hacer viable lo que enseñaron los sabios del pasado.

Tenemos que sostener que lo que dice la epistemología axiológica sobre el tema tratado no lo dice nadie porque no pueden tener en cuenta las condiciones que inevitablemente ponen las nuevas sociedades para aceptar la sabiduría del pasado, porque todavía no existían esas condiciones, porque no se pudieron proponer lo que pretende la epistemología axiológica, y porque les faltaba el aparato teórico que la epistemología axiológica hubo de crear para conseguir lo que pretendía.

Se puede predicar la dimensión absoluta hoy sin tener en cuenta las condiciones que imponen las sociedades de innovación y cambio acelerado, pero en ese caso esa versión solo será válida para los que, principalmente por su edad o por la situación cultural de sus países, viven en los arrabales de las religiones. Es decir, aquellas personas o grupos que, sin ser practicantes, todavía conservan algunas creencias o actitudes heredadas de las religiones.

Cierto que puede haber otros intentos de solventar ese problema, pero no los conocemos, y lo que tenemos puede servir para conseguir lo que pretendemos, que es:

> -que las sociedades de conocimiento funcionen con la cualidad humana y la cualidad humana profunda sin pasar por las religiones, a las que no tienen acceso ni pueden aceptar.

Hombre completo, mundo completo

Los humanos tenemos doble acceso a la realidad. Quien no reconoce y siente ese doble acceso, no es un hombre completo.

El doble acceso no es una creencia, es experiencia y como tal hay que vivirla.

Hombre completo es el que discrimina la dimensión de lo real que es relativa a nuestra necesidad, de la dimensión de lo real que es independiente de toda modelación nuestra. Tampoco esta discriminación es una creencia, sino un dato, una experiencia.

Igualmente es una experiencia que la dimensión gratuita, porque sí, la dimensión absoluta es la fuente de lo que modelamos y de nuestras modelaciones.

El hombre que discrimina las dos dimensiones de nuestro acceso a lo real, sabe que la dimensión absoluta es la fuente.

Tampoco eso es una especulación o una creencia, es una experiencia, es un dato.

El que discrimina las dos dimensiones de nuestro acceso a lo real, sabe verdaderamente que lo único real es la dimensión absoluta. También esto es experiencia, dato.

El hombre completo vive nuestras modelaciones, que es todo nuestro mundo, como modelaciones, no como objetos reales.

Sin embargo, puesto que es un animal necesitado, vive su mundo de modelaciones como si fuera real, aunque sabe que no lo es. Como animal necesitado, tiene que vivir como real su mundo de modelaciones, pero sabe que no es como necesita concebirlo. Sabe que está vacío de entidades propias. Las modelaciones solo existen en la mente de los que las construyen.

El hombre completo vive la ficción de que sus modelaciones son reales, pero lo hace con amor y veneración, porque sabe que eso no real es forma de la dimensión absoluta sin que nuestras modelaciones puedan añadir nada a esa manifestación.

El hombre completo vive una realidad que, aún siendo modelaciones y porque lo son, son la dimensión absoluta. No hay nada que no sea la dimensión absoluta y solo la dimensión absoluta. De hecho, no es accesible la dimensión absoluta sino es en las modelaciones que construimos los humanos para poder vivir en esta inmensidad.

Todo es la dimensión absoluta, incluso todas las modelaciones humanas; pero para verlas como modelaciones, y no como la realidad misma, hay que comprender y vivir que solo la dimensión absoluta reconoce y vive la dimensión absoluta; el yo es impotente, porque es el modelador; que para gestionar la vida el viviente necesitado tiene que tomar como reales sus modelaciones.

Cuando el ser humano comprende y siente que todo es la dimensión absoluta y que nada es real sino es la dimensión absoluta, se convierte en el humano perfecto, el hombre perfecto de las tradiciones espirituales.

Quien no es completo vive y siente toda la realidad desde la dimensión relativa a sus necesidades. Vive como un animal egocentrado que, con gran facilidad cae en el egoísmo. Quien no es completo y que ha caído en el egoísmo, modela un mundo egoísta. Los colectivos de individuos no completos construyen mundos egoístas. El resultado real es que como la mayoría de las personas no son humanidades completas construyen mundos egoístas.

Los mundos egoístas construidos desde los individuos y desde los colectivos, que prácticamente todos son egoístas, son difíciles, arduos de vivir. Es tremendo que los humanos vivamos desde hace miles de años en mundos e interpretaciones humanas articuladas, construidas desde el egoísmo. En los mundos egoístas lo más que se puede conseguir son pactos entre egoístas.

Los mundos que vivimos los humanos no están ahí, son así por ellos mismos; los mundos que vivimos, frecuentemente duros y sin piedad, son mundos construidos por los humanos. Nuestros antepasados construyeron mundos egoístas, los que les siguieron, cuando fue necesario, transformaron esos mundos desde sus egoísmos individuales y colectivos.

Nuestros mundos son como son, porque son construcciones nuestras desde nuestros egoísmos. Ni Dios, ni la dimensión absoluta, ni la naturaleza son los responsables de nuestros mundos humanos. Los responsables somos nosotros mismos, porque son nuestra construcción desde el egoísmo de animales depredadores.

A pesar de nosotros mismos también hay un mundo completo. Mundo completo es aquel en el que nos hacemos capaces de reconocer y sentir su doble dimensión. Nuestros mundos muestran su doble dimensión a pesar de ser construidos por nuestros egoísmos. No hay otra realidad que la dimensión absoluta, todo es la dimensión absoluta y solo la dimensión absoluta, así también nuestros mundos crueles muestran la realidad de la realidad. Por esa manifestación podemos nosotros reconciliarnos con sus malformaciones y pelear para enderezarlas lo más posible.

El mundo es como es, porque nosotros mismos lo hacemos así. Pero en los humanos no completos, articulados por el egoísmo, y en el mundo no completo, también articulado por el egoísmo, se muestra todo el esplendor de la dimensión absoluta; solo ahí se muestra, solo ahí hay que discernir entre las dos dimensiones.

Cuando la dimensión absoluta se muestra en nuestros mundos construidos desde el egoísmo, los salva y hace que los podamos aceptar y vivir en paz. Esa aceptación y reconocimiento nuestro, lo purifica y lo mejora. Nuestras malformaciones no impiden su plena manifestación.

Cuando somos capaces de ver la dimensión absoluta en el mundo nuestro lleno de defectos y malformaciones, y comprendemos y sentimos que todo eso es la dimensión absoluta y solo la dimensión absoluta, y somos capaces amarlo y reverenciarlo, entonces el mundo es perfecto.

La consecuencia es que si queremos investigar la dimensión absoluta, el lugar donde debemos investigarla es nuestra propia humanidad, deformada por el egoísmo, y nuestro mundo construido desde ese egoísmo nuestro. Ahí, en esas construcciones de un animal depredador, en cada realidad, en cada ser de nuestro mundo se puede comprender y ver la gratuidad y esplendor de Eso de ahí, que nosotros mismos también somos.

Cada ser nos habla de Eso con una forma especial y única. Hablan de lo que son, Eso y nada más que Eso. Cada ser, con su forma, dice una palabra sin palabra; en cada ser recibimos un mensaje, vemos su forma sin forma. Todo lo que se ofrece a nuestros sentidos y a nuestra mente es el misterio de los mundos en sus manifestaciones continuas, siempre nuevas, siempre inefables.

El hombre completo tiene un mundo completo, un mundo pleno, de dos dimensiones perfectamente discriminadas; y si el hombre completo llega a ser un hombre perfecto, tendrá un mundo perfecto en el que solo lucirá el Único sin dualidad ninguna.

Los humanos no somos nadie venido a este mundo

Los humanos no somos nadie venido a este mundo; eso quiere decir que no tenemos ningún tipo de entidad propia, que estamos vacíos de algo que sea nuestro; no somos personas habitando, por un tiempo, en esta hermosa tierra; no somos una individualidad.

Esa individualidad es solo un supuesto de un animal necesitado para vivir.

Somos una interpretación que hacemos de nosotros mismos; sin esa interpretación de un supuesto no podríamos depredar, satisfacer nuestras necesidades; no podríamos ni comer ni reproducirnos.

Tengo que suponer que soy un individuo, una persona. Tener que suponerlo, no quiere decir que lo sea. Tengo que suponerlo, eso es todo. Ese supuesto es necesario, es un error inevitable.

Mi vejez es una prueba palpable de que por aquí, no pasó nadie.

Dentro de poco se deshará mi cerebro, también mis ojos y mi corazón. Eso es una prueba de que aquí, en este cuerpo, en este comprender, ver y sentir, no hubo nadie.

Fue solo un ramal del arroyo del agua de la vida. Esa agua pasó por aquí, y se evaporó, se secó.

La gran cuestión es esta: ¿qué ha sido el agua de la vida que pasó por este trozo de tierra seca? ¿De donde vino? ¿Por qué pasó por este trozo de tierra sin agua? ¿Qué es esa agua, que pasa como un hilo tenue y plateado de la frescura de la vida, de la existencia?

Fue algo que ocurrió y se fue, dejando luego la tierra seca y sin vida. No fui ese chorrito de agua pura que recorrió durante unos instantes, con su fecundidad, este pedacito de tierra árida.

Creí ser ese pequeño ramal de agua, pero no es cierto, porque pronto se secó la tierra, se fue. No soy nadie es solo la vida que pasa. No soy, tampoco la tierra seca por donde pasó por unos instantes el agua de la vida.

No soy mi supuesta entidad, soy solo el agua de la vida que baja de las altas montañas, riega los valles y se funde en el inmenso mar.

Mientras viví, no vivió nadie, cuando muera nadie se irá.

Si aquí, en mí, no hubo jamás nadie ¿Qué sentido tiene pensar que después de la muerte resucitaré? Pensar en la resurrección es engañarse creyendo que se es alguien.

No soy nadie frente a nada, porque soy la inmensidad de las aguas de la vida. Solo eso.

Mi ser, mi individualidad, mi personalidad se diluye como las nieblas de la mañana. Fue un ensueño, una ilusión que se disipó como vapor de agua a medio día.

Pero, cuando desaparece mi yo, Eso habló de lo que soy.

¿Qué es Eso? El misterio de la inmensidad de los mundos. Me dijo que soy Eso y solo Eso, que lo demás es supuesto, ficción, modelaciones de un animal necesitado, cuya realidad no es ninguna interpretación, ninguna supuesta entidad, sino Eso y solo Eso.

¿Es posible vivir el «sin forma»?

¿Es posible vivir la dimensión absoluta de la existencia sin darle ninguna figuración?

Conocemos, y algunos hemos vivido, las formas que dieron a la dimensión absoluta nuestros antepasados. Conocemos también las figuraciones que le dieron otras épocas y otras culturas. Le llamaron Dios, Padre, Señor Absoluto, el Clemente, el Misericordioso, el Juez de vivos y muertos, el Vacío, Brahman, etc.

Quienes dieron estas figuras pensaron que sus palabras eran revelaciones que describían la naturaleza de esa dimensión. Estas figuras, que se vivieron como sagradas e intocables, estaban incorporadas a sus proyectos axiológicos colectivos respectivos. No se podía tocar la figura sin tocar el proyecto axiológico colectivo, y todo el sistema de vida de los colectivos.

Todas esas figuras estuvieron ligadas a formas de vivir preindustriales y, por tanto, estáticas, que se interpretaban como descripciones de la realidad intocable.

Cuando, por el desarrollo acelerado de las tecnociencias y sus consecuencias, se abandonó el sistema preindustrial fue sustituido por un sistema de vida dinámico que se veía forzado a cambiar su forma de vida al ritmo del crecimiento de las ciencias, tecnologías y sus consecuencias en nuevos productos y servicios. En esa nueva forma de sobrevivir todas esas nociones sobre la dimensión absoluta mostraron que no eran nombres sagrados que describían una entidad, sino únicamente modelaciones construidas por los humanos, de acuerdo con sus modos de vida y sus proyectos axiológicos colectivos correspondientes, para expresar la dimensión absoluta.

En esta nueva situación cultural descubrimos que no sabíamos nada de la dimensión absoluta, del misterio de los mundos. Que esos nombres eran solo figuras que nosotros dábamos a la experiencia primaria de la dimensión absoluta de todo lo real, que eran construcciones nuestras.

Ya no podemos asumir esos nombres por vía de autoridad, porque fueron revelados a los profetas y grandes sabios de la humanidad. En el futuro tenemos que poderlos asumir porque expresan nuestra propia experiencia, porque los vivimos como aptos para expresar lo que comprendemos y sentimos.

Para explicarme mejor, pondré un ejemplo. Se ha representado al misterio insondable e irrepresentable de los mundos como «el Clemente». No puedo asumir ese nombre porque sea revelación a los profetas, sino porque mi experiencia del misterio de los mundos me dice que es «el Clemente».

¿Puedo yo llamar «el Clemente» a mi experiencia de la inmensidad de seres y mundos que me rodean? Los cielos, el sol, la luna y las estrellas; la tierra y toda la infinidad de vida que la habitan, las montañas, los ríos y los mares y los variados seres vivos que los pueblan, ¿me dan pie para llamar a toda esa inmensidad de misterio «el Clemente»?

¿Qué sabemos del lugar en que habitamos, el mundo, y de nosotros mismos?

Lo que sabemos son las modelaciones de un animal terrestre, cuyas capacidades mentales y sensitivas las ha construido la vida para que podamos sobrevivir en este planeta. Ni nuestras facultades mentales ni las sensitivas están construidas para desentrañar el misterio de los mundos.

Como animales constituidos por nuestra competencia lingüística, hemos podido construir dos metalenguajes, uno abstracto, que es lenguaje de las ciencias, y otro axiológico, referido a las noticias de nuestra sensibilidad.

Con nuestro metalenguaje abstracto hemos construido nuestras ciencias, que puede modelar la realidad a la medida de un pobre animal terrestre, pero no puede describir la auténtica realidad.

Con nuestro metalenguaje axiológico hemos construido un mundo de símbolos y narraciones capaces de expresar nuestra fascinación y conmoción respecto al misterio que nos rodea. También estas formaciones modelan la belleza y el misterio de la realidad, según nuestras posibilidades, de formas diversas en cada modo de sobrevivencia de nuestra especie.

¿Qué sabemos, en definitiva, de lo que es el misterio en que vivimos, que es nuestro propio misterio? Nada.

Después de noventa años estudiando, leyendo y pensando, no sé nada ni de mí mismo ni de la vida y la muerte, ni de la inmensidad de los mundos en que vivo.

La humanidad entera, con toda su historia, no sabe nada; solo sabe sus propias modelaciones. De la dimensión absoluta, sabe las figuraciones que hicieron nuestros antepasados y sus grandes sabios. Qué sea o qué no sea la dimensión absoluta estamos a la intemperie. No sabemos nada, misterio absoluto. Vivimos a la intemperie.

En el pasado hemos vivido en esa misma intemperie, pero no lo sabíamos, porque dábamos por reales nuestras propias figuraciones.

Ahora, en las sociedades de conocimiento, estamos a la intemperie y lo sabemos. ¿Podremos vivir colectivamente en ese absoluto «sin forma»?

Todos los grandes sabios de nuestra historia vivieron esa intemperie en el seno de sus propias figuraciones. Sus discípulos cosificaron esas modelaciones. Nosotros ya no podemos hacerlo.

¿Podremos vivir esa desnudez colectivamente? No lo sabemos, no ha ocurrido nunca.

Serán suficientes nuestras modelaciones. En cada modelación luce intensamente Eso, la dimensión absoluta.

¿Podremos vivir así? ¿La dimensión absoluta se presenta, realmente, sin formas en las sociedades de conocimiento?

Sin figuras consagradas, exclusivas, reveladas e intocables, cierto. Pero se presenta, siempre, en todas y cada una de las formas de las modelaciones que hacemos los vivientes del mundo que nos rodea.

Cada ser es forma de la dimensión absoluta; en cada ser resplandece con todo su esplendor, con toda su realidad, con todo su misterio.

Podemos utilizar todas las figuras de la dimensión absoluta que utilizaron las sociedades del pasado, pero conscientes siempre de que son figuraciones nuestras, símbolos de lo que solo podemos aludir.

Cada ser, por insignificante que sea, es como una revelación; es una revelación exclusiva y completa.

La discriminación, que es reconocimiento, no es una cuestión de razón, es cuestión de lucidez del sentir al que acompaña siempre la mente. Hablamos de sentir, no de sentimiento.

La meditación y la contemplación en las sociedades de conocimiento

La práctica de la meditación y la contemplación clásicas están sufriendo graves modificaciones en las nuevas sociedades.

La antropología de cuerpo/espíritu entra en crisis y tiene que ser substituida por una antropología que sostiene que los humanos somos animales entre los animales, pero con una diferencia específica: somos animales constituidos en nuestra condición de animales por nuestra capacidad lingüística.

La epistemología también ha sufrido una gran transformación. Hemos pasado de una epistemología mítica que pensaba que lo que decían nuestros mitos y nuestras teorías científicas era una descripción de la realidad, a una epistemología que sostiene que con nuestros saberes no describimos el mundo como es, sino que lo modelamos.

Las condiciones axiológicas tanto de las meditaciones como de las contemplaciones varían seriamente. Ya no se trataría de actitudes y pretensiones religiosas, sino necesarias para el buen funcionamiento de las sociedades de conocimiento y de sus equipos. Se anula la contraposición de sagrado y profano.

Veamos qué ocurre con estas dos nociones:

Podemos continuar meditando como lo hicieron en el pasado: utilizar la razón y la mente toda para conseguir la clara discriminación, en nuestro acceso doble a la realidad, entre lo que se refiere a la satisfacción de nuestras necesidades y el acceso gratuito, absoluto, a lo real. En nuestra terminología, discriminar la dimensión relativa de toda la realidad a la que accedemos, de su dimensión absoluta. Discriminar dimensión relativa de dimensión absoluta.

Respecto a la meditación, seguimos una general y muy amplia tradición. Meditaron, como nosotros podemos hacerlo, los vedantas, los budistas, los cristianos y los musulmanes.

Los teístas que cuentan con revelación meditan, sobre todo, las verdades reveladas. Discriminan entre las criaturas y el creador.

Los no-teístas discriminan, en la realidad en que viven, entre lo perecedero y lo imperecedero, lo que no es de lo que realmente es.

Ambas corrientes insisten en la meditación hasta que quede claramente diferenciada y discriminada la dimensión absoluta. A esa dimensión absoluta claramente reconocida la figurarán de diversas maneras y la nombrarán Dios, Vacío, Brahman, el Ser, etc.

Las sociedades de conocimiento no tendrán ninguna dificultad para practicar la meditación según la hicieron sus antepasados en el mundo entero.

La contemplación presenta más dificultades, porque en las sociedades de conocimiento tenemos que abandonar la antropología de cuerpo/espíritu. Con esa antropología, la contemplación se realiza a nivel del espíritu. El espíritu humano contempla el espíritu divino. Pero cuando los ciudadanos de las sociedades de conocimiento tenemos que sostener que no tenemos espíritu, surgen la preguntas: ¿contemplación de qué y con qué?

La solución de nuestros antepasados, no nos es viable. En las sociedades de conocimiento los humanos tienen que poder contemplar con la totalidad de su ser de animales hablantes, porque no tienen espíritu.

Dios, la dimensión absoluta, es informe, es trascendente a nuestro mundo. La contemplación inmediata, directa, simple y sin intermediarios no es posible. Se podría contemplar con la imaginación la vida de Jesús, pero eso sería contemplar nuestra propia creación, nuestra imaginación, no la dimensión absoluta.

Sin embargo, a las sociedades de conocimiento la contemplación le es posible. Tenemos doble acceso a la realidad de nuestro mundo, y sabemos que el mundo de nuestra modelación no tiene otra realidad que la dimensión absoluta y solo la dimensión absoluta. La dimensión absoluta no se puede presentar a nosotros, pobres vivientes, más que en el seno del mundo modelado por nosotros mismos.

La dimensión absoluta se puede, pues, contemplar en el seno de la dimensión relativa, en el seno del mundo modelado por nosotros mismos. Sabemos que todo nuestro mundo es modelación y que la modelación no tiene otra realidad que la dimensión absoluta. Por consiguiente, podemos contemplar la dimensión absoluta inmediata y directamente, en nuestro mundo, si hemos sido capaces de discriminar, previamente, la dimensión absoluta de la dimensión relativa.

Podemos contemplar a la dimensión absoluta en nuestro mundo inmediato. Este mundo nuestro es la dimensión absoluta. Esto es aquello. Podremos contemplar la dimensión absoluta directa e inmediatamente en nuestro propio mundo si no buscamos nada en él.

En las sociedades de conocimiento la meditación debe preceder a la contemplación, entonces la contemplación nos es posible.

¿Qué es meditar?

En este momento es necesario que reflexionemos sobre la meditación.

Ya soy muy viejo y he meditado toda mi vida, y todavía no sé, qué es la meditación.

¿Qué es meditar?

Es acceder a la dimensión absoluta desde la base de la dimensión relativa.

Es escapar a la modelación para acceder a la dimensión absoluta.

Es intentar sustituir la modelación de la realidad, por la realidad de lo que hay.

Es escapar de la experiencia de la figuración de la realidad, por la realidad pura.

Es escapar de las figuraciones de la necesidad, por la experiencia de la gran incógnita, el misterio de los mundos.

¿Se puede aprender a meditar?

No se puede. Unos se puede preparar para que pueda ocurrir:

-buscado un lugar apartado,
-procurando el silencio exterior e interior,
-intentándolo con frecuencia,

Pero no se puede aprender a meditar. Si se pudiera aprender con un procedimiento articulado con momentos y acciones que permitieran pasar de las modelaciones según nuestras necesidades a lo que es absoluto, entonces lo absoluto sería relativo, no absoluto.

No es posible ninguna articulación de lo relativo a nuestras necesidades, tenido por real, que nos lleve al gran misterio absoluto.

No es posible pasar articuladamente de la forma, a lo sin forma.

Sin embargo, toda realidad tiene doble dimensión, la relativa y la absoluta, y parece que en principio se podría pasar fácilmente de una dimensión a la otra. Pero no es así, porque solo se da por real lo que es modelación, la dimensión absoluta o se la envía a los cielos como un Dios, o no se la advierte.

No hay tránsito de una dimensión a la otra, aunque se viven a la vez, pero solo una es objetivable y representable, la otra es sin forma, no objetivable, ni representable.

Por culpa de la epistemología mítica es como si las dos dimensiones estuvieran separadas, como el cielo y la tierra.

No hay procedimiento articulado que, desde la cotidianidad, nos lleve a la dimensión absoluta. La dimensión absoluta, a pesar de que es nuestra propia realidad, la sentimos distante como un abismo, y se nos presenta cuando quiere y como quiere. O se manifiesta la dimensión absoluta o no hay experiencia.

La experiencia de la dimensión absoluta es don puro y gratuito, no puede lograrse con métodos humanos o por méritos humanos. Así lo han sostenido, de una forma u otra, todas las tradiciones religiosas y espirituales.

Lo único que los humanos podemos hacer para experimentar la dimensión absoluta es solo quitar obstáculos para que pueda producirse. Fomentar el interés verdadero por las cosas que nos rodean en las que la dimensión absoluta se manifiesta. La dimensión absoluta siempre se manifiesta en cosas, en seres, nunca sola y aislada.

Podemos intentar silenciar el barullo de la mente y el sentir, silenciar los deseos. Fomentar momentos de paz y atención. Reconocerla explícitamente cuando se presente. Leer a los maestros que hablan de esa dimensión, leer las escrituras sagradas que también hablan de Eso.

Si con procedimientos, con métodos pudiéramos alcanzar lo absoluto, no sería absoluto.

El inicio del camino a la dimensión absoluta y Dios

En los países de larga tradición teísta hasta ahora ha resultado casi inevitable empezar el camino interior a la dimensión absoluta desde una dualidad formada por quien intenta caminar a la dimensión absoluta y Eso Absoluto vivido como exterior al caminante.

El que se inicia parte considerándose una individualidad real, que pretende salir de sí para acceder a la unión con otra individualidad real, Dios. El arranque del camino es así de dual: el aspirante/Dios. Los primeros tramos se recorren desde este planteamiento dual, que responden a las creencias, explícitas o implícitas, teístas, propias de las culturas que continúan siendo creyentes o que lo fueron durante miles de años.

Estos comienzos dualitas y teístas no son inconveniente para hacer el camino correctamente porque, aunque los primeros tramos de ese camino sean teístas, el teísmo va cediendo frente a la experiencia de no dualidad y frente la experiencia de la inefabilidad de la noticia de la dimensión absoluta.

El término de ese camino, así planteado, es la experiencia del no dualismo de la unidad. Habitualmente se expresará esa experiencia de unidad como unión con Dios, una unión que diviniza. En no pocos casos llega a expresarse la completa superación de esas categorías: tanto la de la individualidad humana, como la de Dios.

En sociedades no teístas, con el teísmo en seria crisis, ese camino de arranque teísta puede mantenerse toda la vida, a pesar de los cambios culturales, si se alcanza a comprender que la figura «Dios» es creación humana, que es un símbolo y no la descripción de una entidad realmente existente frente a nuestro mundo y frente a los humanos.

Todas las culturas han de partir de la experiencia de un viviente en un mundo de cosas modeladas a la medida de las necesidades animales, de un mundo dual, pero pueden iniciar el camino a la dimensión absoluta sin pasar por la figura de Dios. Los budistas, los vedantas, los yoguis lo hacen así desde hace miles de años.

Buscan desde el mismo principio la experiencia de la dimensión absoluta. Aunque en muchas ocasiones hacen del Buda y de otras figuras sagradas, como los gurús, un protector poderoso, una ayuda eficaz en el camino, como si fuera un Dios.

Siempre se parte de la dualidad, dimensión relativa/ dimensión absoluta, para superar esa dualidad y acceder a lo que realmente somos se puede arrancar el camino con un Dios como figura de la dimensión absoluta, o se puede arrancar el camino sin contar con esa figura, dando otras expresiones a aquello a lo que se aspira.

La experiencia de la dimensión absoluta lleva al silencio completo

Cada humano es una forma de la dimensión absoluta que se ha de suponer un sujeto regido por la necesidad y el deseo: suposición de un sujeto regido por el deseo-temor, los recuerdos y las expectativas.

Cada humano es una forma de dimensión absoluta como viviente necesitado.

Como sujeto supuesto es nadie y sus operaciones son las ficciones de un supuesto.

Sus expectativas, sus deseos-temores, sus recuerdos son funciones de un sujeto supuesto. Todo se disuelve en el aire.

No hay nadie ni nada en ninguna parte, solo el misterio de los mundos.

El silencio no es callar sino la experiencia que todo desaparece como entidad y solo queda el Uno.

Todo son formas de la dimensión absoluta y nada más.

Si las cosas son así, ¿quién decide la dimensión relativa? ¿Hay decisiones o solo desarrollo de formas?

Quien decide es nadie. Las decisiones, como el sujeto que decide, son meros supuestos sin entidades.

Las decisiones de los sujetos son tan vacías, como los sujetos mismos.

Las decisiones y los conflictos entre supuestos sujetos son igualmente supuestos que se desarrollan con lógica propia, que es la formalidad propia de la necesidad y del deseo-temor.

Todas las acciones de sujetos meramente supuestos son como una ciudad en una nube. Parecen ser, pero no son.

Cambiar de forma de sobrevivencia, por ejemplo, de cazadores-recolectores a agrarios, no es una decisión, es una necesidad.

Las culturas desarrollan formas sin que nadie las decida.

Podemos hablar de decisiones, pero teniendo en cuenta que son decisiones solo de supuestos sujetos, sin entidad propia.

En nuestro mundo no hay nada ni nadie; las decisiones y actuaciones son de nada o de nadie, vacías.

Todo es vacío de entidad, solo la dimensión absoluta es, pero su ser equivale a un vacío tan pleno, tan ajeno a nuestras facultades de vivientes terrestres, que es como si fuera un vacío para nosotros.

La forma de ser de los sujetos y sus actos, que son vacíos de entidad, nos hablan de la dimensión absoluta como vacío, pero no el vacío de un supuesto sino como una plenitud absolutamente incategorizable para nosotros, pobres vivientes terrestres.

Buda pensaba que, contando con estas suposiciones de sujetos y de sus actos, lo que convenía era llevarlos al despertar a su propia condición, que era la dimensión absoluta y solo la dimensión absoluta.

Corregir a los sujetos que nacen constituidos por la necesidad y el deseo, y que tienden naturalmente a construir una sociedad fundamentada en esos ejes, es una tarea casi imposible. Siempre habrá que comenzar de nuevo.

Solo cuando la necesidad se conecte intrínsecamente con la cualidad humana y la cualidad humana profunda, como tendrá que ocurrir en las sociedades de conocimiento, tendremos una posibilidad de éxito.

EL SENTIR

El sentir sistema de señales y el sentir hondo

¿Cómo deben coordinarse estos diferentes aspectos del sentir humano para poder conducir a la dimensión absoluta y poder funcionar en la sociedad de conocimiento?

Cultivar la sensibilidad es la condición previa para poder cultivar la cualidad humana, la cualidad humana profunda y, sobre todo, para reconocer la noticia de la dimensión absoluta. Cultivar la sensibilidad general es relacionarse con las personas y las cosas sintiéndolas, no solo concibiéndolas para usarlas; es acercarse a sentir las cosas y personas porque están ahí, no solo por el provecho que se puede sacar de ellas.

Nuestra cultura empuja a cuantificarlo todo, a calcular en todo, a pensar qué beneficio se puede obtener. Es actitud lleva a no sentir el mundo, sino solo a utilizarlo. Es una postura utilitaria y pragmática que arrastra al egoísmo, que ni siente nada ni aprecia nada simplemente porque sí.

Si suponemos que la sensibilidad no está atrofiada por un crudo egoísmo, encontrarse frente al mundo y las cosas y personas genera una conmoción.

Analizaremos los componentes de esa conmoción.

Si fuera posible mirar y sentir el mundo antes de la formación del proyecto axiológico colectivo, que no lo es, en el individuo podríamos ver unos ojos inocentes y claros como los de los animales. Pero no es posible, porque sin el proyecto axiológico colectivo no tendríamos mundo. Cuando nacemos a la conciencia, operamos desde el proyecto axiológico colectivo que es necesariamente egocentrado, pero no necesariamente egoísta.

¿Ha habido en la historia de la humanidad algún proyecto axiológico colectivo no egoísta? No lo sabemos con certeza. Quizás el proyecto axiológico colectivo de puros cazadores-recolectores. Sabemos que era egocentrado a nivel de personas y de grupos. Sabemos también que el patrón-paradigma era «de la muerte violenta surge la vida», y que ese proyecto axiológico colectivo, propio de depredadores, es egocentrado pero no necesariamente egoísta.

Cuando los humanos están frente al medio sin el influjo negativo de un proyecto axiológico colectivo que sea a la vez egocentrado y egoísta, lo hace con todo su sentir indiferenciadamente: con el sentir sistema de señales y con el sentir hondo.

Esa noticia de todo lo que le rodea genera un sentir completo de maravilla por Eso que está ahí, que me incluye también a mí; y un sentir de que todo eso que está ahí puede servirme para sobrevivir.

Aparece un conocer-sentir maravillado e interesado que, después tenderá a escindirse en maravilla, respeto y veneración e instinto de sobrevivencia. Esos sentires aparecen desde el primer momento, a la vez, en una individualidad y en una no individualidad, por tanto, egocentrada de raíz pero no egoísta.

¿Cómo tendremos que manejarnos con ese sentir-mente para que la egocentración no nos arrastre al egoísmo?

No podemos dejarnos guiar por el sistema de señales que se manifiesta como una conmoción de sentimientos. Tendremos que dejar los sentimientos a un lado, aceptando la egocentración que proclaman y reconociendo que esos sentimientos no tienen nada que ver con el sentir hondo que es sin forma, porque su función es captar Eso informe en toda forma.

El sentir-mente hondo capta el misterio de las modelaciones que hace el sentimiento en todo lo que nos rodea. Por consiguiente, los sentimientos son de la individualidad, del ego y están al servicio del ego. Son incapaces de conducir a Eso sin forma, a la dimensión absoluta de nuestras propias modelaciones.

Los sentimientos están presentes, generalmente, en el arranque del sentir hondo, porque nuestro sentir es uno, luego los sentimientos han de dejar paso a que sea el sentir hondo el que conduzca a la dimensión absoluta.

Nuestro sentir hondo no es el sentir de nuestra individualidad, de nuestro ego, es el sentir de la mismísima dimensión absoluta que reconoce la dimensión absoluta.

Solo la dimensión absoluta puede conducir a la dimensión absoluta.

Los sentimientos, el ego, capta formas, modelaciones de la necesidad, pero no puede saber nada de lo que está más allá de las modelaciones.

Estas reflexiones nos conducen a poner en claro que la dimensión absoluta no va siempre acompañada de sentimientos, puede, y lo hace normalmente, progresar sin el acompañamiento de sentimientos.

La indagación de la dimensión absoluta se mueve, necesariamente, más allá de las modelaciones, que son modelaciones del ego, por tanto, deja frío al sentimiento. La indagación de la dimensión absoluta es la indagación de la irrealidad de todo lo que el ego da por real. Así va acallando el clamor de los sentimientos.

Sin embargo, cuando los sentimientos experimentan que lo que le conmocionaba se le apaga, se inquieta y protesta contra la gestión del sentir hondo, y pregunta qué hizo mal para que su fuego se apague.

Por su unión con el sentir-mente hondo, el sentimiento y las modelaciones van impregnándose de luz, de sentir silencioso y de certeza de lo verdaderamente real.

Podríamos decir que el sentir superficial, los sentimientos de ego no son estúpidos, son razonables y se van dejando convencer por la hondura de la luz y del sentir hondo. Ese proceso conduce a la unificación y a la paz. Se terminan las falsas realidades y los reclamos del sentir del ego.

Todo este proceso viene complicado por el proyecto axiológico colectivo vigente que es plenamente egoísta. Eso supondrá tener que nadar a contracorriente tanto en la mente como en el sentir, haciendo concesiones solo a la egocentración necesaria.

El sentir y la sociedad de conocimiento

Para tener noticia del mundo que nos rodea lo mejor es el sentir. La racionalidad modela el mundo para indagar sus posibilidades y saber cómo conocerla mejor y como utilizarla.

El sentir modela las dimensiones axiológicas de la vida humana y del mundo que nos rodea, para saber cómo vivir la capacidad perceptora y sensible del mundo y para conocer su misterio indecible.

La racionalidad se figura no estar constituida por su condición animal, intenta alejarse lo más posible de esa condición.

El sentir acepta su condición animal, así puede sobrevivir y utiliza esa condición para poder percibir, ver, tocar, sentir el misterio de la belleza en que vive.

En las sociedades que viven de la creación científica y tecnológica, el sentir queda fuertemente marginado, no se cultiva, el resultado de esta actitud es que un sentir primario, directamente conectado con las necesidades, rige los destinos de los individuos y de las sociedades fuertemente tecnificadas. Resulta que la gran sociedad científico-técnica de crecimiento acelerado está regida y orientada por un sentir de baja calidad. Esta situación puede resultar catastrófica para la evolución de la cultura.

Por consiguiente, para conseguir una orientación adecuada de las sociedades de conocimiento hay que cultivar temáticamente la sensibilidad, no hacerlo puede ser fatal para toda la vida del planeta, incluida la nuestra.

No cultivar el sentir genera una falsa idea de lo humano, se piensa que somos mentes racionales, con un sentir que hay que controlar por coerción mediante las leyes y la propia voluntad de la persona, a través del cultivo de la responsabilidad.

Como animales que somos, el sentir es el que, de una forma u otra, gestiona nuestras vidas, como individuos y como colectivos. Según eso, la antropología que de facto se sostiene, no es adecuada a las sociedades de conocimiento. Hemos de darle al sentir el papel que le corresponde en ese nuevo tipo de sociedades, porque debe ser el que las gestione.

Las ciencias y tecnologías no son capaces de guiar al sentir porque son disciplinas abstractas y el sentir no entiende de cosas abstractas.

El convencimiento antropológico de que somos animales dotados de una diferencia específica que es la competencia lingüística, nos abre las puertas al cultivo del sentir. Esa es la idea de lo humano que marca la necesidad del cultivo del sentir.

Sin cultivo del sentir no es posible cultivar la cualidad humana, porque la cualidad humana es sentir nuestra doble dimensión: la relativa a nuestras necesidades y la gratuita, no relativa a nuestras necesidades, la absoluta.

Hay que dejar en claro que la cualidad humana es sentir, y que la cualidad humana profunda también es sentir. Una mala antropología no advierte esto.

La dirección de las sociedades tecnocientíficas en continuo y acelerado crecimiento no depende de nuestro saber científico, sino de nuestro saber y sabor axiológico. Un sentir adecuado es la clave del éxito de las sociedades de conocimiento. Solo ese sentir adecuado evitará la destrucción.

¿Cómo cultivar ese sentir tan imprescindible partiendo de una antropología adecuada?

Mediante el cultivo del interés por todo ser; un interés que prescinde de la propia egocentración (D) para interesarse verdaderamente por las realidades y no por sí mismo; un interés (I) tan verdadero y tan admirado que silencia (S) todas sus interpretaciones previas y sus valoraciones (IDS).

Las artes son una gran ayuda para interesarse por todas las realidades de una forma gratuita, porque sí.

Servir a los humanos y todos los seres, porque sí, sin buscar nada para sí mismo, porque son dignos de ese servicio. Un servicio, a ser posible, sin condiciones.

Por último, es una gran ayuda para acrecentar el sentir, la meditación.

¿Qué es la meditación? Es la reflexión pausada de las realidades hasta poderlas sentir desde lo hondo, es decir, desde el silenciamiento de sí mismo; es aplicar la mente y el sentir, como una unidad, a todo lo que nos rodea y a las enseñanzas de los sabios, que ofrecen a la consideración verdades axiológicas.

El sentir que debe conducir a las sociedades de conocimiento, no es el sentir que funciona como sistema de señales para la sobrevivencia, sino el sentir hondo, que es gratuito.

Para poder gestionar las sociedades de conocimiento el sentir deberá conducir a la creación de un proyecto axiológico colectivo, adecuado a la nueva situación, que tenga en cuenta las sobrevivencias, en sociedades muy dinámicas, de los individuos y de los grupos y, a la vez, el bien de toda criatura.

El proyecto axiológico colectivo será inevitablemente depredador y simultáneamente cuidador de todos los seres. Y el proyecto axiológico colectivo ha de empujar a sentir todo este mundo gratuitamente, porque sí, porque es bello, inmenso, venerable.

Cómo quebrantar la resistencia del sentir que arrastramos de las sociedades preindustriales

La mente humana está conectada con la modelación de la realidad que todo viviente tiene que construir de la inmensidad en la que vive.

Pero, especialmente, el sentir está directamente conectado con la modelación de la realidad, según el modo de sobrevivencia, para asegurar la sobrevivencia.

El sentir lo vive todo animal como una descripción de la realidad, y lo vive así porque le es necesario para la urgencia del vivir. Las culturas preindustriales consagran esa interpretación, necesaria del animal, interpretando el proyecto axiológico colectivo del colectivo desde la epistemología mítica. Y bloquean todo posible cambio porque son culturas necesariamente estáticas, dándole al proyecto axiológico colectivo categoría de «revelado» por los antepasados sacralizados o por los dioses. Lo interpretan así también por necesidad animal. No es nada fácil construir un proyecto axiológico colectivo que funcione correctamente, y que esté largamente verificado durante generaciones. Es un gran riesgo, para la supervivencia, cambiar lo que verificaron los mayores.

Las sociedades preindustriales son estáticas, porque se orientan repitiendo el pasado, que es lo garantizado y lo revelado. Los humanos hemos vivido de esta forma desde la aparición del neolítico, posiblemente unos 15.000 años. No es de extrañar la resistencia, especialmente del sentir que es el responsable de la vida de los vivientes.

Se da una gran resistencia del sentir a vivir nuestras propias modelaciones de la inmensidad en la que vivimos como puras modelaciones y no como descripciones fidedignas de la realidad. Los garantes de esa interpretación son el sentir mismo, el proyecto axiológico colectivo recibido de nuestros mayores y la revelación.

A la vez sabemos, con certeza en las nuevas sociedades, que todos los animales tienen que modelar eso que hay a la medida de sus necesidades. Nosotros entramos en esa categoría de animales y, por consiguiente, en la necesidad ineludible de modelar el medio en que vivimos y el que nos rodea según nuestras necesidades y según la manera cultural que tenemos de satisfacer esas necesidades.

Sabemos, también con certeza, que la realidad modelada por nosotros no es lo que hay.

Simultáneamente tenemos noticia clara y también cierta de la dimensión absoluta, aunque no podemos ni concebirla ni representarla adecuadamente, solo podemos aludirla.

Además, en las sociedades de conocimiento necesitamos ineludiblemente adquirir la cualidad humana y la cualidad humana profunda, para poder gestionar los equipos y los equipos de equipos en los que es obligatorio organizar las sociedades de conocimiento. La marcha del crecimiento exponencial de las ciencias y de las tecnologías y sus consecuencias en las formas de vivir, pensar, sentir, y organizarnos, la tenemos que interpretar como pura modelación, no como una descripción de la realidad, que paso a paso se va aproximando a una descripción adecuada.

Esta última reflexión teórica equivale a negarse a reconocer que los vivientes no podemos salir de la modelación de la realidad. Todos los estadios de las ciencias y las tecnologías y sus consecuencias son siempre modelaciones de un viviente para poder sobrevivir, nunca podemos escaparnos de nuestra condición animal ni, por consiguiente, de la modelación.

Pero el sentir se resiste eficazmente a la luz de la mente. ¿Cómo quebrantar esa resistencia del sentir en los individuos y en los colectivos? ¿Qué se puede ofrecer a las gentes para que puedan quebrantar esa resistencia del sentir en las sociedades de conocimiento?

El trabajo consistiría en investigar cómo se puede quebrar esa resistencia del sentir, para no vivir en esa esquizofrenia. ¿Cómo unir mente y sentir, para poder vivir a fondo la doble dimensión y la realidad única de lo que hay?

Primero habrá que reflexionar seriamente sobre nuestra condición animal, que precisa modelar la realidad a la medida de sus necesidades. Porque no somos un compuesto de cuerpo y espíritu, ni tampoco su versión laica, cuerpo y racionalidad. Somos un animal al que la evolución dotó de competencia lingüística, como diferencia específica, sin nada más añadido.

Meditar profundamente en esa nuestra condición animal hasta comprender y sentir que como todos los animales tenemos que modelar la realidad según nuestras necesidades y tenemos que hacerlo según las diferentes formas culturales de satisfacer esas necesidades. No tenemos una comprensión directa de la realidad como si fuéramos un espíritu, ni como si fuéramos racionalidad.

Por consiguiente, lo verdaderamente real es una incógnita, un gran misterio.

Meditar hasta comprender y vivir su realidad vacía.

Ejercitarse en experimentar la doble dimensión.

Dejar que las cosas modeladas nos hablen de la dimensión absoluta. Las cosas, adecuadamente consideradas, es decir con IDS-ICS (interés, desapego, silenciamiento, indagación, comunicación y silencio), nos conducen a la dimensión absoluta.

Insistir todo lo que se pueda en la experiencia de la dimensión absoluta, que, aunque no sea ni definible, ni representable adecuadamente, es experimentable.

El sentir es resistente a causa de la modelación, que está directamente conectada con la sobrevivencia, por ello, no renuncia fácilmente a considerar las modelaciones desde la epistemología mítica.

Si no conseguimos quebrantar la resistencia del sentir, no nos libraremos de una cierta esquizofrenia, no conseguiremos una auténtica experiencia de la doble dimensión, y, como consecuencia, será difícil, sino imposible, dotar a los equipos y a los equipos de equipos de las sociedades de conocimiento de la cualidad humana y de la cualidad humana profunda que precisan para gestionar la marcha de crecimiento exponencial de las tecnociencias y sus consecuencias en todos los órdenes de la vida.

Las cosas nos dicen que no son cosas, que son nuestras modelaciones, que tienen que presentarse desde una epistemología mítica para poder ser expeditas y posibilitarnos vivir. Así hablan desde nuestra experiencia de la doble dimensión.

Desde la doble dimensión las cosas nos dicen que son nuestra modelación y que no lo son. Son nuestra modelación y, a la vez, el misterio mismo de los mundos independientemente de que los humanos modelemos o no. Todos los seres que surgen de nuestras modelaciones nos dicen lo mismo.

No somos nosotros los que construimos nuestra condición de animales lingüísticos, esa forma de ser surgió del misterio de los mundos.

La cualidad de cada modelación tiene tiempo y espacio porque es nuestra modelación, y no tiene tiempo y ni espacio porque es una pura forma de la dimensión absoluta, que es lo único que hay.

No hay fronteras infranqueables en ninguna parte

No hay fronteras infranqueables entre los que todavía vivimos y los que ya murieron.

No hay otro mundo.

No hay otro lado. Muertos y vivos estamos en el mismo lado.

No hay frontera alguna en ninguna parte.

No hay separación ninguna entre el mundo relativo de los vivientes y el mundo absoluto.

Tampoco hay frontera entre el que podríamos llamar mundo de lo divino y el mundo relativo de las criaturas.

No hay ningún tipo de separación entre dimensión absoluta y dimensión relativa.

No hay separación infranqueable entre el mundo de la individualidad, y el mundo de la unidad completa.

Todo es unidad.

Los muertos están cercanos, y no desaparecen.

No hay dualidad en ninguna parte, por consiguiente, no hay fronteras.

Todo son formas de Eso absoluto.

Fuera de Eso absoluto, no hay nada.

Estas reflexiones suenan difíciles de aceptar, pero es lo que dicen los hechos y la lógica.

La belleza y la sociedad de conocimiento

La belleza es la expresión de la más absoluta gratuidad de todo. En ese sentido podemos decir que es la expresión de la dimensión absoluta.

Todos los seres son bellos, porque en todos se expresa la dimensión absoluta.

Cada ser bello es testimonio claro de la dimensión absoluta.

Es la fuerza de seducción de los seres.

La belleza no se impone, solo seduce. Por eso la dimensión absoluta no se impone, solo seduce.

La belleza es la expresión de la dulzura de la vida y de los seres.

Es el gran regalo de la existencia.

Es el esplendor del misterio de los mundos.

Es el esplendor de la verdad de todos los seres.

Es la expresión del poder manso y dulce de la dimensión absoluta.

Es la expresión de la dimensión absoluta que necesitan las sociedades de conocimiento.

No se impone a las sociedades de conocimiento, seduce.

Todas las cosas llaman al silencio por su belleza.

Todos los seres bellos llaman a la bondad.

La belleza amansa.

La belleza clama a la verdad y al amor.

La belleza es sin nombre, como la dimensión absoluta.

Como la dimensión absoluta, se la puede reconocer, pero no nombrar.

El reconocimiento de la belleza es el camino para las sociedades de conocimiento para reconocer a la dimensión absoluta y no la creencia y la sumisión.

La belleza nos enseña que la seducción de todos los seres y de cada uno de ellos es el camino al reconocimiento y cultivo de la dimensión absoluta, no a aceptar creencias y someterse a ellas.

La seducción de la belleza acompaña siempre al reconocimiento de la verdad.

La belleza es un acontecimiento sensitivo, como la dimensión absoluta es un acontecimiento sensitivo.

Quien tiene una torpe sensibilidad, le resultará difícil reconocer a la dimensión absoluta, como tendrá dificultades para reconocer la belleza.

Las sociedades de conocimiento necesitan imprescindiblemente de la cualidad humana, que es un acontecimiento sensitivo; si reconocen torpemente y en raras ocasiones a la belleza tendrán dificultades serias con la cualidad humana y con la dimensión absoluta.

La belleza entrena y conduce a reconocer una verdad sin palabras ni formulaciones, que necesitan las sociedades de conocimiento para tener una base firme en los continuos y acelerados cambios en la interpretación de las realidades, en su valoración y en sus modos de vida.

Si las sociedades de conocimiento necesitan imprescindiblemente la cualidad humana y la cualidad humana profunda que es la experiencia de la verdad y la dimensión absoluta, necesitan igualmente de la experiencia de la verdad de la belleza.

Si se vive la dimensión absoluta como una experiencia sensitiva, se vivirá la belleza como una experiencia sensitiva, y a la inversa, si se vive la belleza como una experiencia sensitiva, se podrá aprender rápido a reconocer la experiencia de la dimensión absoluta como una experiencia sensitiva.

La belleza y la verdad son dos caras de una misma experiencia sensitiva.

La belleza en las sociedades de conocimiento se expresa en formas que, si bien se las considera abren a una realidad sin fondo. La dimensión absoluta, que es la verdad, se expresa en formas que, si bien se las considera, abren a la realidad sin fondo.

La belleza y la verdad, que son la dimensión absoluta, siempre se expresan en realidades limitadas, pero son y conducen a lo que es sin límites ni fondos.

En las sociedades de conocimiento, el cultivo y la educación para la belleza ha dejado de ser una actividad para el lujo, para la exaltación del poder, para la imposición del proyecto axiológico colectivo, o para el solaz, sino que pasa a ser algo imprescindible y central para los ciudadanos y para los colectivos.

La función del artista en las sociedades de conocimiento

El artista con sus obras pone de relieve la gratuidad del mundo y de la vida; lo gratuito está ahí, porque sí, sin razón alguna.

Es el hombre del porque sí, de lo gratuito. Es quien lo reconoce y lo dice.

Testifica que sintió la dimensión absoluta y lo ofrece para que otros lo verifiquen.

Es el seducido por la dimensión absoluta, en esto de aquí, no se va a otro mundo.

Cuanto más se deja seducir, más artista es y más hace presente a la dimensión absoluta.

Está seducido, no sometido.

Sus obras introducen en el silencio.

Sus obras llaman a la bondad.

Sus obras proclaman la verdad y dan forma a la verdad.

Sus obras proclaman y enseñan la libertad de toda sumisión.

Sus obras dan testimonio de la fidelidad a la verdad sin forma.

Sus obras son la prueba de que esto mismo es la verdad, tal como viene.

Que la verdad no es ninguna sumisión a nada.

Son la prueba de que la verdad es tan sensitiva como la belleza.

Preparan al conocimiento de la verdad.

Expresan que la belleza es la verdad.

Las sociedades de conocimiento necesitan imprescindiblemente de la dimensión absoluta, por esa razón necesitan de la belleza que expresa el artista.

Sus obras son ilimitadas, porque son sin fondo.

Sus obras son prueba de que las realidades, por su belleza, muestran al ser sin fondo de todo.

El artista educa en la belleza, que es educar en la verdad, que es educar en la experiencia de la dimensión absoluta.

El artista es más imprescindible en las sociedades de conocimiento que los científicos y los tecnólogos.

Sirve más a la sociedad que los políticos.

Es el maestro del reconocimiento del misterio de los mundos.

Es el maestro de la verdad sin forma, de la cualidad humana y de la experiencia de la dimensión absoluta.

Esto de aquí es la verdad

La experiencia de la doble dimensión provoca la mayor revolución posible.

La experiencia de la doble dimensión destruye la milenaria organización agrario-autoritaria.

Desarticula el orden de lo profano y lo sagrado.

Modifica radicalmente el sistema de valoración de las personas.

Cambia el sistema de finalidades individuales y colectivas. Fuerza a que se transite del criterio de «poseer» al criterio de la cualidad humana.

Anula el egoísmo como eje de la vida individual y colectiva y lo sustituye por la interdependencia.

Afirmamos que «esto» que nos rodea es la verdad. ¿Qué queremos decir?

Que la verdad no es ni una formulación de palabras ni una fórmula escueta.

Que no es una formulación religiosa, ni científica, ni de vida cotidiana.

Que no es algo trascendente ni una entidad de otro mundo.

Que no es nada ni es nadie.

La verdad es lo que hay verdaderamente, no son especulaciones sobre esto que nos rodea, ni imágenes sobre esto, ni supuestos, ni creencias reveladas.

Es esto, tal como viene después de las deformaciones y el mal trato humano.

No es nada elaborado desde metalenguas humanas o por la mente humana.

Es todo esto que nos rodea, nosotros mismos y la inmensidad de los mundos.

No es nada de elaboración humana.

No sabemos qué es todo esto, solo sabemos acotarlo a nuestra medida, objetivarlo, modelarlo.

Ni siquiera sabemos si es o no es, porque también eso es una modelación animal.

Sabemos de nuestras modelaciones, pero no sabemos qué es lo que modelamos.

Sabemos algunas cosas de la inmensidad de los mundos, pero solo lo que con grandes trabajos modelamos, qué sea eso que modelamos, no tenemos ni idea.

Sabemos los datos científicos de nuestro cuerpo, de nuestra psicología, de nuestras organizaciones, de nuestros valores, de las galaxias, del pluriverso, etc. pero todo ese cúmulo de conocimientos son modelaciones nuestras, lo que haya más allá de eso, no sabemos.

De la inmensidad de los mundos sabemos lo que modelamos, y lo que modelamos no es lo que es todo Eso de ahí. Lo que modela un animal, no es lo que hay.

¿Qué es lo que hay? No lo sabemos, porque no lo podemos modelar.

¿Qué es, entonces, la verdad?

Una presencia indudable e indescifrable, cierta, oscura. Una presencia, que es también clara, porque se dice en nuestras propias modelaciones, porque nuestras modelaciones son también parte de esa presencia indescifrable.

Nuestras modelaciones del misterio son el mismo misterio.

Esta verdad oscura y clara, es maravillosa.

Lo que vemos, sentimos, tocamos que nos parece existente, que son nuestras modelaciones, son, directamente, el mismísimo misterio de los mundos.

Parece que se genere una doble dimensión en nuestra percepción de la realidad, pero son una única realidad, el misterio de los mundos. Consiguientemente, esto que vemos y tocamos, esto que sentimos, es el misterio de los mundos, el misterio de todo, la verdad.

La verdad no es ninguna formulación, es esto mismo, tal como viene.

¿Qué consecuencias tiene esto?

Si esto, tal como viene, es la verdad, para volverse a la verdad no hay que volverse a revelaciones divinas ni a dogmas, ni a formulaciones ideológicas o científicas, hay que volverse a las cosas.

Las cosas de este mundo nos hablan, sin palabras, del misterio de los mundos. Nos dan noticia sensitiva de ese misterio.

Nuestro sentir recibe esas noticias y nuestra mente las confirma.

Según estas reflexiones, volverse a las cosas es volverse al misterio que es expresa en esas cosas, es volverse a la dimensión absoluta, volverse a la verdad.

Hay que volverse individual y socialmente a las cosas, para organizar nuestra vida según lo que nos dicen esas cosas.

¿Qué nos dicen las cosas?

-Que son nuestra modelación,

-que esa modelación nuestra no es modelación de nadie que no sea el mismo misterio de los mundos inmensos,

-que, en cuanto modelaciones animales, son relativas a nuestras necesidades, pero a la vez las modelaciones son la presencia misma del misterio de los mundos, son absolutas,

-que nuestras modelaciones relativas a nuestras necesidades son, a la vez, absolutas,

-que son la presencia ahí del misterio de los mundos,

-que lo que dicen a nuestra estructura de seres necesitados, lo dicen del misterio mismo,

-que las cualidades que las cosas ofrecen son cualidades del misterio de los mundos,

-que ellas revelan el misterio oculto,

-que quienes las investigan, investigan al absoluto mismo,

-que son la inmediatez del misterio absoluto, sin nada interpuesto,

-que la idea que me hago de mí mismo es mi propia modelación, pero esa modelación es la expresión sensitiva e inmediata del misterio mismo,

-que yo soy eso, y solo eso,

-que los sistemas humanos de modelaciones, de proyectos axiológicos colectivos, no son pantallas que oculten la inmediatez del misterio de los mundos,

-que de todas las cosas no hay otra fuente y otra realidad que el misterio uno de los mundos,

-que todo es directamente ese uno.

Necesidad de un nuevo humanismo

Con crisis religiosa, no pasajera sino definitiva; con crisis igualmente definitiva de las ideologías; teniendo que crear, al paso acelerado de las tecnociencias, nuestros propios proyectos axiológicos colectivos, sin ayuda exterior de ningún tipo, no nos queda otra solución que volvernos a las cosas, solo ellas pueden ayudarnos a saber cómo hemos de vivir.

¿Dicen algo las cosas?

Nadie nos dirá como organizar y vivir nuestra vida, solo el mundo de las cosas nos puede orientar nuestro vivir.

El inmenso mundo de los seres no es como una pared opaca y muda, el mundo de los seres es un concierto de cualidades que nos pueden hablar, sin palabras, de nuestro mundo cualitativo. El inmenso mundo de los seres expresa y canta en silencio una canción única.

El inmenso mundo de lo existente nos dice con claridad e insistencia que la totalidad de la realidad y cada uno de los seres se no presenta como Jano, con doble rostro. Un rostro orientado con eficiencia a nuestra sobrevivencia de animales, y el otro rostro nos habla del misterio indescifrable de la inmensidad de los mundos.

Ese doble rostro, en una unidad, es el gran mensaje que debe guiar todos los aspectos de nuestro vivir bifronte.

El mundo para nosotros tiene una doble dimensión y una única realidad: la dimensión absoluta de lo real, el misterio inmenso de los mundos.

Ese doble acceso, que nos constituye como humanos, exige un nuevo humanismo que se diferencie del humanismo renacentista y del humanismo generado por la ilustración.

Estas dos formas de humanismo responden a dos antropologías diferentes: la antropología que interpreta al humano como una composición de cuerpo y espíritu, y la antropología que interpreta al humano como un ser racional.

A estas dos antropologías corresponden dos interpretaciones del conocimiento: el conocimiento como captación de la esencia de la realidad, y el conocimiento como comprensión racional de esa misma realidad, especialmente a través de las ciencias.

El reconocimiento de nuestro doble acceso a la realidad, como constitutivo esencial de nuestra condición humana, exige que nos planteemos un nuevo humanismo.

Para poderlo hacer adecuadamente repasaremos los rasgos esenciales de los dos grandes humanismos que nos han precedido: el humanismo renacentista del siglo XIV y XV italiano, y el humanismo ilustrado del siglo XVIII y XIX francés, alemán e inglés. Estos dos humanismos tuvieron antecedentes y los dos se extendieron por toda Europa.

Humanismo renacentista

Se plantearon qué significa ser humano. Abandonaron la perspectiva teocéntrica para poderse centrar en el estudio de lo humano. No fue un planteo en contra de la religión, sino centrado en el humanismo. Interesó lo humano por encima de lo religioso. Fue una investigación racional, no religiosa.

Se centraron en el individuo autónomo, librepensador, un individuo cristiano pero crítico. Crítico incluso con los escritos clásicos que fueron la fuente de su pensamiento.

Fue una corriente alternativa al pensamiento de la iglesia medieval. Supuso un rechazo de la filosofía escolástica y de toda la cultura eclesiástica medieval.

Pusieron el énfasis en la individualidad autónoma, en su capacidad racional, en su «virtus» y responsabilidad cívica.

Frente al pesimismo religioso medieval del hombre como pecador, adoptaron una actitud confiada y optimista de fe en las posibilidades humanas.

La ciencia adquirió una gran importancia.

Se estudió con gran interés los escritores clásicos greco-romanos, su arte, su poesía. Esa fue su fuente de inspiración.

Se defendió la separación de la política y de la Iglesia.

Hubo un gran interés por la mitología griega y romana, pero no fue interés religioso sino literario, artístico, humanista.

La educación fue un centro de interés. Se defendía una educación para todos, no solo para las elites.

Humanismo ilustrado

Al siglo XVII se le llamó la era de la razón, al siglo XVIII se le llamó el siglo de las luces, en el XIX se desarrollaron las grandes revoluciones (la norteamericana, la francesa y la revolución industrial inglesa).

Se defiende la soberanía de la razón y su importancia para salir de la ignorancia, la superstición y la tiranía. El instrumento principal es el método científico.

El ideal ilustrado es la expresión «sapere aude». Atrévete saber. Que las personas tengan la voluntad y la libertad para pensar usando su propia razón.

La preocupación sociopolítica es central y abordada desde la razón. El individuo y la razón es el instrumento para plantearse la libertad, la igualdad, la fraternidad de todas las personas y una tolerancia completa.

El individuo y su capacidad racional es el centro de la cultura y el medio para plantearse las revoluciones políticas necesarias para que la sociedad se ponga al servicio de las personas y de las asociaciones libres.

Se margina y se critica a la religión como contraria al uso de la razón y como fundamento de la tiranía.

Se cultiva un antropocentrismo optimista, apoyado en la fuerza de la razón. La luz de la razón es la fuente del progreso y de la felicidad.

Como que el rasgo esencial humano es su capacidad racional, se profesa un universalismo sin fronteras.

La esencia de los seres humanos es su capacidad racional, y la cultura es el desarrollo de la racionalidad, ayudada por el desarrollo de las ciencias.

El humanismo de la experiencia explícita de la doble dimensión de la realidad

La nueva situación de las sociedades de conocimiento comporta la posibilidad de la experiencia de la doble dimensión de la realidad.

En la experiencia de la doble dimensión se vive diferenciada la dimensión relativa a nuestras necesidades de vivientes y la dimensión absoluta que es la dimensión de lo real no relativa a nada.

Se vive también la experiencia de que la dimensión relativa de lo real no es real, porque es solo una modelación de esta inmensidad a la medida de la necesidad de los vivientes.

Es también un dato de experiencia que la dimensión absoluta es lo único real y que es la fuente de todo.

La dimensión absoluta no es creadora, porque no hay dualidad.

Nuestra humanidad no es el fruto de una composición de cuerpo y espíritu, en la que lo definitivo es el espíritu; ni es tampoco una composición de animal y racionalidad en la que lo definitivo es la racionalidad.

Somos solo un animal entre animales, pero con una diferencia específica, que es nuestra competencia lingüística. Somos animales y nada más que animales, pero constituidos en nuestra naturaleza animal por nuestra condición de hablantes.

Gracias a esa nuestra condición de hablantes accedemos a una doble dimensión a de lo real en el que lo definitivo es el reconocimiento de la dimensión absoluta y el reconocimiento y experiencia de que nosotros somos Eso.

Lo que nos caracteriza y lo definitivo para nuestra vida individual y colectiva y para toda nuestra cultura, no es nuestra naturaleza de espíritu, ni nuestra condición racional, sino nuestra condición de animales que reconocen la dimensión absoluta de todo lo real y que reconocen que nosotros mismos somos Eso.

Esto es lo que debe definir y caracterizar nuestra humanidad. Ese es el fundamento de nuestra humanidad.

Somos formas de lo absoluto, sin nada añadido. Y nuestra condición animal es Eso y solo Eso.

Nuestras relaciones intersubjetivas son relaciones de interdependencia de lo que, en realidad, son puras formas del absoluto. Como seres vivientes somos interdependientes entre compañeros de equipo, entre equipos y equipos de equipos, somos interdependientes con el medio y con el cosmos entero, pero como formas del absoluto somos unidad.

Todas nuestras organizaciones, instituciones y estructuras culturales deben fundamentarse en esa interdependencia y en esa conciencia de unidad. Estas son las dos dimensiones de nuestro acceso a la realidad en las sociedades de conocimiento. Dos dimensiones que son una única realidad, la dimensión absoluta, el misterio único de los mundos, el que es, lo que es.

El fundamento de nuestra humanidad y de toda nuestra cultura es la experiencia de la doble dimensión y el reconocimiento de que esas dos dimensiones son una única realidad, la dimensión absoluta.

Si se ignora el dato de esa doble dimensión y se pretende seguir con la idea de que los humanos somos racionalidad conducida por las ciencias y técnicas, el egoísmo de nuestra supuesta individualidad nos conducirá a una catástrofe provocada por el crecimiento exponencialmente acelerado de las tecnociencias y sus consecuencias en nuevos productos y nuevos servicios. No tenemos alternativa.

EL TIEMPO-ESPACIO

Relación del tiempo y el espacio

Si hay tiempo es porque algo o alguien tiene un espacio que recorrer. Si no hay espacio que recorrer por algo o alguien, no hay tiempo.

Si hay algún tipo de individuación, puede haber espacio y puede haber tiempo. Si no hay ningún tipo de individuación, no puede haber ni espacio, ni puede haber tiempo.

Eliminar la individuación es eliminar el espacio y el tiempo.

El tiempo-espacio geológico y biológico

Todo lo que objetiva y representa nuestra mente es modelación de un animal necesitado. Todo. La raíz de toda modelación es la necesidad del viviente.

Según esto, también la ciencia es modelación. Toda.

El tiempo-espacio es hijo de la necesidad y de la modelación.

¿También el tiempo-espacio de las ciencias de la formación de la tierra? ¿También del que se habla en la evolución de la vida?

Estas disciplinas, como todas las disciplinas científicas, pretenden describir la realidad y tratan de verificarla. Por tanto, el tiempo-espacio cósmico y biológico pretende ser una descripción de la realidad que busca poderla verificar.

A pesar de todas estas pretensiones, las ciencias no se libran de ser modelaciones de un depredador terrestre. Son descripciones del cerebro y sentidos de un animal necesitado que no puede escapar de su carácter esencial de modelaciones.

Las verificaciones de las construcciones humanas, sean mitos, ideologías, proyectos axiológicos colectivos o ciencias, tampoco escapan a las modelaciones y se puede decir, a pesar de ello, que pueden ser verificadas.

Los mitos se verificaron y lo mismo puede decirse de las ideologías y las ciencias, porque a través de ellas, los humanos sobrevivieron.

Si los humanos sobrevivieron a través de esas construcciones es que eran, de alguna forma, adecuadas; si son construcciones adecuadas, están verificadas.

Sin embargo, aunque podamos hablar de que hay construcciones, disciplinas adecuadas y verificadas, ninguna de ellas puede escapar de las características de nuestro cerebro, de nuestro aparato sensible y operativo y, por tanto, no pueden escapar de las modelaciones de un viviente.

El tiempo-espacio cósmico y biológico es, también, modelación.

El tiempo y el camino a la dimensión absoluta

Hay que relajar las ocupaciones para ganar tiempo.

Para hacer el camino a la dimensión absoluta, que es la sutilidad, se necesita disponer de tiempo, de una forma semejante a como para establecer una relación profunda con una persona se necesita que el tiempo discurra lento, que haya espacios en que uno esté con esa persona, porque sí, sin hacer nada ni pretender nada, solo estar juntos. Se necesita tiempo para ver, para advertir, para sentir la presencia del otro.

Algo así ocurre con las cosas que nos rodean. Se necesita no ocupar continuamente la mente y el corazón, para tener la ocasión de oír a las cosas porque hablan quedo.

Hay que aprender a perder el tiempo, a no hacer nada, a vagar con la mente y el sentir, lúcidos, porque ese vagar es silencio. Que la mente y el sentir vaguen, sin pretender nada. Mirar, solo mirar; sentir, solo sentir, porque sí, para nada.

Estar siempre ocupado haciendo cosas serias, estar siempre leyendo, estudiando, trabajando sin permitirse dejar tiempo libre, es un error. ¿Para qué hacer tantas cosas? ¿Para qué leer y escribir mucho? Todo se pierde como agua derramada en el desierto.

Hay que dar tiempo para ver y sentir más allá del tiempo-espacio. Si no se les deja tiempo a los seres para que hablen, no se les escucha.

Perder el tiempo es parar el tiempo. Quien para el tiempo, para el espacio.

Quienes aprovechan su tiempo al minuto, no les queda tiempo para ver y sentir.

El secreto de las cosas no se entrega, si no le das tu tiempo.

Trabajar y vivir con calma abre espacios a perder el tiempo, a vagar por el cielo y la tierra y todo lo que contienen. Perder el tiempo para tratar y conocer las realidades; sin querer interpretar, usar, servirse de todo, es mostrar que las reconoces y las amas. Entonces revelan su secreto.

Vagar para ver y sentir es parar el espíritu depredador; es expresar el amor a las cosas; es parar la proyección de modelaciones sobre ellas; es abrir las puertas del cielo y la tierra; es confesar que su misterio se merece que dediquemos nuestro tiempo para poderlo escuchar; es mostrarles que estamos a la escucha; es confesarles nuestro amor; es pedirles que hablen de sí mismas, que nos hablen de la unidad, porque la unidad es amor.

Reservar tiempo para vagar entre las cosas, para tratarlas y sentirlas es silenciar nuestra estructura de deseos y temores, es dejar a un lado nuestro egoísmo para poder discriminar y sentir la dimensión absoluta de todo.

Para hacer el camino a la dimensión absoluta, hay que aprender a perder el tiempo, pero con un espíritu lúcido y desinteresado por todos los seres, porque sí, porque están ahí.

Perder el tiempo con esa actitud es aproximarse al «no tiempo, no espacio».

Una reflexión más sobre el espacio-tiempo

Todos los vivientes dualizan (el viviente y el medio en que sobrevive) y extienden el espacio-tiempo para poder sobrevivir. Los humanos, como vivientes que somos, también dualizamos y esa dualización la situamos en un espacio-tiempo.

Esas categorías, en las sociedades de conocimiento, no pueden interpretarse desde la epistemología mítica porque todo lo que los vivientes construyen, según sus necesidades y según su especie, son modelaciones no descripciones de la realidad. Los humanos estamos sometidos a esta ley general de todos los vivientes.

La construcción de nuestro mundo depende de nuestra condición de animales, constituidos como tales por nuestra competencia lingüística, y por las condiciones de sobrevivencia (nuestros mundos culturales), esa construcción es también una modelación, no una descripción de la realidad. Modelamos nuestra cotidianidad y también los mundos científicos, ambos son modelaciones, no descripciones de la realidad.

Todas nuestras modelaciones, contando también las ciencias, dualizan y sitúan las realidades en el tiempo-espacio, que también es modelación, no descripción de la realidad.

Según estas reflexiones, los mundos que abren nuestros saberes no son lo que hay, sino lo que unos vivientes terrestres modelan para sobrevivir mejor.

Hay más de lo que dicen todos nuestros saberes, y ese más es lo que no llegamos a modelar, lo que no hemos dualizado ni situado en el tiempo-espacio. «Eso» más allá de nuestros saberes es la fuente absoluta de todos nuestros mundos de vivientes. Es el misterio de los mundos, sin dualidad y sin espacio-tiempo.

La dimensión absoluta no admite dualizaciones ni admite espacio-tiempo, no admite ni siquiera la categoría de ser o de no ser. Estas categorías, tan generales, también son modelación humana, tampoco son descripción de la realidad.

LA MUERTE

A qué no tener miedo y a qué sí

El miedo paraliza e impide la entrega. Quien sabe que su ser es una pura forma de la dimensión absoluta, ¿a qué tendrá miedo? Quien sabe que su ser es el misterio de los mundos, sin nada añadido, ¿a qué tendrá miedo?

El miedo acompaña a la conciencia de individualidad, al supuesto de que se es alguien venido a este mundo. Quien se cree alguien, que es así o asá, tendrá miedo.

Quien tiene miedo, actúa con reservas y genera agresividad. Sin miedo no hay agresividad.

Quien tiene miedo se ofende con facilidad. Quien no tiene miedo, no se ofende.

Quien tiene miedo es precavido, no puede ser verdaderamente atrevido.

El timorato difícilmente entrará en el camino de la intemperie.

Qué difícil es para el timorato quedarse sin agarraderos de creencias, ideas y sentimientos intocables.

Quien se sabe «Eso no dos», el ser del ser, uno en el Uno, la dimensión absoluta de todo lo real, no teme a la muerte. La muerte, para él, es el despertar definitivo, el final de una supuesta entidad, la liberación de las rutinas necesarias para un animal necesitado es el encuentro con lo que siempre estuvo con él, la liberación del tiempo-espacio, el silencio de los deseos y expectativas, la paz, el descanso definitivo.

¿Qué no es la muerte?

La catástrofe fatal para un viviente, la aniquilación y la nada, la podredumbre y descomposición del cuerpo, el apagón definitivo de la luz, del pensar y del sentir, el enterramiento, la cremación y el olvido.

La muerte no es esa imagen atroz y tétrica que tienen los humanos cuando se creen alguien venido a este mundo y del que la muerte es la salida definitiva.

Cuando se comprende que no somos nadie venido a este mundo, que somos breves momentos del misterio de los mundos que pasan por una ignorancia necesaria: tener que creerse alguien frente al mundo de realidades de las que precisa vivir. Esa ignorancia necesaria es también la dimensión absoluta, el misterio de los mundos, que se muestra en todos los momentos de esa vida necesariamente ignorante.

La muerte pierde su aguijón cuando se desvela como servidora de la vida, como momento de manifestación de la dimensión absoluta.

Nada puede arrebatar la muerte a quien se sabe y se vive uno con el Uno.

Quien no teme a la muerte, no teme a la vida. Quien no teme a la vida está abierto a la entrega confiada a las grandes causas.

¿A quién hay que temer?

Las sociedades agrario-autoritarias tuvieron que construir una figura de la dimensión absoluta de acuerdo con su proyecto axiológico colectivo jerárquico. Se figuraron a la dimensión absoluta como un señor absoluto que les ofrece-impone un proyecto axiológico colectivo de sumisión y coerción. Dios es el que imponía la organización autoritaria, las leyes, las normas de vida. Él es el Señor, legislador y juez. Quienes desobedezcan serán castigados con el fuego eterno, quienes obedezcan recibirán en premio el Paraíso.

El eje de este tipo de proyecto axiológico colectivo era la sumisión sin condiciones al Señor y a sus representantes. El temor de Dios era la garantía del buen funcionamiento de la sociedad.

A ese Dios había que temerle.

Cuando el término «Dios» es un nombre tradicional y convencional para mentar a la dimensión absoluta pero no es una entidad, sino la dimensión absoluta de todo lo real, el ser de todo lo existente, a ese Dios no hay que temerle.

¿Cómo temeré a mi propio ser, a lo que no es «otro» de mí? A ese Dios hay que despertar, no temer.

¿A qué hay que temer de verdad?

A la ignorancia de creerse alguien. Quien se cree alguien llegado a este mundo, suponiéndose realidad, da realidad a todos los seres que le rodean. Se supone un ser venido a este mundo de cosas, de las que dependerá su vida.

Quienes se suponen un ser en un mundo de seres, se ven impedidos para discernir la dimensión absoluta en el seno de sus propias modelaciones de todo lo que le rodea. Si es incapaz de discriminar en su propio mundo, en la dimensión relativa a sus necesidades, tiene que lanzar la dimensión absoluta a la trascendencia de ese su mundo. Entonces, Dios es un ser «otro» de todo lo existente, es creador, señor y juez.

Es importante recordar que no hay ningún humano que no tenga, en un momento u otro de su vida, la noticia de la dimensión absoluta.

Todo este proceso es la lógica del proyecto axiológico colectivo autoritario, no es, en absoluto, la descripción de la naturaleza divina.

En consecuencia, quien se supone un ser real venido a este mundo y no una simple modelación de un viviente para poder sobrevivir, un mero supuesto, está imposibilitado por la epistemología mítica para poder discernir.

La única manera que tendría para aprender a discernir aquí, la dimensión absoluta de la dimensión relativa es que alguien le hable y le enseñe que aquí hay mucho más que lo que tiene que modelar un ser necesitado para sobrevivir.

Si nadie le habla de esa discriminación no meramente conceptual sino en su sentir y en su persona toda, y si él es no capaz de escuchar, esa carencia marcará su destino.

En realidad ¿qué más da que despierte a su auténtica condición o no despierte a ella en toda su vida? Lo que es, es, sea consciente de ello o no lo sea.

El precio de vivir en la ignorancia es el sufrimiento y el temor a la muerte.

La ventaja de despertar es el gozo, la paz y el no temor a la muerte, la ausencia de miedo y la posibilidad de entrega confiada a las tareas que se proponga.

El resultado de estas reflexiones es que no hay que temer ni a la vida ni a la muerte. Porque la vida es Eso, Él. Y la muerte es Eso, Él.

Las creencias y el temor a la muerte

Pretendo reflexionar el caso de un amigo muy creyente aterrado frente la muerte inminente.

He podido verificar que las creencias no son suficientes para eliminar el miedo a la muerte.

Las creencias no pueden generar la discriminación sensitiva y experiencial de las dos dimensiones de la realidad, porque son abstractas y no llegan al sentir, que es la causa del temor a la muerte.

El miedo a la muerte es signo claro que no se ha discriminado las dos dimensiones de la realidad. El miedo a la muerte, cuando estás en sus puertas, puede ser atroz.

Es también signo de que la epistemología mítica está fuertemente vigente. Es signo de que, a pesar de las creencias, no se ha experimentado claramente la dimensión absoluta, o se hizo hace tanto tiempo que se ha prácticamente olvidado.

El miedo a la muerte es un error que puede hacer sufrir mucho.

El miedo a la muerte muestra a las claras que uno se cree ser alguien. Muestra a las claras que no se acepta la humillación que supone la muerte, porque la muerte humilla a quien se cree alguien.

Para quien se cree alguien, la muerte es una catástrofe incomparable.

La experiencia de la próxima aniquilación crea un terror que las creencias no son capaces de mitigar.

La fe comporta discriminación y puede presentarse sola, pero puede aparecer como fe-creencia.

La fe-creencia supone la discriminación confiada y la entrega que va unida a una figuración proporcionada por el proyecto axiológico colectivo correspondiente.

La fe-creencia puede ser completa y no requerir nada más.

La sola creencia no puede realizar la discriminación y así no puede mitigar la brutalidad de la muerte.

La fe-creencia puede alejar el miedo a la muerte, la creencia sola no.

Mi amigo fue en luchar por la justicia un creyente firme, un hombre honrado y servicial, seguramente tuvo la experiencia de la fe-creencia en algunas etapas de su vida. Lo extraño es que cuando enfermó surgió en él un terror a la muerte.

Me despedí de él la vigilia de su muerte, parecía que estaba sin conocimiento, pero cuando le dije quién era, parece que me reconoció y agarró mi mano con una gran fuerza, cogiéndola de una forma y otra hasta hacerme daño.

Fue para mí una experiencia horrible sentir que, con los ojos cerrados, me cogía la mano con tanta fuerza, sin quererla soltar a pesar de mis esfuerzos, me cogía como quien quiere agarrase a algo vivo para no hundirse en el abismo de la aniquilación.

Por lo que conocía de él, no debiera tener terror a la muerte, pero me mostró que lo tenía. ¿Cómo fue posible?

¿Había perdido la discriminación que proporciona la fe-creencia? ¿Cómo pudo quedarse solo con la creencia?

¿Temió al Dios justiciero que figura la creencia? Parecía no tener que temer nada.

Lo que le ocurrió en el último momento de su vida es para mí un enigma.

¿Dónde está mi amigo que murió hace unos días?

En tiempo de las sociedades preindustriales estáticas, las creencias reveladas por los dioses o por los antepasados sagrados eran el fundamento de su estaticidad y de la prohibición de introducir innovaciones importantes en esa forma de vivir.

Esas sociedades tuvieron que asimilar la muerte, hacerla visible y comprensible para sus colectivos. Para realizar esa tarea, central en la vida de los colectivos e individuos, partieron de las creencias religiosas. Hablamos de nuestra cultura occidental.

Los rasgos centrales de la mitología religiosa, por lo que se refiere a la muerte fueron: un Dios creador nos puso en este mundo; nos dio un proyecto axiológico colectivo, y unos preceptos a los que deberíamos someternos, como impuestos por el Señor Dios. Dios Padre nos envió a su Hijo para que, con su muerte en cruz, nos redimiera y nos salvara. El Hijo de Dios nos dio preceptos y consejos; quienes se sometan y obedezcan se salvarán, resucitarán después de su muerte y vivirán eternamente en el paraíso de Dios. El Hijo de Dios juzgará a vivos y muertos y su juicio dirá si se han sometido o si han sido rebeldes. Quienes no se hayan sometido, serán castigados con el fuego eterno.

Esta interpretación y valoración de la muerte, surgía de un tipo de sociedad: las sociedades preindustriales, estáticas, autoritarias y jerárquicas. Funcionó mientras duraron esas sociedades. Lo central de esta lectura de la muerte fue la creencia de que un Dios-Señor imponía la sumisión y, mediante ella, prometía la vida eterna. El fundamento de la capacidad explicativa de la muerte y su resolución era la creencia y la sumisión. Mediante la creencia y la sumisión se lograba la aceptación de la muerte, gracias a la resurrección y al premio eterno.

El mito suavizaba la dureza de la muerte, motivaba la moralidad, y solventaba problema que presenta para los humanos con la resurrección y el premio del paraíso o el castigo del infierno.

Cuando deja de existir ese tipo de sociedades y son sustituidas por sociedades de innovación y cambio constantemente acelerado, las sociedades de conocimiento, ya no es posible apoyarse en la creencia, en los mitos que hablan de la muerte. Si no es posible apoyarse en creencias reveladas, habrá que apoyarse en datos. No nos queda otra posibilidad.

En la actualidad, nuestros contemporáneos no tienen ningún procedimiento acreditado para defenderse, mitigar y asimilar la muerte; tienen que aguantar a pecho descubierto su rudeza.

¿Qué datos de nuestro vivir pueden sustentar la tarea de hacer vivible y asimilable la muerte?

Los datos son claros y sólidos: nuestra noticia y experiencia de la doble dimensión de nuestro acceso a la realidad: la dimensión relativa de nuestro vivir y, sobre todo, la dimensión absoluta de nuestro vivir.

Tendremos que sustituir las venerables narraciones míticas religiosas apoyadas en la creencia de su revelación divina, por narraciones, que no podrán apoyarse en ningún tipo de creencias.

Las narraciones que construyamos, como las que construyeron nuestros antepasados, no pretenderán describir la realidad de la muerte y de su posible resolución, sino únicamente iluminar y conmover nuestra mente y sentir, individual y colectivamente, para que podamos aceptar y vivir la muerte no como nuestra enemiga, sino como aliada de la vida. Estas nuevas narraciones deben tener fundamento claro en el dato antropológico de la dimensión absoluta de la realidad.

Vamos a intentarlo.

Partiremos de la noticia-experiencia del acceso humano a la doble dimensión. También es noticia-experiencia que la dimensión relativa de la realidad es una pura modelación vacía de entidad propia; que la fuente y la realidad de todo lo que existe es la noticia-experiencia de la dimensión absoluta de la realidad.

Si la realidad de todo es la dimensión absoluta entonces lo que no es la dimensión absoluta es solo una modelación nuestra, que solo existe en nuestra mente y en nuestro sentir. Toda modelación está vacía de entidad propia. Si todo es modelación nuestra vacía de entidad propia, debemos concluir que no hay nacer y morir, porque la dimensión absoluta, que es la realidad de todo, ni nace ni muere. Según estos datos, nadie ha venido a este mundo y, consiguientemente, nadie se va de este mundo. Los supuestos sujetos y objetos de nuestro mundo modelado son solo eso, modelaciones necesarias a nuestra condición animal para poder sobrevivir. Nada de nuestro mundo es real, lo único real en toda esta construcción nuestra es la dimensión absoluta. Y de la dimensión absoluta no podemos decir que sea o no sea, porque ser y no ser son categorías de nuestro mundo de supuestos sujetos y objetos; por consiguiente, esas nociones no pueden ser aplicables a nuestra noticia-experiencia de la dimensión absoluta.

Todo lo que damos por existente es una forma de la dimensión absoluta en nuestro mundo de espacio-tiempo. Todo lo que damos por real, todo lo que modelamos para construir un mundo para nuestra necesidad de vivientes, no es más que el inmenso misterio de los mundos.

Si todo es forma de lo absoluto, carente de otra realidad que no sea eso absoluto, no hay nacer o morir.

Cada ser es modelación nuestra, y toda modelación nuestra es solo una manifestación de la dimensión absoluta en el tiempo-espacio. Todos los seres necesitados, todos los vivientes, para poder sobrevivir tienen que desplegar un mundo que precisarán tomar como real. Por la misma necesidad, los vivientes no pueden reconocer que todos nuestros mundos son modelación de nuestra necesidad, que no están ahí, que sólo están en nuestras mentes y sentires. Dicen los sabios, y podemos verificarlo, que nuestros mundos son ficción, que tienen tan poca entidad como una ciudad edificada sobre una nube.

Si el viviente es poderoso, su mundo es poderoso; si el humano está convencido de ser alguien, su mundo es consistente. Entonces, la muerte provoca terror porque su terrible cara es el rostro de la aniquilación de todo nuestro mundo y de nosotros mismos. La muerte se vive como el atroz enemigo que lo aniquila todo. Así vivió mi amigo su final. Estuvo varios años enfermo y la enfermedad le fue arrebatando poco a poco su mundo y todo su ser.

Fue un hombre bueno que sirvió a los que le rodearon lo mejor que pudo, que fue mucho. Fue un hombre fuertemente creyente. Pero ni su servicio a los demás, ni su creencia le sirvieron para alejar el temor a la muerte.

¿Cómo pudo ocurrirle eso? Durante mucha parte de su vida, su creencia fue una fe-creencia, es decir, una creencia bañada de la vivencia de la dimensión absoluta. Con el tiempo, por su trabajo y por la dedicación al servicio de sus contemporáneos, debió descuidar la fe-creencia a favor de una creencia muy exigente, que fue la exigencia de la justicia con los más pobres. Debió abandonar un cultivo suficiente de la dimensión absoluta, posiblemente confundiéndola con el servicio a los prójimos.

Cuando la muerte se le fue aproximando poco a poco en su larga enfermedad, se fue aterrando frente a su cara aniquiladora Podemos aprender en este caso, que no basta el servicio sincero y aplicado a los hermanos para alejar el temor a la muerte, se necesita que el cultivo de la dimensión absoluta cobre peso en la propia vida. Hay que conjuntar el servicio con la meditación de la dimensión absoluta, hasta que la dimensión absoluta nos muestre que es toda la realidad de nuestro propio ser. Desde ese ser de todo de la dimensión absoluta, el sujeto se convierte en un sujeto trascendental, como afirman los budistas, un sujeto que trasciende toda individuación y es uno con toda criatura. Entonces, ese sujeto trascendental está en fondo y en la intimidad de toda criatura y la servirá con todo su ser, que es solo la dimensión absoluta.

Desde esa identificación con la dimensión absoluta, todo lo que daba por real, su mundo, se hubiera vaciado de realidad hasta hacer manifiesta la dimensión absoluta.

Desde la hondura de esta noticia, podemos verificar que nada arrebata la muerte, que la muerte solo aniquila las modelaciones construidas desde la necesidad que tomamos por realidad. La muerte no tiene poder de aniquilación, porque es servidora de la vida.

Una última cuestión. La dimensión absoluta es sin tiempo ni espacio. La forma de la dimensión absoluta que se manifestó en mi amigo no apareció en la dimensión absoluta ni desapareció en la dimensión absoluta. Nada nace ni muere en la dimensión absoluta. Las características que presentaba la personalidad de mi amigo eran formas de la dimensión absoluta, eran la dimensión absoluta.

Lo que mi amigo era antes de que naciera su madre es lo que continuó siendo a lo largo de toda su vida, y lo que es después de muerto. Así hablan los sabios. Fuera de esa dimensión absoluta de su existir, no hubo nunca nada más ni antes de nacer, ni en su vida o después de muerto.

En ese lugar, que no es un lugar, nos veremos como diferenciados, pero sin individualidades propias.

Esa es la afirmación de la sabiduría, eso es lo que podemos comprender y sentir, si en el intento de comprender la verdad de la muerte no partimos de creencias, ni de fe-creencias, que no son viables en las sociedades de conocimiento, sino que partimos de la noticia-experiencia de la dimensión absoluta, del misterio de los mundos inmensos. Esa es la base, anterior a todas nuestras modelaciones y a las supuestas realidades que atribuimos a esas modelaciones.

Repetimos, esta narración no es ni puede ser una descripción de la naturaleza de la muerte ni una respuesta a la pregunta que nos formulamos en el inicio de este apartado: ¿dónde está mi amigo después de unos días de estar muerto?

Este escrito pretende ser una breve narración para que las sociedades de conocimiento comprendan y vivan su condición mortal, desde los datos que tenemos a mano que es la noticia cierta de la dimensión absoluta de nuestro vivir humano. No es, ni puede ser una descripción de la naturaleza de la muerte. Es situar la muerte en el misterio de los mundos y aprender a sentirla y vivirla no desde las creencias ni desde la ausencia de creencias, sino sobre la más importante de nuestra experiencia antropológica: la noticia-experiencia de la dimensión absoluta y el porque sí de la realidad.

Posible fin de mi indagación sobre la muerte

Hace décadas que he meditado y leído sobre la muerte, esta es mi breve conclusión: *Pronto me sumergiré en el inmenso misterio de los mundos sin fin, en el no tiempo, no espacio, sin individualidades, pero con diferenciaciones y sin aniquilación.*

Una brevísima explicación:

Morir es sumergirse en Eso de ahí absoluto, en la dimensión absoluta, que yo mismo soy. Eso es adentrarse en el inmenso misterio de los mundos sin fin que comporta entrar en el no tiempo-no espacio. Solo los vivientes necesitados tienen espacio y tiempo.

Cuando muera desaparecerá el animal humano y su supuesta individualidad. Pero, aunque desaparezca su individualidad, en la dimensión absoluta no hay espacio ni hay tiempo, por tanto, en ella nada nace y nada muere.

Las manifestaciones de la dimensión absoluta, que aparecieron en el espacio-tiempo, son en la manifestación lo que eran antes de ella, y lo que serán cuando la manifestación se retire. Desaparece la individualidad, pero no desaparece la peculiaridad propia del ser concreto que permanece.

Según las consideraciones anteriores, en la muerte no hay aniquilación, solo se aniquilan los supuestos que necesitaba el viviente para poder sobrevivir, que como supuestos no tenían entidad.

Como conclusión, nada arrebata la muerte.

LA RELIGIÓN

La tragedia de la desaparición de las religiones

Las religiones nacieron para hacer una representación, una figura vivible en su cotidianidad de la experiencia de la dimensión absoluta. Aparecieron, en las formas que hemos conocido, antes del neolítico, es decir, hace entre 15.000 y 10.000 años. Esa fue la solución aceptada por todos los pueblos y todas las edades hasta la aparición de la industrialización, en la que las religiones iniciaron su época de crisis.

En el siglo XVIII empieza a cuestionarse seriamente esa solución religiosa porque amarraba demasiado a las sociedades. En el siglo XX se intenta frenar esa decadencia y, a la vez, la religión recibe ataques muy masivos a su existencia. En el siglo XXI las religiones pierden su poder, su fuerza y su prestigio, y empieza el declive definitivo en las sociedades de conocimiento.

Hay que cobrar conciencia explícita y colectiva de la magnitud de la transformación axiológica que esos acontecimientos suponen para la humanidad. Es un acontecimiento de una importancia imponderable, de una novedad radical en la historia humana, que podría clasificarse como una catástrofe comparable con las grandes extinciones masivas de la vida en la tierra.

Todavía existen religiones, pero en el siglo XXI han perdido su prestigio frente a la cultura, y si las sociedades de conocimiento crecen, están condenadas definitivamente a la muerte.

¿Qué supone esta gran extinción?

Supone la pérdida de un patrón de cultivo de la cualidad humana, la cualidad humana profunda y de la dimensión absoluta. Un patrón acreditado y verificado durante muchos siglos, reconocido social y culturalmente que, además, ejercía un fuerte papel moral y político.

Se pierde una orientación axiológica de sentido, acreditada e impuesta con autoridad y prestigio. Los pueblos y las personas tenían a qué agarrarse a algo en el turbulento río de la vida.

Las religiones prestaban una gran ayuda, un consuelo para la gran catástrofe que suponía la muerte, y un alivio en las enfermedades y desgracias de la vida.

Las religiones eran un gran motivo de cohesión social y una justificación para la coerción cuando fuera necesario. Proporcionaban una justificación y legitimación de la organización jerárquica de la sociedad.

Ofrecían unos procedimientos del cultivo de la cualidad humana profunda, de calidad y verificados.

Con la muerte de las religiones el cielo se vacía de seres poderosos y benévolos.

Desaparece Dios, el supremo Señor, y toda su corte de ángeles y santos. Como consecuencia, queda una tierra vacía de espíritus y llena de animales, entre ellos, nosotros, los más peligrosos de todos, en un mundo de soles e inmensidad. No hay nadie ni nada que nos eche una mano en esta enormidad de mundos.

En el pasado se conseguía algo de cualidad humana y cualidad humana profunda por la sumisión ayudada por la coerción. Ahora habrá que conseguir esos mínimos de cualidad humana y cualidad humana profunda voluntariamente, sin la ayuda de la que se dispuso: la sumisión y la coerción.

Las religiones han sido abandonadas sin pena y con claro rechazo. Unas mueren en amplias regiones de la tierra, otras se endurecen, se petrifican queriendo defenderse y no perder el pasado. Las que todavía viven, pierden poder, prestigio y respetabilidad rápidamente frente a la gran cultura vigente.

Las personas que ya son de edad avanzada, si pueden, se quedan en los arrabales de las religiones; las generaciones más jóvenes no les prestan la menor atención a las religiones; las generaciones laboralmente todavía en activo, no tienen tiempo, ni interés para interesarse por ellas.

Estamos en vías de una gran extinción que tendrá tantas consecuencias como las grandes extinciones animales.

Se crea una gran ruptura en la vida cotidiana de los pueblos en el sentido de la vida. La vida axiológica humana tiene que empezar de nuevo sobre unas nuevas bases. Los humanos ya no nos vemos como espíritu, ni somos seres racionales, porque llevamos a cabo grandes males a todo lo que nos rodea y a nosotros mismos; somos solo unos animales especiales, pero animales.

El cielo se ha quedado vacío, y nuestra tierra también. Dios ha abandonado nuestro mundo.

Las ideologías pretendieron sustituir a las religiones, pero en algo más de 200 años mostraron que no eran capaces. En los pocos años de su reinado necesitaron, muy frecuentemente, la ayuda de las religiones supervivientes. Durante la vida de las ideologías, las religiones sobrevivieron, en algunas regiones, aunque siempre atacadas y menospreciadas. Las sociedades de conocimiento empujan a su desaparición definitiva.

Cuando ya están en claro proceso de extinción es cuando se hace patente lo que significa su desaparición.

Para manejar las sociedades de conocimiento necesitamos, indudablemente, cualidad humana. Tendremos que conseguirla desde nosotros mismos, sin poder acudir a la ayuda de los cielos ni siquiera de las ideologías. Tendremos que conseguirlo desde un nuevo comienzo.

Hay que volverse a plantear qué somos los humanos en estas inmensidades; y habrá que hacerlo sin creencias ni religiosas ni ideológicas. No tenemos más solución que partir de datos, datos antropológicos.

Somos, ciertamente, animales que estuvimos sometidos a los procesos evolutivos de los vivientes. Nuestra diferencia específica, con relación a las demás especies, es nuestra condición lingüística. Esa condición lingüística, que es un invento biológico, no nos rescata de nuestra condición de animales.

Estos son los datos que deben ser la base de nuestras reflexiones. ¿Qué consecuencia tiene el hecho que tengamos que reconocer que somos simplemente animales hablantes?

El primer dato claro (y digo dato y no principio filosófico, o creencia) es que por nuestra condición lingüística tenemos un acceso doble a la realidad. De ahí habrá que partir.

Hemos de vivir en equipos de personas en interdependencia, en unas sociedades de creación e innovación continua en ciencias, tecnologías, y de las consecuencias que se siguen de esas innovaciones en creaciones de nuevos productos y servicios, y todo eso habrá que vivirlo en la unidad de la experiencia colectiva de la dimensión absoluta.

Esos son los hechos básicos del nuevo humanismo. Desde ahí habrá que construir la nueva figuración de la dimensión absoluta y una cultura coherente basada en la necesidad ineludible del cultivo de la cualidad humana, y la cualidad humana profunda.

Lo que se ha perdido en tres generaciones

En tres generaciones hemos perdido una forma acreditada socialmente de cultivo de la cualidad humana y de la dimensión absoluta.

La generación de los que ahora son abuelos fue prácticamente religiosa en su juventud. Poco a poco se fueron alejando de la práctica y luego de las creencias. Ya no enseñaron, de forma convincente, a sus hijos las creencias religiosas y su práctica.

Esos hijos ya crecieron sin religión, sin creencias y sin formas acreditadas de cultivar la cualidad humana y el acceso a la dimensión absoluta. Fueron personas completamente laicas, cuya única realidad era la de las modelaciones necesarias para la vida cotidiana de vivientes necesitados. Hubo personas de cualidad, pero como logro personal, sin la ayuda de ninguna maestría o procedimiento socialmente acreditado.

Los hijos de estas personas que ya están viviendo en una realidad de una sola dimensión, la de un viviente necesitado, en un ambiente cultural organizado en torno de los intereses egoístas de las organizaciones y de las personas, ya no tienen ni la más remota idea de una dimensión absoluta de la realidad, mucho menos de una dimensión religiosa.

Tienen que vivir en un mundo plano, sin resonancias profundas. Solo unos pocos tienen noticia y cultivan una dimensión más sutil de la realidad, que no sea la de la modelación de todo a la medida de nuestras necesidades: unos pocos poetas, artistas y personas, que no se sabe cómo, son especiales.

En un proceso, en dimensiones históricas, rapidísimo, en Cataluña, España y, de una forma u otra, en toda la cultura occidental, hemos arrojado al basurero de la historia, la sabiduría de nuestros antepasados, los esfuerzos y logros de hombres y mujeres sinceros en el cultivo la cualidad humana y experimentar colectiva e individualmente la dimensión gratuita, absoluta de la realidad, que está ahí independientemente de que seamos o no seamos los humanos.

Esa actitud supone un desprecio de la sabiduría acumulada por nuestros antepasados durante milenios.

Nos encontramos con un porvenir que, si bien se considera, es aterrador. Unas ciencias y técnicas en crecimiento exponencial, gestionadas y regidas por humanos guiados por el egoísmo individual y de grupo, carentes de cualidad humana, y sin medios para cultivarla seriamente, sin la menor idea de la doble dimensión de la realidad y carentes de procedimientos acreditados de cultivo.

La humanidad, en su conjunto, no es consciente del riesgo mortal de esta situación. El riesgo, para nosotros los humanos, para toda la vida del planeta y para el planeta mismo, es muy grave. Es difícil corregir los errores de la marcha cuando no se tiene sentido del peligro que corremos.

Ceguera colectiva

En Occidente tenemos ya una sociedad ciega respecto a lo sutil, a lo gratuito, a lo absoluto, a Eso vacío de figuración, a lo que está más allá de nuestras modelaciones de la realidad a la medida de nuestras necesidades, al gran misterio de los mundos.

Para que las sociedades de conocimiento funcionen correctamente necesitamos cualidad humana, cualidad humana profunda y cultivo de Eso a lo que estamos ciegos. La única solución viable para adquirir esas cualidades que nos son imprescindibles es ver y sentir Eso sutil a lo que estamos ciegos. Solo ver y sentir lo que vemos puede salvar a las sociedades de conocimiento de ser instrumentos de destrucción.

Solo ver en todo lo que nos rodea y en nosotros mismos Eso sutil fuente de todo y sentirlo en lo hondo puede conducirnos a la salvación de nuestra especie y de toda la vida en el planeta. Ni las creencias, ni la ética, ni la sumisión-coerción pueden.

Las narraciones religiosas se han vuelto ininteligibles por causa de la epistemología mítica. Las creencias son imposibles en sociedad de conocimiento. La ética es abstracta y no puede llegar a motivar y cohesionar. Las ideologías están moribundas, carecen de prestigio para los colectivos y son incapaces de abrir las puertas del ver.

El egoísmo como sistema de cultura, de organización colectiva y motor de individuos y colectivos cierran a la sutilidad que capacita para ver Eso gratuito.

Nuestra sociedad está ciega en sus sistemas de comunicación, en el cine y la televisión. Hay algo de luz en algunos artistas, poetas, narradores. También la hay en pequeños grupos, incomunicados, de buscadores de la espiritualidad principalmente en fuentes orientales.

Nadie ve, nadie habla de Eso sutil presente en todo y fuente de todo, no hay ni alusiones a la posibilidad de ver.

Hay instituciones religiosas que hablan de creer y de someterse, no de ver.

La ceguera colectiva es enorme. Urge enseñar a los colectivos a ver y sentir la dimensión absoluta de todo.

¿Cómo la religión consigue la cualidad humana?

Las religiones predican la doble dimensión: el ámbito de la creaturidad, que es una interpretación de la dimensión relativa a las necesidades, y el ámbito de lo divino, que es una figuración de la dimensión no relativa a esas necesidades, que es, en ese sentido absoluta.

La religión promueve la doble dimensión de la realidad, una dimensión que es terrestre y otra que es celeste. Afirma, explícitamente, que la dimensión absoluta es la fuente de la relativa.

La religión predica también el no-egoísmo, el amor y servicio a los hermanos.

La religión confirma que no puede haber cualidad humana sin experiencia de la doble dimensión.

Todo el procedimiento para adquirir la cualidad humana en las religiones depende de las creencias religiosas, desde ahí exponen las dos dimensiones y las maneras de verificarlas. Sin embargo, tienen un talón de Aquiles: las creencias religiosas tendrían que ser viables en las sociedades de conocimiento, y no lo son.

Hay una forma de poder heredar los procedimientos religiosos para adquirir la cualidad humana: haciendo una lectura simbólica de sus escrituras fundacionales. Esa lectura se tendrá que hacer y se podrá hacer sin creencias. Sin interpretar todo el mundo de sus afirmaciones no como descripciones de la realidad, que hay que creer, sino como sistemas simbólicos que hay que verificar. También aquí habrá dos dimensiones, la de las narraciones y los símbolos, y la del sentir y comprender lo sutil de las afirmaciones simbólicas. Tendremos el nivel humano de las narraciones y símbolos, y el sutil del significado de esas narraciones y símbolos, que es sin nombre ni categorías.

La religión y el egoísmo

La religión fundamenta el amor al prójimo, por tanto, el no-egoísmo, y fomenta también la conciencia explícita de la dimensión absoluta. En la religión la cualidad humana depende de la creencia, y también depende de la creencia la expresión y la experiencia de la dimensión absoluta.

Sin embargo, en la religión se da una forma de egoísmo colectivo muy peligroso y muy dañino: la idea de poseer la verdad en exclusiva. Ese es un egoísmo intolerante, que ha causado más daño que cualquier otro tipo de egoísmo. Ese egoísmo no nace de la noticia y la experiencia de la dimensión absoluta, sino de la creencia en una forma de figurar la dimensión absoluta.

¿Puede ser compatible la adhesión a una forma de figurar la dimensión absoluta incondicional e intolerante, con la cualidad humana? La intolerancia y la cualidad humana son incompatibles. La adhesión a una forma de figurar la dimensión absoluta y la experiencia de la dimensión absoluta, también son incompatibles. La intolerancia respecto a una forma de figurar la dimensión absoluta, no es compatible con la experiencia de la dimensión absoluta solo es compatible con la creencia. Quienes son intolerantes respecto a una forma de figurar la dimensión absoluta, solo creen, no tienen experiencia de la dimensión absoluta.

¿No-egoísmo fruto del patriotismo?

Un nacionalismo que conduzca al patriotismo puede generar servicio a los compatriotas, por tanto, no-egoísmo, pero ese no-egoísmo es hijo de una representación de la patria que no tiene existencia real. La patria es solo una figuración colectiva, no una entidad real.

La patria puede convertirse en una figuración absoluta que exige el sacrificio supremo de la vida; es una figuración excluyente y en ocasiones muy agresiva. Es una figuración colectiva que no tiene la naturaleza que se le atribuye, porque no tiene naturaleza propia. Aunque se le atribuya naturaleza absoluta, no es la dimensión absoluta.

El sacrificio que exige la patria puede conducir al no-egoísmo, por el servicio que pide a los ciudadanos, pero es como un ídolo que aleja de la dimensión absoluta, porque conduce a un egoísmo colectivo. Es como un Moloc, al que sacrifican las vidas de los patriotas y de los enemigos de la patria.

¿A quién voy a orar?

Sé que debo meditar todo lo que pueda, pero ¿debo orar? ¿A quién, o a qué?

No puedo rezar a seres celestes, porque no hay dualidad, porque no hay dos órdenes de ser, porque todo es unidad.

-Cuando no puedo conmigo, porque mi ego se reafirma,
-cuando quiero ayudar a quienes quiero y no puedo hacerlo,
-cuando desearía evitar el sufrimiento de quienes me rodean y no puedo,
-cuando contemplo el sufrimiento impotente,
-cuando mi cuerpo me pesa o enferma,
-cuando mi individualidad supuesta se rebela como si fuera alguien,
-cuando no puedo con mi tarea,
-cuando el deseo alza la voz,
-cuando me siento impotente y sin ánimos para seguir viviendo,
-cuando la enfermedad aprieta,
     ¿a quién puedo rezar?

En muchas ocasiones me siento alguien pobre, miserable, incapaz frente a Eso absoluto, distante de él, «otro» del misterio de los mundos inmensos, ¿a quién o a qué puedo pedir auxilio?

No a Dios, ni a sus ángeles, ni a sus santos, porque sé que son figuraciones mías, hijas de las religiones, proyecto axiológico colectivo de un pasado reciente.

Sé que hay dos dimensiones de lo real para mí, pobre animal, pero sé que son una unidad completa.

Sé que la realidad toda que me rodea y la inmensidad de los mundos, son solo el gran misterio de los mundos.

Sé que todo ser parece poseer una individualidad, pero es solo Eso, la dimensión absoluta de todo lo existente.

Sé que en todo lo que me rodea y en mí mismo está presente Eso que es único.

¿A quién oro entonces? ¿A quién pido ayuda?

A todo lo que existe, a los cielos y la tierra, a las plantas y a las flores, a las montañas y a los mares, a las estrellas y a la oscura noche, a la luz del medio día, a mi propia intimidad, a todos los seres que me rodean.

A Eso, que nuestros antepasados llamaron Dios, que es la dimensión absoluta, el misterio de los mundos.

La dimensión absoluta, el misterio de los mundos, es como mente, porque me lo dicen los árboles, los animales y mi propia mente y sentir.

Sé que es bueno y amable, porque así lo proclama la belleza inacabable de la tierra y de los cielos.

Sé que tiene iniciativa, porque así lo proclaman los cielos infinitos y la inmensa diversidad de la vida.

Sé que es como mente y sentir, porque así somos los humanos, los animales, e incluso las plantas, a su manera.

Pero sé que es «como» mente, «como» bondad, «como» alguien que tiene iniciativa, pero sé que no es nada de eso, porque todo eso son cualidades humanas y él no es humano ni nada que nosotros, pobres animales terrestres, podamos concebir.

Peso Eso, Él, en cualquiera de las figuras que podamos darle, me escucha, me ayuda, me guía, es mi vida y es mi muerte, porque no es «otro» de mí, porque es mi propia intimidad.

El misterio de los mundos es único y nada es fuera de él.

Puedo rezar, puedo pedir auxilio a todo, porque nada es «otro» fuera de él. Él me escuchará, porque es mi ser, porque no es «otro» de mí.

Su mirada, su corazón, su bondad me mira y atiende desde todos los seres que me rodean, desde todas las personas y todo tipo de vivientes.

Todos los seres me ayudarán si se los pido.

A todos puedo hablarles y me contestarán sin palabras.

Quizás los humanos de las sociedades de conocimiento no rezarán, porque aprenderán a vivir siempre desde el reconocimiento de su verdadera realidad, que es la dimensión absoluta.

Librarse de las religiones y del espíritu religioso

Para que las sociedades de conocimiento puedan acceder a la noticia y experiencia de la doble dimensión y de la dimensión absoluta tienen que librarse de las religiones y de lo que es más complicado, del espíritu religioso.

En el siglo XXI tenemos un grave problema, posiblemente el más difícil de obviar: haber heredado de las sociedades que nos han precedido el «espíritu religioso».

¿Qué entendemos por «espíritu religioso»? El hábito ancestral de representar y vivir la noticia y experiencia de la doble dimensión y la dimensión absoluta desde proyectos axiológicos colectivos que trasladan la dimensión absoluta a la trascendencia, a los cielos y, como consecuencia, dejan la tierra y el cosmos vacío de esas dimensiones, como profano, sin sacralidad.

Lo sagrado, la fuente de la realidad está en los cielos, en la trascendencia; la tierra con todo lo que la habita es vulgar, cotidiano, al servicio de las necesidades de los vivientes.

Hemos pasado de situar lo sagrado, la dimensión absoluta, en la trascendencia, en los templos, personas sagradas, tiempos sagrados, excluida de la cotidianidad, a tener que hacernos capaces de verla como inseparable de nuestras modelaciones, de nuestra cotidianidad.

Hablando en términos semióticos, hemos tenido que pasar de «a» (la religión), a «no a» (que es la negación de la religión). Las consecuencias han sido funestas; hemos borrado la doble dimensión de toda la realidad.

Durante milenios se impusieron las religiones y espíritu religioso, imperó la separación de la dimensión relativa y la dimensión absoluta, la sacralidad y lo profano. Durante los dos siglos últimos se expulsó de la tierra y el cosmos lo sagrado. Nos hemos quedado con el mundo de la modelación de nuestras necesidades, lo profano, pero el espíritu religioso continúa.

El espíritu religioso es una actitud religiosa frente a la realidad. Esa actitud puede ser positiva y afirmar la religión, o negativa y negar la religión. Esa actitud frente a la realidad no admite alternativa de forma que no cabe otra actitud frente a la realidad.

Esa actitud o espíritu religioso funciona como una categoría axiológica semiótica sobre el eje «religión» en ella se forma la contraposición «religioso-irreligioso» y se excluye cualquier otro eje alternativo. A esta actitud le llamaré «espíritu religioso».

Tantos miles de años bajo el imperio de la religión han impuesto en el espíritu humano esa categoría axiológica que no nos permite más que afirmar o negar. No podemos escapar del imperio de la religión.

Dicho en lenguaje corriente, sin categorías semióticas: las religiones han tenido tal peso en la historia de nuestra especie que, incluso en su crisis mortal, siguen aprisionando nuestro espíritu. O afirmamos las religiones o las negamos, pero no podemos escapar de su peso. En las sociedades de conocimiento es hora de salirnos de ese cepo.

Se nos ofrece una alternativa clara que es: ni religión ni no religión. Es viable una actitud axiológica diferente: ¿qué dicen las cosas axiológicamente cuando no hablan a nuestras necesidades? ¿Dicen algo? ¿Qué dicen más allá de religión o no religión?

La vigencia del espíritu religioso en una sociedad laica es el espíritu de negación de todo lo que pueda sonar a religión. La exclusión de la dimensión absoluta de la dimensión relativa ha prevalecido y nos ha impedido reconocer los datos. Nos ha impedido reconocer que, si apartamos el espíritu religioso en su aspecto negativo, la doble dimensión y la dimensión absoluta son datos, no creencias ni negación de creencias.

Nuestro enemigo número uno es el espíritu religioso, en su fase de negación de creencias o de afirmación de creencias. La solución tiene que ser volver a las realidades sin ese espíritu religioso que obliga a ir a las cosas con religión o sin religión.

Hay que convencer a las gentes para que vuelvan su atención y su interés a las cosas, al cosmos entero, a la vida, para poder ver y oír lo que dicen todas esas cosas.

La doble dimensión es un dato para el que se hace capaz de reconocerlo, y la dimensión absoluta es otro gran dato. Son datos sutiles, tanto como la belleza, porque no son objetos entre los objetos, son una clara presencia en todas las realidades.

¿Cuál es la tarea que nos queda practicar para reconocer? Volvernos al cielo y la tierra, a la vida en sus infinitas formas, excluyendo la religión y el espíritu religioso en su fase negativa para posibilitar que todo lo que nos rodea, y nosotros mismos, nos den el gran mensaje, la presencia.

Sin apartar la religión y su efecto negativo, no hay posibilidad de reconocer los datos, la proclama de las cosas. Si no reconocemos esa presencia, solo nos queda el vacío próximo a la condición animal a pesar de todas nuestras ciencias y tecnologías.

¿Cómo hacer volver a las gentes de las sociedades de conocimiento a las cosas y sus mensajes?

Las religiones y especialmente sus textos fundacionales son de una inmensa riqueza si nos hacemos capaces de leerlos y vivirlos sin el aspecto negativo del espíritu religioso. Esos textos nos hablan de las cosas y de lo que dicen.

¿Cómo eliminar ese aspecto negativo del espíritu religioso en las gentes?

¿Cómo inducirlos a que se vuelvan a todas las realidades con atención y escucha, sin creencias y con olvido de esas creencias y sus sumisiones?

¿Cómo hacer caer en la cuenta a nuestros contemporáneos para que no se queden presos del espíritu religioso en sus negaciones?

Ni afirmar las religiones ni negar las religiones, solo ver, escuchar y experimentar.

Para probar que la doble dimensión y la dimensión absoluta sean datos, hay un argumento de peso en la larguísima etapa preindustriales de las sociedades humanas, todas sin excepción se encontraron con esos datos, los reconocieron y los expresaron creando las religiones, desde sus respectivos proyectos axiológicos colectivos, con los que los representaban y vivían en la cotidianidad de cada pueblo y sus sistemas de sobrevivencia.

Todos los pueblos discriminaron, vivieron y expresaron esas dimensiones, aunque no todos lo hicieron con los mismos niveles de radicalidad.

A veces, como en el caso de los cazadores-recolectores, el mundo de la dimensión absoluta, que para ellos era el mundo de sus antepasados, estaba muy presente e incluso intrincado con la cotidianidad de sus vidas.

La aparición de la agricultura y sus sociedades jerárquicas proyectaron la dimensión absoluta al señorío de los cielos.

Esta constancia de las religiones es prueba de la constancia de la noticia y la experiencia de la doble dimensión y de la dimensión absoluta. Con la aparición de la ciencia y la tecnología y sus formas de vivir correspondientes, la solución de las religiones resultaba inviable y se tuvo que ir a parar a la negación de las religiones porque no pudieron aceptar las creencias que implicaban.

La humanidad se vio forzada a transitar a la categoría contrapuesta a la religión, como forma de afirmar y reconocer la noticia-experiencia de la doble dimensión y de la dimensión absoluta.

Negando la religión, se negó el propósito de las religiones: afirmar y asentar en los colectivos la doble dimensión y la dimensión absoluta. Con ello, quedamos en un mundo plano de una dimensión como los demás animales. Ese es el efecto negativo del espíritu religioso cuando la religión ha muerto pero se continúa proyectando el efecto de su muerte.

¿Podrá una persona o un grupo escapar a la negatividad del espíritu religioso?

Por la vía de la argumentación no parece posible. El efecto del espíritu religioso, cuando la religión ha muerto, está incrustado en la civilización y en la cultura.

Posiblemente tendrá que ser el hecho de volverse a las cosas el que provoque la experiencia de la doble dimensión. Solo la experiencia de la doble dimensión y de la dimensión absoluta pueden quebrantar la prisión de la negatividad del espíritu religioso.

Gestionar la sociedad de conocimiento y sus crecimientos acelerados exponencialmente sin la cualidad humana es una gran calamidad. El poder de las tecnociencias y sus consecuencias puesto solo al servicio del egoísmo individual y colectivo nos llevará a la catástrofe.

Sin la cualidad humana, sin relación con la doble dimensión y la dimensión absoluta, será el egoísmo el que gestionará la marcha de las sociedades de conocimiento. ¿Qué puede ser peor?

Estamos siempre ante la misma pregunta: ¿cómo hacer caer en la cuenta a la cultura actual del fenómeno de nuestro encarcelamiento en la negatividad del espíritu religioso?

¿Cómo llevar a las gentes a la escucha de las cosas?

La actitud frente a la belleza no se plantea si religión o no religión, si Dios o no Dios. También podríamos adoptar una actitud semejante frente a lo axiológico de la realidad cuando no habla a nuestras necesidades. Veremos que la realidad habla de lo absoluto axiológico y de lo relativo a nuestras necesidades, prescindiendo si hay religión o no la hay.

Si escuchamos a las cosas, al cosmos entero, prescindiendo de si hay religión o no la hay, ¿qué proclaman?

Si callamos nuestra mirada de animales necesitados, todas las cosas hablan de ellas mismas,

    -hablan de la realidad toda,
    -hablan sin lenguaje religioso,
    -hablan del doble acceso a toda la realidad,
    -hablan de su valor absoluto,
    -hablan de la unidad de todo,
    -hablan del misterio insondable de los mundos.

Si uno se pone frente a las cosas, callando toda interpretación, la belleza se muestra, se muestra la belleza de todo.

Si uno se pone frente a las cosas sin ninguna interpretación, todo habla del supremo valor, todo habla del misterio de todo.

Mirar y sentir los seres,
sin intereses, creencias,
para oír lo que dicen,
sin palabras.
Esta parece ser la solución.

VOLVERSE A LAS COSAS

Las cosas no son cosas

Con la meditación, las cosas dejan de ser cosas, los seres dejan de ser seres. Se muestran vacíos, vacíos de naturaleza propia, vacíos de realidad.

Ser perecedero significa estar vacío de entidad propia, estar abierto a mostrar que su realidad es ser una pura forma de la dimensión absoluta de lo real.

Percibir las cosas como vacías de ser propio es percibirlas en su gran riqueza: su valor absoluto. Quienes no las ven como vacías, pero sí perecederas, condenan a todas las cosas y a todos los seres a la extinción.

Son seres perecederos, pero, a la vez, son no perecederos porque son formas de la dimensión absoluta que es sin tiempo y espacio.

Todo perece, pero nada es aniquilado.

Las cosas son calidades de infinita variedad de lo que es sin tiempo ni espacio.

¿Será posible socializar eso, extenderlo a toda la población?

Será posible si conseguimos que todas las gentes experimenten verdaderamente la doble dimensión de todo lo real.

Como ejercicio de meditación para individuos y colectivos proponemos sustituir con la mente y el corazón

-cada uno de los seres concretos,
-por su carácter de forma, también concreta, de la dimensión absoluta.

Cada cosa no es una cosa, es la manifestación en el tiempo-espacio de la forma del mismísimo absoluto, del misterio de los mundos que es sin tiempo ni espacio.

Sustituir cada flor por lo que es, una manifestación de la dimensión absoluta. Ver el sin tiempo en el tiempo. Sustituir cada árbol por lo que realmente es, una manifestación de la dimensión absoluta. Ver y sentir en el tiempo y la presencia del árbol, el no tiempo y la presencia exclusiva de la dimensión absoluta. Y de forma parecida en cada cosa, en cada ser.

Qué proclaman los seres humanos

Todos los seres hablan de sí mismos y de la dimensión absoluta de todo lo que existe.

También los humanos hablan de sí mismos y de Dios.

Dicen que el deseo-temor es el motor casi exclusivo de sus vidas.

Dicen que son débiles, aunque aparenten otra cosa.

Muestran que perseguir el deseo insaciable, los hace desgraciados.

A pesar de esa persecución constante, son muy pocos los que se sienten felices.

Casi todos se consideran injustamente tratados.

Casi todos dicen que no han tenido la suerte que merecen.

Casi todos pierden posibilidades o no las reconocen.

Todos añoran «un no sé qué» y lo atribuyen a lo que no tiene nada que ver son ese «no sé qué».

Todos son absolutamente insignificantes en la inmensidad de los mundos, pero no saben reconocerlo.

Casi todos, en la mayor parte de su vida, tienen cuerpos perfectos y completos, pero todos no son bellos.

Toda esta pobreza no impide que nuestro verdadero ser, nuestra auténtica naturaleza y riqueza, sea el misterio de los mundos, sin nada añadido por parte nuestra.

Tienen la tranquilidad y la felicidad al alcance de la mano, pero viven intranquilos e infelices.

Esperan la paz y la felicidad de la satisfacción de los deseos insaciables, siguen los caminos del deseo, que son unos caminos tortuosos e interminables.

Los senderos del deseo-temor son vías de pendientes cada vez más pronunciadas y costosas.

Nadie busca la felicidad donde está: lejos de los deseos y sus temores.

La vida humana se convierte en una competición en la que la gran mayoría son perdedores.

Casi todos ponen la felicidad en el tener, y ella reside en el vacío del tener.

Casi todos temen a la muerte como la mayor catástrofe, y ella es solo el día del encuentro con la hondura de nuestro ser.

Creen que la vida es la persecución del éxito, y la vida es el gran misterio que nos da luz y paz.

Se entregan a lo que está vacío de entidad propia que son realidades perecederas, y no reconocen el misterio que se manifiesta en todos los seres y que, por ello, no tiene forma propia, está vacío de todas nuestras modelaciones.

Pero hay siempre un motivo de esperanza: todos los humanos son el misterio de los mundos inmensos, aunque sean incapaces de reconocerlo.

¿Lo reconocerán colectivamente algún día?

Vuelta al misterio de los mundos

En escritos anteriores ya reflexionamos sobre el «misterio de los mundos», a pesar de ello volvemos sobre el tema por la importancia que tiene en todos los aspectos de nuestra vida. Es un tema central que es bueno reconsiderar.

Todos los animales modelan un mundo a su medida, nosotros los humanos también. Las modelaciones que hacemos los vivientes no son lo que hay, sino lo que necesitamos ver y sentir del medio natural que nos rodea.

Todas las concepciones de los humanos son modelaciones, también lo son lo que dicen las ciencias. Lo que se presenta en la profundidad de nuestras modelaciones es lo que no puede alcanzar nuestras construcciones. Ese es el misterio de los mundos; esa es la realidad de la realidad.

Todo lo que es real para nosotros, los animales, son modelaciones nuestras y son el misterio de los mundos sin ninguna forma, aunque siempre se presenta en formas, todas las formas son suyas.

El ser de este mi ser, es Él. Yo soy Eso y solo Eso.

Soy el sin forma de todo y soy, a la vez, una forma perecedera del sin forma.

Estoy sometido al tiempo-espacio y soy sin tiempo ni espacio.

Soy mortal y no mortal.

Soy finito y no finito.

Soy un ser y todas las cosas.

Soy limitado y no limitado.

Soy perecedero, como todo viviente, y soy imperecedero.

Soy un pobre ser y la infinidad de los mundos inmensos.

Cuando muera pereceré sin dejar rastro y no seré aniquilado.

Mi cuerpo se descompondrá tan rápido como una seta, pero sin aniquilación.

Cuando muera, la muerte no me arrebatará nada.

Anciano ya sin fuerzas, soy el poder del misterio de los mundos inmensos.

Mi verdad es la verdad.

Mi mente es la luz del misterio inmenso. Mi sentir es su sentir.

Mi cuerpo envejecido, es su cuerpo.

No es lo que ignoro, sino lo que reconozco en las cosas que conozco.

Es el misterio de mi corazón y de mi mente.

La muerte no es mi enemiga, sino la que revela lo que soy.

Temer a la muerte es una insensatez, porque el misterio de los mundos es lo único.

No nací ni moriré, porque fuera del misterio de los mundos, no hay nada.

Las palabras no son inocentes

Las palabras no son inocentes porque configuran, modelan la realidad.

Los diferentes modos de vida de sobrevivencia crean maneras de vida diferentes, proyectos axiológicos colectivos diferentes que se expresan y se imponen en los colectivos con narraciones, que son palabras diferentes. Ese es el factor principal de las diferentes culturas.

Las diferentes culturas construyen mundos radicalmente diferentes, que se dan por reales. Por tanto, construyen modelaciones, que son construcciones que se consideran ontológicas y radicalmente diferentes. Así se sienten, así se piensa y así se viven.

Los mundos modelados y vividos son constituciones de ser diferentes y mundos diferentes. Un escarabajo, un perro y un avestruz son mundos diferentes. No son diferentes maneras de representar y vivir un mismo mundo, el mismo que vivimos y modelamos los humanos. Son realidades diferentes. Lo mismo cabe decir de los mundos vividos por los cazadores-recolectores, los agricultores, los ganaderos, los industriales o las sociedades de conocimiento.

Esto supuesto, no existe una dimensión absoluta que las diferentes culturas expresan y viven diferentes. La dimensión absoluta es la dimensión absoluta de cualquier cultura, por consiguiente, se la piensa, se la vive y se la siente como el proyecto axiológico colectivo la concibe. Para cada una de las culturas diferentes, la dimensión absoluta es radicalmente diferente. Todas las culturas, hasta la sociedad de conocimiento han vivido e interpretado la realidad desde la epistemología mítica. Así han interpretado la dimensión absoluta. Tampoco nosotros hemos llegado a vivir y expresar la dimensión absoluta como realmente es, también nosotros modelamos esa segunda dimensión de lo real desde nuestro proyecto axiológico colectivo propio de las sociedades de conocimiento.

La diferencia entre nuestra manera de vivir y representar la dimensión absoluta respecto a la de las demás culturas es que nosotros no lo hacemos con una epistemología mítica, sino conscientes de que es modelación nuestra y, que, por consiguiente, no es descripción de la realidad, sino modelación. Eso supone que el día que cambiemos de forma de vivir y, consecuentemente, de proyecto axiológico colectivo, la representación y vivencia de la dimensión absoluta será diferente.

La ventaja de no usar la epistemología mítica en nuestras construcciones es que podemos leer las demás culturas libres de sometimiento a nuestra propia forma de concebir la dimensión absoluta. Podemos analizar y comprender las formas de hacerlo de otras culturas porque no estamos sometidos a la nuestra.

Quienes se ven forzados a representar y vivir la dimensión absoluta desde un proyecto axiológico colectivo que se toma como descripción de la realidad, no pueden pensar las figuraciones de la dimensión absoluta de las otras culturas más que como error, desviación. Se ven forzados a pensar que quienes no representan y viven la dimensión absoluta como ellos, tienen error, mala fe, son enemigos.

Esta es la causa por la que las transformaciones culturales se viven traumáticamente, como una crisis dura que resulta difícil superar. Llegan a superarse porque el motor de las transformaciones culturales no son las palabras, las narraciones que constituyen las sociedades, sino que son lo cambios impuestos en las maneras de sobrevivir. Si los colectivos se ven necesitados a cambiar su forma de sobrevivencia, con el tiempo cambian su proyecto axiológico colectivo, cambian sus narraciones constituyentes, cambian las palabras y, como resultado cambian su mundo.

Eso es lo que nos está ocurriendo ahora con el tránsito de sociedad agrario-autoritarias e industriales a sociedad de conocimiento.

La manera de pensar, sentir y vivir la dimensión absoluta cambia con los cambios culturales. Todas las culturas tienen experiencia, de una forma u otra, de la dimensión absoluta, no porque la dimensión absoluta esté ahí para que todo el mundo la experimente, sino porque todas las culturas parten de la característica propia de unos animales constituidos por la lengua, lo cual supone que todas las culturas tienen una doble dimensión de la realidad.

Lo constante no es una dimensión absoluta independiente de las culturas, que cada una la expresa a su manera, lo constante es la naturaleza lingüística de la especie humana en la que la doble dimensión y la experiencia de la dimensión absoluta es una consecuencia inevitable. Pensar la dimensión absoluta como dada ahí para toda cultura, que cada una de ellas se las apaña para vivirla y expresarla, es un resto de teísmo.

La dimensión absoluta es siempre la dimensión absoluta de nuestras formas de sobrevivir, de nuestras construcciones culturales, de nuestras modelaciones regidas por nuestras necesidades de vivientes. También la vivenciación y la expresión de la belleza es una consecuencia de nuestro doble acceso a la realidad. Tampoco hay una belleza ahí que cada escuela artística, que cada artista expresa a su manera y como puede.

La belleza es también una construcción humana, que es diferente en cada obra de arte, dependiendo también de los modos de sobrevivir, de lo proyectos axiológicos colectivos e, incluso, del temperamento del artista.

La belleza, como efecto de nuestro acceso a la doble dimensión, es un aspecto de la dimensión absoluta. El arte siempre es la creación y expresión de algún aspecto gratuito, porque sí y absoluto de nuestras propias modelaciones.

El arte no es simplemente expresión, es creación y expresión de lo creado.

El sustrato de las modelaciones de los vivientes

Todo lo que objetivamos, sentimos, modelamos de formas diversas, las especies vivientes y nosotros los humanos tiene un sustrato. Todo nuestro mundo es modelación y la modelación necesita tener un sustrato.

El sustrato es la fuente de los modeladores y de lo modelado. Es sin forma la fuente de toda forma, de toda modelación. Es, además, el soporte de toda modelación.

Cuando los humanos morimos, perdemos la individualidad y todas las modelaciones y nos encontramos con ese sustrato que es la hondura misteriosa de nuestro vivir y de nuestro ser.

Porque hay modelaciones, podemos hablar de la hondura de nuestro ser y de todos los seres. Las nociones de «modelación» y «sustrato» se implican una a la otra. Si hay modelaciones, hay sustrato. Si hay sustrato, hay modelaciones. Hay sustrato porque existen las modelaciones animales.

Eso no modelado no es Dios, ni ser, precisamente porque es lo no modelado. Por esa razón es sin forma, incógnita completa, gran misterio. Es sustrato de todo, pero no podemos decir de él que es o no es. Ni esa forma elemental podemos aplicarle, porque también es modelación.

Cuando muramos no vamos a la nada, vamos al sustrato de toda modelación, al misterio inconcebible.

La dimensión absoluta tiene doble significado posible:

-es la unión del sustrato y la modelación, porque «Eso de ahí absoluto» comprende la doble dimensión. Eso es lo que podemos ver y pensar, así se presenta el dato de la dimensión absoluta para los humanos. Ella jamás se presenta aislada de nuestra modelación;

-podemos llamar dimensión absoluta también al sustrato. Tampoco se presentará aislado de las modelaciones para los humanos. Cuando hablamos de la dimensión absoluta como sin forma, estamos hablando de la dimensión absoluta como el sustrato.

Cuando morimos perdemos nuestra individualidad y con ella perdemos nuestra forma, vamos a parar a la hondura de nuestro ser, que es la gran incógnita del sustrato.

Nuestra ignorancia está generada por la necesidad de modelar todo lo que nos rodea, que nos fuerza a objetivar y a dualizar. La necesidad de modelación y sus consecuencias nos encierran en una cárcel de objetivaciones y de modelaciones.

Pero ¿quién es el modelador? Fuera de la dimensión absoluta, no hay nada ni nadie.

¿Cuál es el fundamento de las modelaciones de todos los animales? Su condición necesitada. Por esa necesidad se ven forzados a dualizar y objetivar.

Las modelaciones generan un problema: el sustrato de las modelaciones que es a la vez la fuente de las modelaciones. El problema es el ser de los seres.

¿Cómo sabemos del sustrato de las modelaciones, de la fuente de todas las modelaciones animales?

Por la presencia de las cosas, de los seres perecederos, que no pueden ser otra cosa que modelaciones del sustrato, que ser formas varias de ese sustrato.

Las formas de las cosas me hablan del sustrato, son aguas de esa fuente, y solo aguas de esa fuente.

¿Conocer las modelaciones es conocer el sustrato, la fuente?

Las formas son el sustrato, pero como modelaciones animales lo ocultan, lo encierran en una cárcel de barrotes irrompibles.

Las cosas nos proporcionan un conocimiento-no conocimiento. Le llamaremos «noticia».

Las cosas me proclaman el sustrato, el gran misterio, pero solo son las formas de ese misterio.

Las cosas, los seres son solo formas de la gran incógnita. No hay nada más, no hay dualidad, que es una construcción animal.

Los seres, las modelaciones proclaman la existencia del gran misterio y lo ocultan irremediablemente. Dicen que el sustrato es y no es. Dicen que es una presencia-ausencia. Dicen que es único y plural. Dicen que es vacío de entidad propia. Dicen que Eso es lo único. Emiten un perfume. Cantan canciones del ser de su ser. Pero como modelaciones que son, lo ocultan eficazmente. Lo ocultan y lo cantan, lo muestran y lo ocultan.

Nombres con los que pretendemos aludir a la dimensión absoluta

Para evitar mentarle como un Dios, como lo caracteriza la mitología agrario-autoritaria, hemos querido llamarle «el misterio de los mundos», que equivale a «incógnita de los mundos», que es confesar nuestra ignorancia del sustrato de nuestras modelaciones.

Dios es una imagen que nos forjamos en las sociedades agrario-autoritarias. El misterio de los mundos es una ignorancia confesada.

Llamarle lo Absoluto es pegar un salto en el vacío.

Llamarle el Ser es impropio, porque para nosotros, los animales, ni es, ni no es.

Llamarle el Vacío es reconocer que no se puede decir más que no es relativo a nuestras necesidades.

Tenemos noticia que todos los seres nos trasmiten una noticia de ese trasfondo, cierta e indudable para quienes tienen oídos para oír y ojos para ver, pero nuestra condición de animales modeladores de todas nuestras realidades, nos deja sin formas para expresarla. Terminamos llamándole «el sin forma».

Ese trasfondo es la certeza, la verdad, pero irremediablemente sutil para animales que solo conocen objetivando.

Le llamamos con torpes expresiones: el misterio de los mundos, la gran incógnita, el que Es, el Vacío. Solo es ignorancia radical y completa. Se trata de expresiones como si dijéramos algo, pero no decimos nada, confesamos con ellas nuestra ignorancia. Tenemos noticia, lo reconocemos, pero sin forma.

El sin forma no tiene doctrina, ni preceptos o leyes, ni de Él se pueden deducir formas, estructuras tenidas como sagradas e intocables.

Se le puede experimentar en las modelaciones como formas de la dimensión absoluta, o a través del sustrato presente en toda modelación. Se le experimenta como sin forma en toda forma.

La cualidad humana y la cualidad humana profunda que se genera por la experiencia de la dimensión absoluta tiene más fuerza que la ley, que una estructura sagrada e intocable, más fuerza que una doctrina o verdad revelada.

A partir de la experiencia de la cualidad humana profunda se pueden crear normas, leyes, estructuras, pero siempre reformables, no intocables.

Volverse a las cosas para simplemente ver y sentir la doble dimensión y la dimensión absoluta

Volverse a las cosas
tiene el gran fundamento
en la dimensión doble
de toda la realidad.

Esa es la razón
de que las cosas hablen
del profundo misterio
de los mundos inmensos.

Hemos llegado a concluir que la vida espiritual, que la cualidad humana profunda, consiste simplemente en una vuelta radical a las cosas sin buscar nada en ellas, por interés por las mismas cosas, para poder ver y sentir lo que dicen: la doble dimensión de la realidad.

Creemos que es la forma adecuada de espiritualidad, la forma de adquirir la cualidad humana profunda para las sociedades de creación e innovación continuada. La figuración de la dimensión absoluta como una divinidad trascendente debe dejar paso a recuperar esa misma dimensión absoluta en la realidad del mundo que nos rodea, que es nuestra propia modelación.

Para que se dé la figuración de la dimensión absoluta como una divinidad transcendente, se tiene que dar un modo de sobrevivencia que precise una jerárquica para poder sobrevivir, como pasa en las sociedades agrario-autoritarias.

En ese caso la figuración de la dimensión absoluta como un Dios trascendente ha de pasar por la creencia, porque ese Dios trascendente no puede ser percibido por el viviente humano.

Las sociedades de innovación y cambio continuo son incompatibles con las creencias, porque las creencias fijan la interpretación, la valoración y la organización, mientras que las sociedades basadas en el conocimiento cambian continuamente todos esos parámetros.

Si en las sociedades de conocimiento no podemos pasar por la creencia, para poder cultivar la dimensión absoluta y la cualidad humana profunda no nos queda otro remedio que volvernos a las cosas. Las cosas, nuestro mundo construido a la medida de la necesidad, no son opacas, hablan a quienes saben comprender.

Ya cuando planteamos, en nuestra juventud, la distinción entre axiología 1ª y axiología 2ª de la realidad, que equivalía a lo que más tarde nombramos como dimensión relativa a nuestra necesidad y dimensión absoluta, no referida a nuestra necesidad, podríamos haber concluido que la única espiritualidad posible en las nuevas sociedades no podía ser más que una vuelta a las cosas para ver y sentir lo que dicen de sí mismas.

Tuvimos que concluir que la dimensión absoluta solo era accesible en la dimensión relativa; quedaba excluida una figura de la dimensión absoluta que la convirtiera en una entidad suprema trascendente, un Dios. Aunque el punto al que hemos llegado ahora ya estaba implícito en todos nuestros primeros desarrollos teóricos y del sentir, no fuimos capaces de arrastrar al sentir a esa posición. El sentir siempre es de procesos lentos, que llevan su tiempo y no se pueden acelerar a voluntad.

Durante décadas el sentir fue madurando; justo ahora podemos plantear una vuelta a las cosas, limpia y nítida, para descubrir en ellas la doble dimensión de lo real que nos ahorre de todo tipo de creencias y de sus desarrollos tanto religiosos como filosóficos y vitales.

Las sociedades basadas en la creación continua de conocimiento nos han forzado a prescindir de las creencias y, por tanto, a lo que era el soporte necesario de las figuraciones de la dimensión absoluta como un Dios trascendente.

Las mismas sociedades de conocimiento nos han forzado a invalidar la epistemología mítica, según la cual las figuraciones de la dimensión absoluta eran descripción de la realidad misma y absolutamente intocables. Sin la epistemología mítica, hemos podido liberar a la dimensión absoluta de las cárceles que la encerraban en las figuras propias de sociedades jerarquizadas.

La figura de Dios era sagrada y tenía un ámbito sagrado en el espacio, el templo, un ámbito sagrado en el tiempo: las fiestas religiosas, y un ámbito sagrado en las personas: los sacerdotes. El resto de las realidades tenían procedencia divina, Dios era el creador, y tenían la presencia divina del Señor, pero eran profanas. En esas cosas profanas podía verse y sentirse el rastro de Dios, pero Dios era trascendente, no se le podía ver a Él mismo.

Con el abandono de las creencias y la vuelta a las cosas, la dimensión absoluta puede verse y sentirse en el mundo modelado por nuestra condición animal. La dimensión absoluta se presenta como la otra dimensión de todo eso, que es fruto de nuestra construcción, y solo en ese nuestro mundo; como segunda dimensión de nuestra realidad, no como otra realidad, podemos verla y sentirla en nuestro propio mundo. Nuestro propio mundo nos dice que su realidad verdadera no es la que nosotros le suponemos, sino la dimensión absoluta y solo la dimensión absoluta. Por consiguiente, podemos verla y sentirla porque está aquí y propiamente es esto de aquí, nada trascendente de este nuestro mundo y nuestra condición.

Recobramos el sentido profundo de la afirmación budista: esto es aquello, y aquello es esto. Es decir, este nuestro mundo modelado por nosotros mismos a la medida de nuestras necesidades es la dimensión absoluta de todo, y la dimensión absoluta de todo nuestro mundo es la dimensión absoluta misma.

La bella consecuencia es: aquí, en nosotros y en este nuestro mundo, podemos ver y sentir, directa e inmediatamente, la dimensión absoluta de toda su realidad. Este nuestro mundo no es otro del misterio de los mundos, y el misterio de los mundos no es otro de nuestra pequeñez.

Los cielos se vacían de divinidades trascendentes, pero la tierra recupera su sacralidad y su profundidad inagotable.

La tierra y todo lo que contiene, incluidos nosotros mismos, es el misterio de la inmensidad de los mundos. Cada uno de los seres es ese mismo misterio, es un abismo insondable e inconcebible. Todas las criaturas de la tierra, del cielo y de los mares son ese mismo misterio insondable. También la tierra misma, sus rocas, sus ríos y montañas, sus mares, toda la tierra y la luna, con el sol y todas las estrellas y galaxias son Eso. Todo es el gran misterio, y solo ese gran misterio.

Lo que nuestros mayores llamaron camino espiritual, la adquisición de la cualidad humana profunda y la experiencia de la dimensión absoluta hablando en nuestro lenguaje, se convierte en una indagación sin fin de todos los seres que nos rodean y de nosotros mismos. Indagando, intentando comprender y sentir Eso de nuestro mundo, estamos indagando directamente el misterio de los mundos, aquello, la dimensión absoluta de toda realidad, lo único que verdaderamente es, aunque está tan fuera de nuestras pobres facultades de animales que no podemos decir con propiedad si es o no es.

Hay que volverse a las cosas y, ¿qué hay que hacer para conseguirlo?

La primera tarea es observarlas con total interés y silencio de la mente y el sentir para poder discriminar en ellas la dimensión relativa de la dimensión absoluta. Pongamos un ejemplo, meditar sobre un roble.

Su nombre, su calificación científica, su utilidad, la sombra que proporciona, eso sería su dimensión relativa. El hecho que esté ahí, independiente de nuestras modelaciones y nuestros intereses, con el misterio de su ser, indiferente a si somos o no, nos abre a su dimensión absoluta. El roble, ese roble concreto que está frente a mí, existe porque sí, sin ninguna finalidad o pretensión. El misterio de su ser es el misterio del porque sí de todo. Ese roble se conecta con millones de otros robles que vienen existiendo desde hace millones de años, es hijo de otros robles en una sucesión que se pierde en el tiempo y el espacio.

Discriminando en el roble la dimensión que nosotros modelamos, del hecho de que el roble está simplemente ahí con todo su misterio gratuito, podemos continuar indagándolo. Es un abismo de saber en sus complicadas estructuras, en su desarrollo, en el misterio de su vida, en su forma, en su belleza.

Las hojas del roble son como la superficie de un abismo en el que nos podemos sumergir para experimentar la inmensidad del tiempo y el espacio que ocupó hasta convertirse en el roble que admiramos. Podemos sumergirnos en ese abismo hasta sentirlo conectado con la historia de la vida en la tierra, con la aparición de la tierra y del horno de fuego que es el sol, hasta llegar a los orígenes de todo.

Todo eso es el roble, y lo es cualquier árbol, cualquier planta, cualquier flor. Vivimos en un mundo de abismos. No vivimos en un mundo de cosas, que tenemos clasificadas y ordenadas según nuestros intereses.

El misterio del roble nos conduce a nuestra propia dimensión absoluta, a nuestro propio misterio. Todos los seres son presencia del misterio de los mundos. Cada ser es diferente y nos habla de la inmensa diversidad de Eso que está ahí porque sí. Todos los seres son como caras con luz diferente del mismo misterio.

Esta indagación que hemos ejemplificado en un determinado árbol puede hacerse con todos los seres, incluidos nosotros mismos los humanos.

Para conducir correctamente esta indagación utilizaremos la enseñanza de las tradiciones que emprendieron esa tarea: IDS-ICS, es decir, emprenderemos la indagación del misterio de las cosa, con interés sumo, con desapego de nuestros propios intereses y con en silencio profundo de todas nuestras facultades; cuando nos aproximemos a ellas ha de ser para indagarlas y comprender y sentir de qué hablan, consultaremos a todos los que han pretendido esa escucha y serviremos a toda criatura para que se dignen a acogernos y hablarnos.

Tendremos que aprender a comprender y vivir todos los símbolos y narraciones que nuestros antepasados utilizaron para hablar de ese misterio, cada uno de acuerdo con su proyecto axiológico colectivo, su modo de sobrevivir y su cultura.

Para tener éxito en esta indagación hay que descartar todas las creencias, porque con su epistemología mítica encarcelan y configuran la dimensión absoluta; la someten a un tiempo-espacio y cultura determinada, lejos del lenguaje libre de las cosas mismas. Quienes vuelvan toda su atención a las creencias reducen el hablar explícito de las cosas a la insignificancia, a lo profano, a lo modelado por las necesidades de los vivientes.

La ejemplificación que hemos hecho hablando del roble, no es más que una torpe exposición. Lo claro es que hay que volverse a las cosas para que nos hablen lo que tienen que decirnos, y que cada indagador ha de apañárselas como pueda para que todo le hable de su misterio. De una forma semejante a como un pintor, un poeta o un músico tiene que apañárselas para cantar la belleza de los seres.

Solo volverse a las cosas puede salvar a las sociedades de conocimiento

Las sociedades de conocimiento son sociedades que deben estructurarse en equipos de interdependencia. Eso es imposible sin que sus miembros posean cualidad humana y cualidad humana profunda. Podemos concluir que una sociedad de conocimiento es una sociedad con experiencia individual y colectiva de la cualidad humana y la cualidad humana profunda.

Son unas sociedades que no pueden creer, ni tener religiones, ni ideologías, tampoco pueden apoyarse solo en principios éticos. Los principios éticos por su carácter abstracto no pueden proporcionar una cualidad humana y una cualidad humana profunda que llegue al sentir. Las formulaciones abstractas no mueven, ni motivan.

Ha quedado claro que una sociedad que tiene que estructurarse en equipos en interdependencia y en equipos de equipos, no puede funcionar correctamente si sus miembros no están dotados de cualidad humana y de algún grado de cualidad humana profunda.

Si los miembros de los equipos y los equipos mismos carecieran de esas cualidades, el crecimiento exponencial de las tecnociencias y sus consecuencias en nuevos producto y servicios, ese tipo de cultura nos conduciría a una catástrofe y a la muerte.

Solo la cualidad humana puede salvar a esas sociedades de conocimiento en crecimiento acelerado.

Habrá que argumentar e insistir para que todas las personas y grupos sociales comprendan el gravísimo riesgo que se sufre con la entrada de las sociedades de conocimiento.

Igualmente habrá que insistir que las sociedades de conocimiento no pueden fundamentarse en las religiones para adquirir la cualidad humana, ni pueden fundamentarse en las ideologías, ni les bastarían los principios éticos formulados en conceptos.

Solo les queda la realidad de su mundo lleno de seres y de cosas, para replanteárselo todo y encontrar fundamentación para la cualidad humana. Hay que volver a las cosas, para que escuchando lo que nos dicen podamos cultivar la cualidad humana. Solo con la experiencia de lo que proclaman las cosas de nuestro mundo, será posible la cualidad humana. Solo experimentando y sintiendo la enorme diversidad y la inmensidad de la vida y de los cielos podremos encontrar fundamento para la cualidad humana y la cualidad humana profunda.

Solo sintiendo hondamente, y de nuevo, el misterio del mundo en que vivimos, podremos lograr una cualidad humana capaz de gestionar los cambios a la velocidad exponencial en la que se desarrollan en las sociedades de conocimiento. Y este sentir hondamente el misterio inmenso debe cultivarse a nivel de las personas y de los grupos.

Aquí nos topamos con la dificultad número uno: llevar a los humanos a la experiencia de la doble dimensión. Para mover a las personas a buscar la experiencia de la doble dimensión, ayudará y mucho, argumentar e insistir que si continuamos gestionando las nuevas sociedades de conocimiento con el cuadro de concepciones con las que lo hemos hecho hasta ahora, vamos a una catástrofe y a la muerte de la especie en un mundo inhabitable.

Si no queremos que se nos eche encima lo peor, habrá que hacer algo serio con relación al proyecto colectivo de las sociedades de conocimiento.

Habrá que insistir en que solo hay una solución: volverse al enorme misterio del mundo que habitamos y de todas las cosas. Cuando no se puede creer, ni basarse solo en argumentaciones hay que comprender que hay que volver a la experiencia fundamental y primaria de la inmensidad que habitamos, y a la maravilla, incógnita y belleza de cada una de las cosas con las que convivimos.

Habrá que invitar con insistencia que volverse a esa experiencia no supone nada que haya que creer, nada a lo que someterse, no implica nada que no sea esa experiencia directa y desnuda.

Si queremos llevar a nuestros ciudadanos a esta experiencia, habrá que preparar con cuidado la primera experiencia y luego preparar en detalle las repeticiones.

Habrá que hacer propaganda entre los que carecen de todo sistema de valores acreditado socialmente, para que prueben esa experiencia.

Habría que crear grupos, con conocimientos adecuados y expertos en este tipo de experiencias, para que difundan la solución basada en una experiencia, que es mental y sensitiva.

La pretensión de los grupos y las personas que proponen la solución de la experiencia sería como dar un grito de alarma, para que las gentes se empleen en solventar este problema que está entre la vida y la muerte de la habitabilidad del planeta, frenar la extinción de especies y salvarnos a nosotros mismos de la extinción.

Hay que insistir que no hay que acercarse a las gentes con teorías, sino con experiencias. Las sagradas escrituras de los pueblos y las grandes corrientes espirituales pueden ser de gran ayuda para aprender a escuchar lo que proclaman los mundos inmensos y cada uno de los seres o cosas, aunque sean a primera vista insignificantes. Habrá que estudiar cómo solventan las grandes tradiciones el problema de saber escuchar lo que nos dicen las cosas.

Cultivar la experiencia de las cosas, tiene una serie larga de ventajas para las sociedades de conocimiento. Poder experimentar la doble dimensión y la dimensión absoluta, transforma a las personas y hace posible la existencia y buen funcionamiento de las sociedades de conocimiento.

La experiencia, no la creencia o el supuesto filosófico, de la inmensidad de nuestro mundo, de la maravilla de cada una de las cosas y, sobre todo, la experiencia de la dimensión absoluta puede proporcionar los siguientes efectos:

-aumento de la flexibilidad, de la creatividad,
-posibilidad de cualidad humana y cualidad humana profunda,
-disminución del egoísmo,
-mitigación de la dualidad y de la sensación de individualidad,
-pacificación de las ambiciones,
-solidaridad, amor y respeto por todos los seres,
-mayor paz y felicidad.

La vuelta a las cosas y la vuelta a las sagradas escrituras sin epistemología mítica como una unidad

Podríamos hablar de un fruto de toda la epistemología axiológica: encontrar la clave para construir los sistemas simbólicos colectivos para las sociedades de conocimiento.

Estamos hablando de la conclusión más importante de la epistemología axiológica para la construcción de los proyectos axiológicos colectivos propios de las sociedades de conocimiento.

Nos hemos quedado sin religiones, sin ideologías, sin proyectos axiológicos colectivos válidos para la nueva situación de sobrevivencia y cultural. En esta situación estamos funcionando con un proyecto axiológico colectivo desprestigiado, que va en contra nuestra y de toda la vida: el neocapitalismo.

Solo nos quedan dos posibilidades, para poder cultivar la cualidad humana, la cualidad humana profunda y la dimensión absoluta:

> -Nos queda *volver a las cosas* para que nos hablen de su realidad, como hicieron con nuestros antepasados cuando fundaron las religiones. Nuestros antepasados se encontraron con una situación primigenia que exigía una respuesta a la experiencia de la doble dimensión de todas las realidades. En la nueva cultura estamos en una situación semejante a aquella actitud primigenia respecto a todo lo que nos rodea y respecto a nosotros mismos.
> -Y nos quedan *los grandes depósitos de sabiduría de nuestros mayores*, recogidos en los escritos sagrados de todas las tradiciones que nos legaron.

No tenemos nada más.

Es imprescindible recoger la doble dimensión de la que nos hablan las cosas. Es igualmente imprescindible aprender a leer y vivir todos los legados de sistemas simbólicos, pero sin epistemología mítica, por tanto, sin creencias intocables, sin religiones, sin imposiciones, sin exclusivismos, sin sumisiones.

Vuelta a las cosas para que nos hablen.

Vuelta a los legados de nuestros antepasados para que nos digan:

> cómo volverse a las cosas eficazmente,
> cómo indagarlas correctamente,

cómo interpretar lo que nos dicen,
cómo organizar nuestras vidas según lo que nos dicen las cosas,
cómo crear expresiones que hablen de la dimensión absoluta, según los modos de sobrevivir,
cómo construir desde ahí proyectos axiológicos colectivos.

No tenemos otra ayuda. Ahí deberán orientarse todas nuestras investigaciones y seminarios, si queremos hacer un servicio a las generaciones que vienen.

EPÍLOGO

La grieta a la cotidianidad opaca de nuestra cultura

En la cultura general de la mayoría de los países de occidente, especialmente en las generaciones más jóvenes (que, en poco tiempo, serán los gestores de la vida colectiva y de la cultura), todo está cerrado a lo que no sea: la cotidianidad del animal necesitado, a lo que no sean los intereses de la sobrevivencia, de la sexualidad, del egoísmo en competencia constante con otros, a lo que no sean los diversos tipos de violencia psíquica o física, etc.

Las de la televisión, los periódicos, la propagada, la política, la vida cotidiana, las comunicaciones, las redes sociales, todo expresa esa cerrazón, esa exclusividad, esa ignorancia completa de la dimensión de la realidad que no sea esa cotidianidad plana, sin misterio, sin hondura. Hay algunas excepciones, pero son pocas y no llegan a tener influencia en el conjunto de la sociedad.

Para las gentes, las religiones han muerto, y no hay ni idea, ni atisbos de otra dimensión de la realidad que no sea esa cotidianidad plana.

Se han difundido mucho las publicaciones de textos de sabiduría o que buscan la sabiduría, pero eso, además de minoritario, no influye en la cultura general, ni siquiera en la cultura popular.

Todo está cerrado a reconocer la doble dimensión de nuestras vidas, todo es romo, sin esperanza, bajo el vuelo negro de la muerte.

No sirve de mucho dar a conocer y comentar los grandes textos de sabiduría de la que hablan las grandes tradiciones culturales. Las gentes no están receptivas a esos escritos, no los entienden, los asimilan a las pretensiones de las religiones de las que no quieren ni oír hablar.

No quieren saber nada de creencias y sumisiones.

¿Qué se puede hacer para que la cultura y las personas de las SC recuperen la doble dimensión de la realidad de nuestro vivir humano?

¿Qué se puede hacer para romper esa coraza de cotidianidad exclusiva, sin grietas, desde la que se pueda vislumbrar la luz de la otra dimensión?

Hay que intentar crear una hendidura en ese caparazón para que se pueda ver la luz. Sin que logremos abrir una grieta en ese duro caparazón de la cultura, no comprenderán de qué les hablamos, ni qué dicen los maestros de sabiduría de las tradiciones que son los maestros de la doble dimensión de la realidad.

La cuestión que se nos plantea es: ¿cómo crear una grieta en esa coraza?

Que exista esa coraza no es culpa de nadie, la ha creado la evolución de la cultura europea y se ha extendido a otras culturas. Es el rasgo de nuestra ecúmene.

Hay una forma natural que no se apoya en creencias, ni en principios filosóficos, que solo se apoya en datos, simples y verificables, sin que para vivirlos sea necesaria una preparación especial, ni una dotación mental y sensitiva extraordinaria. Lo que se propone está al alcance de cualquier humano que sea capaz de silenciar por un rato su monólogo interior, que sea capaz de silenciarse suficientemente.

Se trata de comprender y sentir que en este mundo humano nuestro «hay más, mucho más» que lo que nos dice nuestra interpretación cotidiana; que «hay más» de lo que nos dice nuestro saber científico; que «hay más» de lo que proclaman nuestras ideologías.

Toda nuestra realidad, incluidos nosotros mismos, tiene otra dimensión, otra cara, otra profundidad, otra lectura, que la que hacen nuestra mente y sentir espontáneamente. Toda nuestra realidad tiene una dimensión gratuita, porque sí, absoluta.

Esta es una afirmación que se apoya en la experiencia de cada uno, que cada persona puede verificar por sí misma. Basta con ponerse ante un cielo estrellado, frente al mar, las montañas, las flores, la variedad de especies vivientes, el cielo, la tierra, las nubes, la luna, las estrellas, los niños, los ancianos, frente a cualquier realidad.

Si la contemplamos con el máximo interés y en silencio el tiempo necesario, nos dirá que está ahí, fuera de la relación que pueda tener con cualquiera de nosotros, está ahí porque sí, absolutamente; dirá que viene de lejos y que va lejos, que es completamente perecedera pero que no aparece y desaparece, porque forma parte de la inmensidad absoluta de todo lo que es.

Eso es el «hay más» de lo que podemos imaginar y suponer, un «más» verificable, que no depende de religiones, ni de ninguna concepción humana.

Esa es la base desnuda de la cualidad humana, incluso de toda la profundidad de la cualidad humana.

Reconocer la doble dimensión de toda realidad humana es el fundamento del nuevo humanismo, de la calidad necesaria para organizar y gestionar nuestra estructura social en equipos de interdependencia, en equipos de equipos, en la interdependencia de todo con todo.

Esa es la base experiencial, verificable, desnuda de concepciones resistentes a los cambios de cultura.

La actitud de atención silenciosa ante cualquiera de las realidades de nuestro mundo humano nos da un mensaje, nos da ese discurso y está en el fundamento de toda nuestra cultura y nuestra vida.

Esta es la experiencia capaz de agrietar la dura coraza de la cultura que nos rige, que es opaca, sin profundidad, sin esperanza, de la época tardía de las sociedades industriales en las que arrancan las sociedades de conocimiento. La doble dimensión de toda nuestra realidad es capaz de abrir la cerrazón que ha producido nuestra cultura actual.

Esa doble dimensión no tiene nada que ver con la religión, porque las religiones fueron simplemente una respuesta a esa experiencia en unas condiciones de sobrevivencia humana preindustrial. Con la implantación generalizada de las tecnociencias como medio de sobrevivencia colectiva y la aparición de las sociedades de conocimiento, la solución que dieron las religiones a la experiencia de la doble dimensión, ha periclitado.

Su muerte nos ha permitido recuperar la experiencia primaria y desnuda de esa doble dimensión, porque nos muestra que no es necesario para reconocerla y verificarla que tengamos que pasar por los proyectos axiológicos colectivos propios de las sociedades preindustriales.

Podemos reconocer y vivir esa doble dimensión sin depender de las religiones, sin que esa doble dimensión tenga nada religioso, porque es un dato antropológico de nuestra condición de animales cuya diferencia específica es nuestra competencia lingüística, nuestra condición de animales constituidos como tales por nuestra condición de hablantes.

Glosario de siglas

CH: cualidad humana

CHP: cualidad humana profunda

DA: dimensión absoluta

DR: dimensión relativa

EM: epistemología mítica

IDS-ICS: interés, distanciamiento, silenciamiento-indagación, comunicación, servicio

PAC: proyecto axiológico colectivo

DTRE: deseos, temores, recuerdos y expectativas

SC: sociedad de conocimiento

BIBLIOGRAFÍA

Abulafia, D. 2016. *El gran mar. Una historia humana del mediterráneo.* B arcelona: Crítica

Aguilar, Rosa M. 2007. Judaísmo y helenismo en el siglo I de nuestra era. En *Biblia y helenismo. El pensamiento griego y la formación del cristianismo,* (ed. A. Piñero), 209-235. Córdoba: El Almendro.

Aitchison, Jean.1992. *El mamífero articulado. Una introducción a la psicolingüística.* Madrid: Alianza Editorial.

Al Hallaj, Husayn Mansur. 1955. *Dîwân.* Paris: Cahiers du Sud.

Alberigo, Giuseppe. 2004. *Historia de los concilios ecuménicos.* Salamanca: Sígueme.

Al-Jâmî 'Abd Ar-Rahmân. 1982. *Les Jaillissements de lumière.* Paris: Les Deux Océans.

Al-Jâmî 'Abd Ar-Rahmân. 1987. *Los hálitos de la intimidad.* Barcelona: J. J. de Olañeta.

Alonso Herrero, A. 2023. *El telescopio espacial James Webb.* Madrid: Catarata.

Alonso, Gregorio. 2003. La secularización de las sociedades europeas. En: *Historia Social,* n° 46. *Dossier: nacional-populismo en Europa. Una perspectiva histórica.* Valencia: Fundación Instituto de Historia Social, 137-157. En: http://www.jstor.org/stable/40340871.

Alvar, J. 2007. Pablo, los 'misterios' y la salvación. En *Biblia y helenismo. El pensamiento griego y la formación del cristianismo,* (ed. A. Piñero), 331-359. Córdoba: El Almendro.

Al-Yili, Abd al-Karim. 2001. *El hombre universal.* Barcelona: Alquitara.

Ansârî. 1985. *Chemin de Dieu. Trois traités spirituels.* Paris: Sindbad.

Ashtavakra Gita. 1983. Palma de Mallorca: J.J. de Olañeta.

Astasahasrika Prajnaparamita y Ratnaguna. Sutra de la Perfección de la Sabiduría en 8000 Líneas Y Su Resumen. Traducido al inglés por Edward Conze. Traducción al castellano Upasaka Losang Gyatso. En: https://www.academia.edu/12210933/Sutra_de_la_Perfecci%C3%B3n_de_la_Sabidur%C3%ADa_en_8000_Lineas

Attar, Farid ud-Din. 1961. *Le livre divin.* (Elahi-nameh). París: Albin Michel.

Attar, Farid ud-Din. 1986. *El lenguaje de los pájaros,* Barcelona: Edicomunicación.

Attar, Farid-ud-Din. 1976. *Le mémorial des saints*. Paris: Du Seuil.

Attar, Farid-ud-Din. 1981. *Le livre de l'epreuve*. Paris : Fayard.

Augé, M. 1995. *Hacia una antropología de los mundos contemporáneos*. Barcelona: Gedisa.

Aurobindo, Shrî. 1970. *La Bhagavad-Gîtâ*. Paris: Albin Michel.

Bachelard, G. 1968. *L'eau et les rêves. Essais sur l'imaginacion de la matière*. Paris: Librairie de J. Corti.

Bachelard, G. 1969. *La Terre et les Rêveries du repos*. Paris: Librairie de J. Corti.

Balsekar, Ramesh S. 1989. *El buscador es lo buscado. Puntos clave de la enseñanza de Nisargadatta Maharaj*. México D.F.: Yug.

Balsekar, Ramesh S. 2004. *Habla la conciencia*. Barcelona: Kairós.

Barrera sin puerta. 1986. (ed. Kôun Yamada). Madrid: Zendo-Betania.

Barret, Nathaniel. 2012. Skillful Engagement and the «Effort after Value». An Axiological Theory of the Origins of Religion. En: *The Evolution of Religion. Critical Perspectives and New Directions,* (ed. Fraser Watts and Léon Turner). Oxford: Oxford University Press.

Barrett, N. F. 2014. *Mind and Value*. En: https://www.academia.edu/7157958/Mind_and_Value.

Bashô, Matsuo. 2015. *Diarios de viaje*. México: Fondo de cultura económica.

Batchelor, S. 2017. *Después del budismo. Repensar el dharma para un mundo secular*. Barcelona: editorial Kairós.

Bauer, W. 2009. *Historia de la filosofía china*. Barcelona: Herder.

Beneito, P. (ed). *La taberna de las luces. Poesía sufí de al-Andalus y el Magreb del siglo XII al siglo XX*. Murcia: Editora Regional de Murcia.

Bhagavad Gîtâ: con los comentarios advaita de Sankara. 1997. Madrid: Trotta.

Bidar, A. 2012. *Comment sortir de la religion*. Paris: La Découverte.

Bjarnason, E. 2021. *Cómo Islandia cambió el mundo*. Madrid: Capitán Swing.

Blofeld, John (comp.). 1976. *Enseñanzas zen de Huang Po*. México: Diana.

Bodhidharma. 1994. *Enseñanzas Zen*. Barcelona: Kairós.

Boehme, Jacob. 1983. *Diálogos místicos*. Barcelona: Visión Libros.

Boisard, Marcel A. 1979. *L'humanisme de l'Islam*. Paris: Albin Michel.

Bonet, E. & Sauquet, A, 2010. Rhetoric in management and in management research. En: *Journal of Organizational Change Management*, 23(2): 120-133.

Bottero, J., Kramer, S.N. 2004. *Cuando los dioses hacian de hombres. Mitología mesopotámica.* Madrid: Akal.

Brahma-sûtras: con los comentarios advaita de Sánkara. 2000. Madrid: Trotta.

Brihadâranyaka upanishad: con los comentarios advaita de Sánkara. 2002. Madrid: Trotta.

Brosse, J. 2007. *Los maestros zen.* Palma: Olañeta.

Bruce, Steve. 2002. *God is Dead: Secularization in the West.* Oxford: Blackwell.

Bruce, Steve. 2011. Secularization, Church and Popular Religion. En: *The Journal of Ecclesiastical History*, n° 62, 2011. 543-561. En: https://doi.org/10.1017/S0022046909992715.

Bruner, J. 1986. *Actual minds, possible worlds.* Cambridge, Massachusetts: Harvard University Press.

Bryce, T. 2021. *Hititas. Historia de los guerreros de Anatolia.* Córdoba: Almuzara

Burch, Sally. 2005. Sociedad de la información / Sociedad del conocimiento. En: Ambrosi, Alain (ed.) *Palabras en Juego: Enfoques Multiculturales sobre las Sociedades de la Información.* [En línea]: C&F éditions. En: http://vecam.org/archives/article518.html.

Cabezas, J.A. 2020. *En busca del fuego....y otras historias curiosas de la Antigüedad.* Barcelona: Espasa.

Cancela, E. 2023. *Utopías digitales. Imaginar el fin del capitalismo.* Barcelona: Verso.

Carter, Warren. 2007. *Mateo y los márgenes. Una lectura sociopolítica y religiosa.* Pamplona: Verbo Divino.

Català Amigó, J.A. 2021. *Una breu i atzarosa historia de la vida. Des del momento zero fins al planeta que habitem avui.* Barcelona: Angle Editorial

Català Amigó, J.A. 2023. *Geopolítica de l'espai. La batalla pel domini polític, militar i econòmic del cosmos.* Barcelona: Angle Editorial.

Catlos, B.A. 2019. *Reinos de fe.* Barcelona: Pasado y presente.

Chândogya upanishad. 2003. En: *La sabiduría del bosque. Antología de los principales upanisáds*, (ed. Félix G. Ilárraz y Óscar Pujol), 173-216. Madrid: Trotta, Ediciones Universidad de Barcelona.

Cisneros, F. 1998. *El libro del viaje nocturno y la ascensión del Profeta.* México D.F: Colegio de México.

Comblin, José. 2008. *La crisis de la religión en la cristiandad. En: Caminos: revista cubana de pensamiento socioteológico,* ISSN 1025-7233, N°. 47, págs. 56-66

Comte-Sponville, A. 2006. *El alma del ateísmo.* Introducción a una espiritualidad sin Dios. Barcelona: Paidos Ibérica.

Conrad, G. W.; Demarest, A. A. 1988. *Religión e imperio.* Madrid: Alianza Editorial.

Contenau, G. 1952. *Le déluge Babylonien. Ishtar aux Enfers.* Paris: Payot.

Coomaraswamy, A.K. 1994. *Buddha y el evangelio del budismo.* Buenos Aires: Paidós.

Corbí, M. 1983. *Análisis epistemológico de las configuraciones axiológicas humanas. La necesaria, relatividad cultural de los sistemas de valores humanos.* Salamanca: Universidad de Salamanca. En: http://cetr.net/files/ Tesi_Maria_Corbi.pdf

Corbí, M. 1992. *Conocer desde el Silencio.* Santander: Sal Terrae. En:

Corbí, M. 1992. *Proyectar la sociedad, reconvertir la religión.* Barcelona: Herder.

Corbí, M. 2001. *El camino interior más allá de las formas religiosas.* Barcelona: Bronce. En:

Corbí, M. 2007. *Hacia una espiritualidad laica.* Barcelona: Herder.

Corbí, M. 2009. *Más allá de los límites. Meditaciones sobre la unidad.* Madrid: Bubok. En:

Corbí, M. 2011. *Silencio desde la mente. Prácticas de meditación.* Madrid: Bubok. En:

Corbí, M. 2013. *La construcción de los proyectos axiológicos colectivos. Principios de epistemología axiológica.* Madrid, Bubok.

Corbí, M. 2013. *La sabiduría de nuestros antepasados para sociedades en tránsito. Principios de Epistemología Axiológica 2.* Madrid: Bubok

Corbí, M. 2024. *Towards a Non-Religious Spirituality.* Kindle: Amazon

Corbí, M. 2015. *El cultivo colectivo de la cualidad humana profunda en las sociedades de conocimiento globalizadas. Principios de Epistemología Axiológica 4.* Madrid, Bubok.

Corbí, M. 2015. *Protocolos para la construcción de organizaciones creativas y de innovación. Principios de Epistemología Axiológica 3.* Madrid, Bubok.

Corbí, M. 2016 *Principles of an Epistemology of Values The permutation of collective cohesion and motivation.* Springer International Publishing.

Corbí, M. 2016. *El conocimiento silencioso. Las raíces de la cualidad humana.* Barcelona: Ed. Fragmenta

Corbí, M. 2017. *Las sociedades de conocimiento y la calidad de vida. Principios de Epistemología Axiológica 5.* Madrid. Bubok.

Corbí, M. 2020. *El gran olvido: la gratuidad del vivir. Principios de Epistemología Axiológica 6.* Madrid. Bubok.

Corbí, M. 2020. *Proyectos colectivos para sociedades dinámicas. Principios de epistemología axiológica.* Barcelona: Herder.

Corbí, M. 2022. *El sentir hondo de la vida. Principios de epistemología axiológica 7.* Madrid. Bubok.

Corbí, M. 2022. *La mente y la cualidad humana. Principios de epistemología axiológica 8.* Madrid. Bubok.

Corbí, M. 2023. *Las figuras de la dimensión absoluta. Principios de epistemología axiológica 9.* Madrid. Bubok.

Cozzens, P. 2020. *Tecumseh y el profeta. Los hermanos Shawnees que desafiaron a los Estados Unidos.* Madrid: Desperta ferro.

Crossan, John Dominic. 2002. *El nacimiento del cristianismo.* Santander: Sal Terrae.

Cusa, Nicolás. *Acerca de lo no-otro o de la definición que todo define.* Buenos Aires: Biblos, 2008.

Czarniawska, B. 2004. *Narratives in social science research.* London: SAGE Publications Ltd.

Daishi, Yoka. 1981. *Shodoka. El canto del inmediato satori.* Barcelona: Visión Libros.

Dalley, Stephanie. 2000. *Myths from Mesopotamia: Creation, the Flood, Gilgamesh and Others.* Oxford: Oxford University Press.

Dartnell, L. 2019. *Orígenes. Cómo la historia de la tierra determina la historia de la humanidad.* Barcelona: Debate.

Davy, M. M. 1972-1974. *Encyclopédie des mystiques.* Paris: Seghers, 4 vols.

Davy, M. M. 1983. *Le désert intérieur.* Paris: Albin Michel.

Denning, S. 2004. *A fable of leadership through storytelling.* San Francisco: Jossey-Bass.

Despland, M. 1979. *La religion en Occident. Évolution des idées et du vécu.* Paris: Cerf.

Dhammapada. 1994. Madrid: Edaf.

Diamond, J. 2013. *El mundo hasta ayer.* Barcelona: Debolsollo.

Díez Martín, F. 2011. *Breve historia de los Neandertales.* Madrid: Nowtilus

Dîgha Nikâya. Diálogos mayores de Buda. 1977. Caracas: Monte Ávila.

Dôgen. 1980. *Shôbôgenzô. La réserve visuelle des événements dans leur justesse.* Paris: Éditions de la Difference.

Eckhart, Maestro. 1977. *El libro del consuelo divino.* Córdoba (Argentina): Aguilar.

Eckhart, Maestro. 1998. *Obras escogidas.* Barcelona: Edicomunicación.

Eco, Umberto. 2000. *Tratado de semiótica general.* Barcelona: Editorial Lumen.

Ehrman, Bart D. 2004. *Cristianismos perdidos. Los credos proscritos del nuevo testamento.* Barcelona: Ares Mares.

Einstein, Albert. 1971. *Comment je vois le monde.* Paris: Flammarion.

El camino de la iluminación. Nueve suttas del Dîgha Nikaya. 2000. Madrid: Miraguano.

El Corán. 1990. Tr. del árabe de Juan Vernet. Barcelona: Plaza y Janés.

El gran yogui Milarepa del Tíbet. Biografía del Jetsun-Kahbum tibetano. 1977. (ed. W. Y. Evans-Wentz). Buenos Aires: Kier.

El-Bokhâri. 1984. *Les traditions islamiques.* Paris: Maisonneuve. 4 vols.

Eliade, M. 1974. *Tratado de historia de las religiones.* Madrid: Cristiandad. 2 vols.

Eliade, M. 1983. *Histoire des croyances et des idées religieuses.* Paris: Payot. 4 vols.

Eliade, M. 1986. *Le chamanisme et les techniques archaïques de l'extase.* Paris : Payot.

Espino, A. 2022. *La invasión de América.* Barcelona: Arpa.

Estremera Estremera, M.A. 2020. *La civilización otomana* (1.300-1.800) . Madrid: Sílex

Evans-Wentz, W.Y. (ed.). 1971. *Yoga tibetano y doctrinas secretas.* Buenos Aires: Kier.

Evans-Wentz, W.Y. (ed.). 1977. *El libro tibetano de la gran liberación.* Buenos Aires: Kier.

Ferry, Luc; Gauchet, Marcel. 2006. *Lo religioso después de la religión*. Barcelona: Anthropos.

Finkelievich, S. I-Polis. *Ciudades en la era de Internet*. Buenos Aires. Argentina: Diseño.

Fischer, H. 1964. *L'Aube de la civilisation, en Égiypte et en Mésopotamie*. Paris: Payot.

Flory, M. & Iglesias, O. 2010. Once upon a time. the role of rhetoric and narratives in management research and practice. En: *Journal of Organizational Change Management*, 23(2): 113-119.

Font, J. 2024. *Espiritualidad, mítica y salud mental*. Barcelona: Herder.

Frankfort, H y H. A., Wilson, J. A. y Jacopsen, T. 1964. E*l pensamiento prefilosófico. I Egipto y Mesopotamia*. México : F.C. E.

Frankfort, H. 1951. *La royauté et les Deux*. Paris: Payot.

Frankfort, H.; Wilson, J. A.; Jacobsen, T.; Irwin, W. A. 1973. *The Intellectual Adventure of Ancient Man: An Essay on Speculative Thought in the Ancient Near East*. Baltimore: Penguin Books.

Frankopan, P. 2022. *El corazón del mundo. Una nueva historia universal*. Barcelona: Crítica.

Friedrich, S. 2018. *La sociedad del rendimiento. Cómo el neoliberalismo impregna nuestras vidas*. Pamplona: Katakrak Liburuac.

Gabriel, M. 2015 *Por qué el mundo no existe*. Barcelona: Pasado&Presente.

Gabriel, Y. 2004. *Myths, stories and organizations*. Oxford: Oxford University Press.

Gampopa. 2014. *La Vía suprema. El rosario de piedras preciosas*. Palma: Olañeta.

García Font, J. 1995. *La mística sufí de los poetas persas*. Barcelona: MRA.

Gauchet, Marcel. 1984. ¿Fin de la religion? En: *Le Débat*, 28. París: Gallimard, Enero, 155-172.

Gauchet, Marcel. 1984. Sur la religion. En : *Le Débat*, 32. París: Gallimard, Noviembre, 187- 204.

Gauchet, Marcel. 2001. Croyance religieuse et croyance politique . En : *Le Débat*, 115. París: Gallimard, mai-août, 3-12.

Gauchet, Marcel. 2003. *La religión en la democracia: el camino del laicismo*. Madrid: El Cobre.

Gauchet, Marcel. 2003. Le politique et la religion. Douze propositions en réponse à Alain Caillé», En : *Revue du MAUSS,22*. Paris: Mauss 2/2003, 328-333. En : http://www.cairn.info/revue-du-mauss-2003-2-page-328.htm.

Gauchet, Marcel., Debray, R. 2003. Du religieux, de sa permanence et de la possibilité d'en sortir. En : *Le Débat*, 127. Paris : Gallimard, nov-dic, 3-19.

Gauchet, Marcel.2005. *El desencantamiento del mundo. Una historia política de la religión.* Madrid: Trotta.

Gaudefroy-Demombynes, M. 1969. *Mahomet.* Paris, Albin Michel.

Ghazâlî. 1981. *Le Tabernacle des Lumières (Michkât Al-Anwâr).* Paris: Seuil.

Ghazâlî. 1983. *Liberación del error (Al Munqid min Adalal)*; Carta al discípulo. Rosario: Ediciones del Peregrino.

Giron Blanc, L. F. 1998. *Textos escogidos del Talmud.* Barcelona: Riopiedras.

Gñanéshvar. 1994. *Amritanubhava: sublime experiencia de la unidad.* Madrid: Etnos.

Goncourt, E. de. 2020. *La Comuna de París.* Logroño: Pepitas.

Goulson, D. 2023 *Planeta silencioso. Las consecuencias de un mundo sin insectos.* Barcelona: Crítica.

Governance Innovation. Redesigning Law and Architecture for Society 5.0. 13.07.2020. En: https://www.meti.go.jp/english/press/2020/0713_001.html

Governance Innovation (ver.2) A Guide to Designing and Implementing Agile Governance. 30.07.2021. En: https://www.meti.go.jp/english/press/2021/0730_001.html

Granés, M., Cucarull, M. 2018 *Rasgos axiológicos de la generación 'millennial' y sus consecuencias en el planteo de la cualidad humana.* En: 13º Encuentro Internacional CETR "El problema de introducir a las nuevas generaciones en lo que nuestros mayores llamaron espiritualidad" . Madrid: Bubok pgs. 43-94.

Granés, M., Cucarull, M. 2019 *Rasgos axiológicos de la generación baby-boom vs. la generación millennial; sus consecuencias en el planteo de la cualidad humana profunda* En: 14º Encuentro Internacional CETR "Problemas del tránsito a una espiritualidad sin sumisión". Madrid: Bubok p133-186.

Granés,M., Cucarull,M. 2020. *Construcción de una narración para aproximar la cualidad humana a los millennials a partir de las bases axiológicas de sus rebeliones. Planteo de fases posteriores a seguir.* En: 15° Encuentro Internacional CETR "Diferencia y contraposición entre una espiritualidad de sumisión de rasgos preindustriales y una cualidad humana profunda adecuada a las sociedades de innovación y cambio continuada". Madrid:Bubok pp 67-84.

Grégoire de Nysse. 1986. *Le but divin.* Paris : Téqui.

Greimas, A.J. 1966. *Sémantique structurale.* Paris: Larousse.

Greimas, A.J. 1970. *Du Sens. Essais Sémiotiques.* Paris: Du Seuil.

Greimas, A.J. 1983. *Du Sens II. Essais de sémiotique poétique.* Paris : Du Seuil.

Guillén, M.F. 2020. *2030 Viajando hacia el fin del mundo tal como lo conocemos.* Barcelona: Planeta.

Guillén, Mauro F. *2030 viajando hacia el fin del mundo tal y como lo conocemos.* Barcelona: Deusto

Haight, Roger. 2007. *Jesús símbolo de Dios.* Madrid: Trotta.

Hakuin. 1971. *The Zen Master Hakuin. Selected writings.* New York: Columbia University Press.

Hawking, S.; Mlodinow, L. 2014. *Brevísima historia del tiempo.* Barcelona Ed. Crítica

Heehs, P. 2019. *Espiritualidad sin Dios. Su historia y su práctica.* Barcelona: Kairós.

Heinen, S. & Sommer, R. 2009. Introduction. Narratology and interdisciplinarity. En: *Narratology in the age of cross-disciplinary narrative research*, (ed. S. Heinen & R. Sommer). Berlin: Walter de Gruyter.

Hekiganroku. Crónicas del acantilado azul. 1991. Madrid: Miraguano. 2 vols.

Herbert, J. 1976. *Réflexions sur la Bhagavad-Gîtâ vue dans son contexte.* Paris: Dervy livres.

Heying, H., Weinstein, B. 2022. *Guía del cazador recolector para el siglo XXI. Cómo adaptarnos a la vida moderna.* Barcelona: Planeta.

Hick, John. 2004. *La metáfora de Dios encarnado. Cristología para un tiempo pluralista.* Quito : Agenda Latinoamericana.

Hitachi-UTokyo Laboratory. 2020. *Society 5.0. A People-centric Super-smart Society.* Springer Open. En: https://link.springer.com/book/10.100 7%2F978-981-15-2989-4

Hjelmslev, L. 1966. *Le langage.* Paris : Du Minuit.

Hjelmslev, L. 1968. *Prolégomènes à une théorie du langage*. Paris: Du Minuit.

Hjelmslev, L. 1971. *Essais linguistiques*. Paris : Du Minuit.

Hobbs, K.; West,D. 2020. *La historia de los árboles y cómo han cambiado nuestra historia*. Barcelona: Blume.

Huang-Po. 1985. *Les entretiens de Houang-Po Maître Tch'an du IXe siècle*. Paris : Les Deux Océans.

Hui Neng. 1999. *El sutra de Hui Neng: comentarios de Hui Neng al Sutra del Diamante*. (Ed. Thomas Cleary). Madrid : Edaf.

Hui Neng. 2000. *Sûtra del estrado*. Barcelona: Kairós.

Hui, Y. 2020. *Fragmentar el futuro. Ensayos sobre teconodiversidad*. Buenos Aires: Caja Negra.

Hui, Y. 2022. *Recursividad y contingencia*. Buenos Aires: Caja Negra.

Hujwirî. 1988. *Somme spirituelle*. Paris: Sindbad.

Hultgard, A.; Uppsala, U. 2007. La religión irania en la Antigüedad. Su impacto en las religiones de su entorno. judaísmo, cristianismo, gnosis. En *Biblia y helenismo. El pensamiento griego y la formación del cristianismo*, (ed. A. Piñero), 551-595. Córdoba: El Almendro.

Humphreys, Christmas. 1977. *La sabiduría del budismo*. Buenos Aires: Kier.

Ibn 'Arabí. 1983. *La niche des lumières*. Paris: De l'Oeuvre.

Ibn 'Arabí. 1986. *El Núcleo del Núcleo*. Málaga: Sirio.

Ibn 'Arabí. 1987. *El Tratado De La Unidad*. Barcelona: J. J. de Olañeta.

Ibn 'Arabí. 1988. *Les Illuminations de La Mecque*. Paris: Sindbad.

Ibn 'Ata' Allâh. 1992. *Gritos del corazón*. Madrid: Sufí.

Jamal, S. 2012. *Lo que debe saber sobre los árabes*. Barcelona: Flor del viento.

Jeremias, Joachim. 1977. *Jerusalén en tiempos de Jesús. Estudio económico y social del mundo del nuevo testamento*. Madrid: Cristiandad.

Juan de la Cruz. 1982. *Obras completas* Burgos: Monte Carmelo.

Junayd. 1983. *Enseignement spirituel. Traités, lettres, oraisons et sentences*. Paris: Sindbad.

Kabir. 1988. *Kabir, le fils de Ram et d'Allah*. Paris: Les Deux Océans.

Kabir. 1989. *Poemas místicos*. Madrid: Obelisco.

Kalâbâdhî. 1981. *Traité de soufisme*. Paris : Sindbad.

Kalupahana, D. J. 1986. Nâgârjuna: *The Philosophy of the Middle Way*. NewYork: State University of New York Press.

Kearney, R. 2002. *On stories*. London: Routledge.

Kopenawa, D; Albert, B. 2023. *La caída del cielo. Palabras de un chaman yanomami*. Madrid: Capitán Swing.

Kramer, Samuel Noah, and D. Wolkstein. 1983. *Inanna, Queen of Heaven and Earth*, New York: Harper.

Kramer, Samuel Noah. 1950, 1951. Inanna's Descent to the Nether World' Continued and Revised (1st and 2nd Part). En: *Journal of Cuneiform Studies*, Vols. 4 and 5.

Kramer, Samuel Noah. 1981. *History Begins at Sumer*. Philadelphia: University of Pennsylvania Press.

Krishnamurti. 1983. *Diario*. Barcelona: Edhasa. 2 vols.

Krishnamurti. 1989. *El último diario*. Barcelona: Edhasa.

Krüger, K. 2006. El concepto de la 'Sociedad del Conocimiento'. En: *Biblio 3W, Revista Bibliográfica de Geografía y Ciencias Sociales*. Barcelona: Universidad de Barcelona. Vol. XI, n° 683, 25 de Septiembre.

La ciencia del brahmán, once Upanishad antiguas. 2000. Agud, A.; Rubio, F. (eds,). Madrid: Trotta.

La dama que amaba los insectos. 2015. Gijón: Satori.

La esencia del zen: los textos clásicos chinos. 1994. (ed. Thomas Cleary). Barcelona: Kairós.

La nube del no-saber y el libro de la orientación particular. 1981. Madrid: Paulinas.

La sabiduría del bosque. Antología de las principales Upanishad. 2002. Edición y traducción de Félix G. Ilárraz y Òscar Pujol, Universidad de Barcelona. Madrid: Trotta.

Labat, R.; Caquot, A.; Sznycer, M.; Vieyra, M. 1970. *Les religions du Proche-Orient. Textes et traditions sacrés babyloniens-ougaritiques-hittites*. Paris : Fayard-Denoël.

Laborda Barceló, J. 2018. *En guerra con los berberiscos. La historia de los conflictos en la costa mediterránea*. Madrid: Turner.

Lagarriga, B.D. 2022. *Aprender de África. La enseñanza espiritual de Cheikh Ahmadou Bamba*. Barcelona: oozebap.

Lakoff, G.; Johnson Mark. 2003. *Metaphors We Live By*. Chicago: University of Chicago Press.

Lakoff, George and Johnson, Mark. 1999. *Philosophy in The Flesh. The Embodied Mind and its Challenge to Western Thought.* New York: Basic Books.

Lankavatara Sutra. 2004. Traductora Rev. Yin Zhi Shakya. Disponible en: http://www.acharia.org/downloads/el_sutra_lankavatara.pdf . Publica: Acharia.

Lara Peinado, F. 1988. *Himnos sumerios.* Madrid: Tecnos.

Lara Peinado, F. 1990. *Himnos babilónicos.* Madrid: Tecnos.

Laroui, Abdallah. 1984. *El Islam árabe y sus problemas.* Barcelona: Península.

Le Goff, J. 1987. *La bolsa y la vida. Economía y religión en la Edad Media.* Barcelona: Gedisa.

Le Mahamoudra. 1978. Toulon sur Arroux : Yiga Tcheu Dzinn.

Le sûtra du lotus. 1997. (Traduit du chinois par J.-N. Robert). Paris: Fayard.

Le Zohar. 1977. Paris : Du Seuil.

Les sentences des Pères du désert. 1977. Solesmes : Solesmes. 3 vols.

Lévi-Brühl, L. 1963. *Le surnaturel et la nature dans la mentalité primitive.* Paris : P.U.F.

Lin-Chi 1999. *Las enseñanzas Zen del maestro Lin-chi.* Barcelona: Liebre de Marzo.

Loisy, Alfred. 1990. *Los misterios paganos y el misterio cristiano.* Paidós: Barcelona.

Lopez-Salvá, M. 2007. Pablo y las corrientes gnósticas de su tiempo». En *Biblia y helenismo. El pensamiento griego y la formación del cristianismo,* (ed. A. Piñero), 307-331. Córdoba: El Almendro.

Lory, P. 1980. *Commentaires ésotériques du Coran d'après 'Abd ar-Razzâq al-Qâshânî.* Paris: Les deux Océans.

Lozano, A.; Pinero, A. 2007. *Encuentro de Israel con el helenismo. En Biblia y helenismo. El pensamiento griego y la formación del cristianismo,* (ed. A. Piñero), 23-103. Córdoba: El Almendro.

Lutero, Martín. 1983. *Antología.* Barcelona: Ediciones Pléroma.

Luz, Ulrich. 2003-2010. *El evangelio según San Mateo.* Salamanca: Sígueme. 4 vols.

Mack, Burton L. 1994. *El Evangelio perdido. El documento Q. Único texto auténtico sobre los orígenes del cristianismo.* Barcelona : Martínez Roca.

Macmulle, Ramsay. 2004. *Christianisme et paganisme du IV au VIII siècle.* Paris: Les Belles Lettres.

Maha Prajna Paramita Sutra. El sutra de la gran sabiduría. 1987. Madrid: Miraguano.

Majjima Nikâya. Los sermones medios del Buddha. 1999. Barcelona: Kairós.

Marañón, G. 2004. *Expulsión y Diáspora de los Moriscos Españoles.* Madrid:Taurus.

Martín-Blas, E. 2022. *Metaverso. Pioneros en un viaje más allá de la realidad.* Córdoba: Almuzara.

Massignon, L. K. 1975. *Akhbar al-Hallaj. Recueil d'oraisons et d'exhortations du martyr mystique de l'Islam Husayn Ibn Mansur Hallaj.* Paris: J. Vrin.

Maturana, H; Varela, F. 1999. *El árbol del conocimiento: las bases biológicas del conocimiento humano.* Madrid : Debate.

Mazu. 1980. *Les entretiens de Mazu. Maître chan du VIIIe siècle.* Paris: Les Deux Océans.

Merton, T. 2020. *El camino de Chuang Tzu.* Madrid: Trotta.

Meyendorff, J. 1976. *St. Gregoire Palamas et la mystique orthodoxe.* Paris : Du Seuil.

Milarepa. 1986. *Les cent mille chants.* (Traduit du tibétain par E. Lamothe). Paris: Fayard. 3 vols.

Millás, J.J.; Asuaga, J.L. 2020. *La vida contada por un sapiens a un neandertal.* Madrid: Narrativa hipánica.

Mohan Wijayaratna. 1988. *Sermons du Bouddha.* Paris : Cerf.

Montserrat Torrents, José. 2005. *La sinagoga cristiana.* Madrid: Trotta.

Morenz, S. 1960. *Agypatische Religion. Die Religionen der menschhait.* Stuttgard: W.Kohlhammer Verlag.

Morris, I. 2022. *Cazadores, campesinos y carbón. Historia de los valores de las sociedades humana.* Barcelona: Ático de los libros.

Mounk, Y. 2022. *El gran experimento. Por qué fallan las democracias diversas y cómo hacer que funcionen.* Barcelona: Paidós.

Nâgârjuna. 1980. *Le traité de la Grande Vertu de Sagesse (Mahâprajñâpamitâsâstra).* (Traduit par E. Lamotte). Louvain-la-neuve : Université de Louvaine, Institut Orientaliste. 5 vols.

Nagarjuna. 1995. *Traité du Milieu.* Paris : Du Seuil.

Nagarjuna. 2006. *Abandono de la discusión.* Madrid: Siruela.

Nasr, Seyyed Hossein. 1975. *Islam. Perspectives et réalités.* Paris: Éd. Buchet/ Chastel.

Nasr, Seyyed Hossein. 1980. *Essais sur le soufisme.* Paris : Albin Michel.

Nawawayah. 1979. *Los cuarenta hadices.* Barcelona: La casa islámica.

Neville, R. N. 1981. *Reconstruction of Thinking.* Albany, NY: SUNY Press.

Neville, R. N. 1989. *Recovery of the Measure.* Albany, NY: SUNY Press.

Neville, R. N. 1995. *Normative Cultures.* Albany, NY: SUNY Press.

Nicholson, R. A. 1975. *Los místicos del Islam.* México: Diana.

Nicolas De Cusa. 1979. *De la docte Ignorance.* Paris : Éditions de la Maisnie.

Nisargadatta Maharaj, Sri. 1995. *Semillas de conciencia.* Málaga: Sirio.

Nisargadatta Maharaj, Sri. 2003. *Yo soy eso.* Málaga : Sirio.

Novillo López, M.A. 2020. *La vida cotidiana en Roma.* Madrid: Sílex.

Padma Sambhava. 1994. *El libro tibetano de los muertos.* Barcelona: Kairós.

Pagels, Elaine. 2003. *Más allá de la fe: el evangelio secreto de Tomás.* Barcelona: Ares y Mares.

Pagels, Elaine. 2004. *Los evangelios gnósticos.* Barcelona: Crítica.

Pagels, Elaine. 2006. *El evangelio de Judas.* Barcelona: Nacional Geographic.

Paroles des anciens. Apophtegmes des Pères du désert. 1976. (Traducidos y presentados por J.-C. Guy). Paris: Du Seuil.

Patanjali. 1993. *Yogasûtras de Patanjali con comentarios de Vyasa y Sánkara.* Madrid: Bishma.

Pelaez, J. 2007. El judaísmo helenístico. El caso de Alejandría. En: *Biblia y helenismo. El pensamiento griego y la formación del cristianismo*, (ed. A. Piñero), 103-129. Córdoba: El Almendro.

Pentland, B. T. 1999. Building process theory with narrative. From description to explanation. En: *Academy of Management Review*, 24(4): 711-724. New York.

Philocalie des Pères Neptiques. 1979-1989. Bégrolles-en-Mauges: Abbaye de Bellefontaine. 6 vols.

Piñero, A. 2007. El cristianismo en la religiosidad de su tiempo. Judaísmo y helenismo en la plasmación de la teología cristiana naciente (Jesús de Nazaret, Pablo y Juan). En *Biblia y helenismo. El pensamiento griego y la formación del cristianismo*, (ed. A. Piñero), 471-535. Córdoba: El Almendro.

Piñero, A. 2007. El Evangelio de Juan, punto de encuentro entre judaísmo y helenismo. Sobre el motivo de la composición del IV Evangelio. *En Biblia y helenismo. El pensamiento griego y la formación del cristianismo*, (ed. A. Piñero), 419-471. Córdoba: El Almendro.

Piñero, A. 2007. *Los cristianismos derrotados. ¿Cuál fue el pensamiento de los primeros cristianos heréticos y heterodoxos?* Madrid: Edaf.

Prajñâpâramitâ-Ratnagunasamcayaghâtâ. 302 Versos sobre la Perfeccion de la Sabiduría. (Traducción del inglés de Josep Ferrer). En: http.//www.librosbudistas.com/descargas/P8M.pdf

Prajñâpâramitâ-Ratnagunasamcayaghâtâ. The perfection of wisdom in eight thousand lines. (Translated by Edward Conze). En: http.//huntingtonarchive.osu.edu/resources/downloads/sutras/02Prajnaparamita/Astasahasrika.pdf

Preaux, C. 1984. *El mundo helenístico*. Barcelona: Labor. 2 vols.

Prensky, Marc 2001. Nativos Digitales, Inmigrantes Digitales. En: *On the Horizon.* MCB University Press, Vol. 9 No. 6, December.

Prensky, Marc.2011. *Enseñar a nativos digitales.* Madrid: SM.

Pritchard, J.B. 1966. *La sabiduría del antiguo oriente.* Barcelona: Garriga.

Pritchard, J.B. 2011. *The Ancient Near East: An Anthology of Texts and Pictures.* Princeton: Princeton University Press.

Pseudo-Denys L'Aréopagite. 1980. *Oeuvres complètes.* Paris : Aubier Montˉaigne.

Rahula, W. 1961. *L'enseignement du Bouddha, d'après les textes les plus anciens.* Paris: Du Seuil.

Ramana Maharshi. 1978. *L'enseignement de Ramana Maharshi.* Paris : Albin Michel.

Ramana Maharshi. 1988. *Écrits originaux et adaptations.* Paris : Éditions Traditionnelles.

Ramana Maharshi. 1988. *Œuvres réunies par A. Osborne.* Paris : Éditions Traditionnelles.

Râmdâs, Swâmi. 1995. *Pensées.* Paris : La Table Ronde.

Rees. M. *En el futuro, perspectivas para la humanidad.* Barcelona: Crítica.

Reeves, H.. 2019. *Meditaciones cósmicas.* Madrid: Alianza editorial.

Ringgren, H. 1966. *La religion d'Israël.* Paris : Payot.

Rogan, E. 2018. *Los Árabes. Del imperio otomano a la actualidad.* Barcelona: Crítica.

Rops, Daniel. 1961. *La vie quotidienne en Palestine au temps de Jesús.* Paris: Hachette.

Rovelli,C. 2022. *Helgoland* Barcelona: Anagrama.

Ruíz Calderón, J. 2021. *Lo religioso. Diversidad, unidad y estructura.* Madrid :Letrame.

Rûmî, Djalâl-Od-Dîn. 1987. *Rubâi'yât.* Paris: Albin Michel.

Rûmî, Djalâl-Od-Dîn. 1988. *Poemas Sufíes.* Madrid: Hiperión.

Rûmî, Djalâl-Od-Dîn. 1990. *Mathnawî, la quête de l'Absolu.* Mónaco: Du Rocher.

Rûmi, Djâlal-Od-Dîn. 1994. *Diwan de Shams de Tabriz.* Madrid: Sufí.

Rûmî, Djalâl-Od-Dîn. 1996. *Fihi-ma-fihi.* (Libro Interior). Barcelona: Paidós.

Rûmî, Djalâl-Od-Dîn. *The Mathnawí. 1925-1940.* Translation and commentary by R.A. Nicholson. London: Messrs Luzac & Co. 8 vols.

Rumi, J. 2003. *Mathnawi. Primera parte.* Madrid: Sufi.

Rumi, J. 2003. *Mathnawi. Segunda parte.* Madrid: Sufi.

Rumi, J. 2006. *Mathnawi. Tercera parte.* Madrid: Sufi.

Rumi, J. 2008. *Mathnawi. Cuarta parte.* Madrid: Sufi.

Rumi, J. 2009. *Mathnawi. Quinta parte.* Madrid: Sufi.

Rumi, J. 2010. *Mathnawi. Sexta parte.* Madrid: Sufi.

Rūmī, Jalāluddīn Muhammad Balkhī. *The Quatrain of Rūmī.* 2008. Translated by Ibrāhīm W. Gamard and A.G. Rawān Fahārdī. San Rafael (CA): Sufi Dari Books.

Ruysbroeck. 1947. *Oeuvres choisies.* Paris: Aubier.

Ruysbroeck. 1989. *Bodas del alma. La piedra brillante.* Salamanca: Sígueme.

Ruysbroeck. 1983. *Tratado del Reino de los amadores de Dios.* Rosario: Del Peregrino.

Sachot, Maurice. 1998. *La invención de Cristo. Génesis de una religión.* Madrid: Biblioteca Nueva.

Sailley, R. 1980. *Le bouddhisme «tantrique» indo-tibetain.* St.Vincent sur Jabron: Présence.

Sakaiya, T. 1994. *Historia del futuro. La sociedad del conocimiento.* Santiago de Chile :Andrés Bello.

Salvatto, M.& A. 2022. *La batalla del futuro. Algo en que creer.* Buenos Aires:Lea.

Sánchez Piñol, A. 2024. *Pallassos i mostres. La història tragicòmica de vuit dictadors africans.* Barcelona: La Campana.

Sankara. 1978. *Mundakopanisadbhâsya. Commentaire sur la Mundaka Upanishad.* Paris: Albin Michel.

Sankara. 1988. *Viveka-suda-mani: la joya suprema del discernimiento.* Málaga: Sirio.

Sankara. 1996. *La esencia del Vedanta.* Barcelona: Kairós.

Santideva. 1993. *La Marcha hacia la Luz.* Madrid: Miraguano.

Santos Otero, A. 1984. *Los evangelios apócrifos.* Edición crítica y bilingüe. Madrid: B.A.C.

Sawaki, K. 2012. *A tu. Paraules zen plenes de vida.* La Granadella: El bou blanc.

Scholem, Gershom. 1996. *Las grandes tendencias de la mística judía.* Madrid: Siruela.

Schwab, K. 2016. *La cuarta revolución industrial.* Barcelona: Debate.

Sefer Yetxirah, el libro de la formación. 1994. Madrid: Edaf.

*Sept Upanishads.*1981. Traduction commentée par Jean Varenne. Paris: Éditions du Seuil.

Shah, Idries. 1974. *El camino del sufí.* Buenos Aires: Paidós.

Shankarachârya. 1982. *Hymnes et chants vedantiques.* Paris: Michel Alla¬rd.

Shibata, Masumi. 1976. *Les maîtres du zen au Japon.* Paris: Maisonneuve & Larosse.

Silburn, L. 1977. *Le bouddhisme.* Paris: Fayard.

Silesio, Angelo. 1985. *Peregrino querubínico. Epigramas y máximas espirituales para llevar a la contemplación de Dios.* Barcelona: J. J. de Olañeta.

Skali, Faouzi. 2006. *Jesús en la tradición sufí.* Madrid: Ibersaf Editores.

Skolimowski, H. 2016. *La mente participativa.* Girona: Atalanta

Suso, Heinrich. 1982. *El Libro de la Sabiduría Eterna.* Buenos Aires: Hastinapura.

Sutras de la Atención y del Diamante. (Satipatthana Sutra). 1993. Madrid: Edaf.

Suttas del Samyutta Nikaya. 2011. Palma: Olañeta.

Suzuki, D. T. 1970-1976. *Ensayos sobre el budismo zen.* Buenos Aires: Kier. 3 vols.

Suzuki, D.T. 1970. *Le non-mental selon la pensée zen.* Paris: Le Courrier du Livre.

Tanahashi Kazuaki. 1987. *Rien qu'un sac de peau. Le Zen et l'Art de Hakuin.* Paris: Albin Michel.

Tapscott, Don. 2009. *La era digital. Como la generación Net está transformando el mundo.* Barcelona:McGraw-Hill 2009

Tauler, Jean. 1991. *Sermons.* Paris: Cerf.

Tegmark, M. 2018. *Vida 3.0. Ser humano en la era de la Inteligència Artificial.* Barcelona: Taurus

Teja, Ramon (ed.). 1998. *Cristianismo marginado I. Rebeldes, excluidos, perseguidos. De los orígenes al año 1000.* Palencia: Polifemo.

Teresa De Jesús. 1974. *Obras completas.* Madrid: B.A.C.

The Lankavatara Sutra. Translated from the original Sanskrit by D.T. Suzuki. 1973. London: Routledge & Kegan Paul Ltd.

The Nicene-Constantinopolitan Creed. En: http://web.mit.edu/ocf/www/nicene_creed.html.

Tong, W., & Zhu, P. (Eds.). 2021. 6G: *The Next Horizon: From Connected People and Things to Connected Intelligence.* Cambridge: Cambridge University Press. doi:10.1017/9781108989817

Trois Upanishads, commentées par Shri Aurobindo. 1972. Paris: Albin Michel.

Tulsidas. 1981. *El Ramayana.* Barcelona: Visión Libros.

Udâna, la palabra de Buda. 1972. Barcelona: Barral.

Upanishads du Yoga. 1971. (Traduites du sanskrit, présentées et annotées par Jean Varenne). Paris: Gallimard.

Upanishads, con los comentarios advaita de Sankara. 2001. Comentarios de Consuelo Martín. Madrid: Trotta.

Upanishads. 1973. (Edición y traducción del sánscrito de Fernando Tola). Barcelona: Barral.

Upanishads. Isa, Kaivalya, Sarvasara, Amrtabindu, Atharvasira. 1993. Versión y comentarios de Raphael. Madrid: Edaf.

Valad, Sultan. 1982. *Maître et disciple.* Paris: Sindbad.

Valmiki. 1982. *El mundo está en el alma*. Madrid: Taurus.

Varenne, J. 1978. *El yoga y la tradición hindú*. Barcelona: Plaza y Janés.

Villalba, D. 2010. *Iluminación silenciosa. Antología de textos Soto Zen*. Madrid: Miraguano.

Vimalakirti. 1987. *Vimalakirti Nirdesa Sutra. La enseñanza de Vimalakirti*. Madrid: Miraguano.

Vincenzo, A. 2006. *El libro bajado del cielo*. Madrid: Siruela.

Vitray-Meyerovitch, Eva de. 1972. *Mystique et poésie en Islam. Djalâl-ud-dîn Rûmî et l'ordre des derviches tourneurs*. Bruges: Desclée de Bouwer.

Vitray-Meyerovitch, Eva de. 1977. *Rumi et le soufisme*. Paris: Du Seuil.

Vitray-Meyerovitch, Eva de. 1995. *Anthologie du soufisme*. Paris: Albin Michel.

Vivekânanda, Swâmi. 1988. *Les yogas pratiques. Karma, Bhakti, Râja*. Paris: Albin Michel.

VV.AA. 1998 *Homo Faber, homo sapiens*. Antoni M.Güell (coord) Barcelona: Bronce

VV.AA. 2011. *El secreto del Zen. Los textos esenciales legados por los patriarcas del budismo Soto Zen*. Palma: Olañeta.

Vyasa. 1984. *El Mahabharata*. Barcelona: Visión Libros. 2 vols.

Wallison, P. J. 2011. Three narratives about the financial crisis. En: *Cato Journal*, 31(3), 535-549.

Widengren, G. 1976. *Fenomenología de la religión*. Madrid: Ediciones Cristiandad.

Wilson, B. 2022. *Metrópolis. Una historia de la ciudad el mayor invento de la ciudad*. Barcelona: Debate.

Yoga Vâsishtha. Un compendio. 1995. Madrid: Etnos.

Yogeshwar, R. 2018. *Próxima estación:Futuro*. Barcelona: Arpa.

Zaehner, R.C. 1974. *L'hindouisme*. Paris: Desclée de Brouwer.

Zeldin, T. 2014. *Historia íntima de la humanidad*. Barcelona: Plataforma

Zimmer, Heinrich. 1995. *Mitos y símbolos de la India*. Madrid: Siruela.

OTRAS OBRAS DE MARIÀ CORBÍ

La mayoría se pueden descargar gratuitamente en
https://www.bubok.es/autores/MCorbiQuinonero

La construcción de los proyectos axiológicos colectivos. Principios de epistemología axiológica. Madrid, Bubok, 2013. 331 p.

La sabiduría de nuestros antepasados para sociedades en tránsito. Principios de Epistemología Axiológica 2. Madrid, Bubok, 2013. 318 p.

Protocolos para la construcción de organizaciones creativas y de innovación. Princios de Epistemología Axiológica 3. Madrid, Bubok, 2015. 245 p.

El cultivo colectivo de la cualidad humana profunda en las sociedades de conocimiento globalizadas. Principios de Epistemología Axiológica 4. Madrid, Bubok, 2015. 319 p.

Las sociedades de conocimiento y la calidad de vida. Principios de Epistemología Axiológica 5. Madrid.Bubok. 2017. 257 p.

Proyectos colectivos para sociedades dinámicas Principios de epistemología axiológica. Barcelona.Herder: 2020 625 p.

El gran olvido: la gratuidad del vivir. Principios de Epistemología Axiológica 6. Madrid., Bubok, 2020. 396 p.

El sentir hondo de la vida. Principios de epistemología axiológica 7. Madrid., Bubok, 2022. 308 p.

La mente y la cualidad humana. Principios de epistemología axiológica 8. Madrid. Bubok, 2022. 345 p.

Las figuras de la dimensión absoluta. Principios de epistemología axiológica 9. Madrid. Bubok, 2023. 299 p.